全国高等教育快递专业(方向)专业课程推荐教材

快递服务法规解析

国家邮政局快递职业教材编写委员会　编

北京邮电大学出版社
www. buptpress. com

内容简介

本书在介绍法律法规和我国法律体系等相关知识和理论的基础上，针对快递服务企业生产实践中涉及的不同法律问题，从快递服务市场、快递企业管理体制、快递服务消费者权益保护和快递企业劳资关系等四个层面，结合大量实际案例，系统、全面地介绍了我国《邮政法》、快递服务相关规定以及《国家安全法》、《民法》、《刑法》、《公司法》等相关法律法规，比较深入地阐述快递服务市场准入制度和竞争规制、快递服务企业的公司治理和经营模式、快递服务的交易安全和消费者权益保护、快递企业劳动关系的确立、存续和终止等相关内容。全书内容丰富、逻辑清晰、案例充实。本书为快递专业（方向）高等教育教学推荐用书，可作为本科及以上层次相关专业人才培养参考用书，也可供快递物流相关企业高级管理人员、专业技术和相关人员参考使用。

图书在版编目（CIP）数据

快递服务法规解析/国家邮政局快递职业教材编写委员会编. --北京：北京邮电大学出版社，2011.7

ISBN 978-7-5635-2639-0

Ⅰ.①快… Ⅱ.①国… Ⅲ.①邮件快递—邮政法—法律解释—中国—高等学校—教材 Ⅳ.①D922.296.5

中国版本图书馆 CIP 数据核字(2011)第 120206 号

书　　名：快递服务法规解析

主　　编：国家邮政局快递职业教材编写委员会

责任编辑：赵玉山　马琳

出版发行：北京邮电大学出版社

社　　址：北京市海淀区西土城路 10 号（邮编：100876）

发 行 部：电话：010-62282185　传真：010-62283578

E-mail：publish@bupt.edu.cn

经　　销：各地新华书店

印　　刷：北京联兴华印刷厂

开　　本：787 mm×1 092 mm　1/16

印　　张：13.75

字　　数：319 千字

印　　数：1—3 000 册

版　　次：2011 年 7 月第 1 版　2011 年 7 月第 1 次印刷

ISBN 978-7-5635-2639-0　　定　价：25.00

· 如有印装质量问题，请与北京邮电大学出版社发行部联系 ·

国家邮政局快递职业教材

编委会

前 言

改革开放以来，快递市场逐渐成为邮政业市场最具活力的领域。2006 年邮政体制改革，特别是 2009 年新修订的《邮政法》第一次明确快递企业的法律地位后，快递企业迎来了新的发展机遇，快递服务面临着广阔的发展空间。近年来，快递企业规模不断扩大，业务收入快速增长，但高层次、专业化、技能型人才匮乏，已经成为制约企业发展的关键因素。因此，加快快递服务人才培养，努力扩大快递专业人才规模，提高人才质量和素质，是提升企业核心竞争力，促进行业可持续发展的重要前提和保证。

大力推进快递专业人才教育培养是邮政行业贯彻落实科教兴国和人才强国战略的重要工作内容。为了有效履行职能，根据《国家中长期教育改革和发展规划纲要(2010—2020 年)》要求和国务院有关文件精神，国家邮政局发挥政府主导作用，成立了快递职业教材编写委员会，启动了快递专业(方向)课程教材的开发建设工作。

目前全国各院校快递专业(方向)没有统一、系统和权威的专业课程教材。从 2009 年 5 月至今，我们组织编写了第一批共 8 本快递专业教材，以满足院校教学、企业培训和广大快递从业人员学习参考的迫切需要。这是邮政领域第一次由行业主管部门牵头，整合社会各方资源共同参与的教材建设工作，教材执笔人员都是业内经验丰富、精通业务的专家、学者，以及在教材编写方面具备较强优势、具有丰富教学经验的院校老师。

教材以支撑快递服务专业化人才教育培养为目标，以强化快递从业人员专业知识为导向，遵循适度超前、注重实用、科学规范的编写原则，突出系统性、权威性和实用性，贴近实际，内容全面，可用性强。第一批系列教材分为高职和研究生两个层次。高职教材共有《快递法规与标准》、《快递客户服务与营销》、《快递业务概论》、《快递业务操作与管理》4 本，编写上理论知识与实际操作并重，突出高职教育实际工作能力和业务技能培养的特点，强调对企业应用实例的介绍。教材使用对象主要为快递专业(方向)高职层次全日制在校学生、快递物流相关企业各层次管理、专业技术和技能型人员。研究生教材共有《快递服务法规解析》、《现代快递服务科学》、《电子商务与现代快递服务》、《现代快递企业战略管理》4 本，内容侧重于快递企业经营管理、运营服务等方面系统性的理论知识介绍与分析，权威性的法律法规阐释与解读，前瞻性的服务发展趋势分析与预测，有助于拓宽视野，丰富知识，提升管理和服务能力水平。特别是大量实际案例的精选和解读，对帮助学员深入理解和掌握相关知识很有帮助。教材主要为快递专业(方向)高等教育教学推荐用书，可作为本科及以上层次相关专业人才培养参考用书，也可供快递物流相关企业高级管理人员、专业技术和相关人员参考使用。

本系列教材在编写过程中，得到了以下各方面的大力支持和帮助：北京邮电大学、重庆邮电大学、浙江邮电职业技术学院、广东邮电职业技术学院、深圳技师学院的专家学者分别承担了有关教材内容的具体编写任务；相关省（区、市）邮政管理局和国家局司局有关领导对教材的编写给予了大力支持；国家邮政局发展研究中心、职业技能鉴定指导中心相关同志在教材审阅、修订和统稿方面付出了艰辛的努力；北京、上海、广东等地的多家快递企业为教材的编写提供了许多帮助，在此一并表示衷心的感谢！

因能力水平所限，教材不足之处在所难免，欢迎提出宝贵意见。

国家邮政局快递职业教材编写委员会

2011 年 4 月

目　　录

第一章

法律基础理论

【内容提要】

本章主要介绍我国的法律体系和法律规范，目的在于使快递从业人员掌握法学理论基础知识，充分理解法律科学和我国的法律体系，以及法律规范的逻辑结构和运用，为后面章节相关法律规范的解析打好理论基础。本章主要内容包括：法的概念、法的特征和本质、法律规范及其表现形式，以及我国的法律体系和法律关系的构成等。

第一节 法的概念、特征和法律体系

一、法的概念和特征

（一）法的概念

法律包含广义和狭义两层含义。狭义的法律专指享有国家立法权的国家机关依照法定程序制定的规范性文件，如全国人大及其常委会制定的各项具体的规范性文件。广义的法律是指由国家制定或认可，反映国家意志，由国家强制力保证实施的行为规范总和。

如果没有特别说明，本书所说的法律是指广义的法律。

（二）法的特征

法律与道德、风俗习惯、宗教教规及社会团体的章程守则等行为规范不同，它是一种特殊的行为规范。法具有三个特征：国家制定或认可、以权利和义务为内容、国家强制力保证实施。

1. 国家制定或认可

法是在一定的物质生活条件上，由国家制定或认可，即由国家机关依其职能范围并按一定程序创制出来的规范性文件，或者由国家机关将已经存在并且实际上已经在起作用的行为规范加以确认，赋予法律效力。

2. 以权利和义务为内容

法是对人们在一定社会关系中的权利和义务的规定。法以规定权利和义务的方式来规范人们的行为，调整社会全体成员之间的相互关系，从而有利于确认、保护和发展正当的社会关系和社会秩序，实现国家统治和执行社会公共职能。

3. 国家强制力保证实施

法由国家强制力保证实施，具有普遍的约束力。国家强制力体现为军队、警察、法庭、监狱等。这是法区别于其他社会规范的最根本特征。不同性质国家的法律强制力的性质和程度不同，我国社会主义法律的实施靠人们自觉遵守和国家强制相结合。

二、法律规范

（一）法律规范的概念和结构

法律规范是反映国家意志，由国家制定或认可，并以国家强制力保证实施的具体行为规则。法律规范的主要作用是通过规范人们的权利和义务，以确认、保护和发展有利于国家统治的社会关系和社会秩序。

法律规范由假定条件、行为模式、法律后果三个要素构成。“假定条件”指明规范适用的条件；“行为模式”是指该项法律规范允许做什么、禁止做什么和要求做什么，是人们行为的标准和尺度；“法律后果”是指在人们做出符合或不符合行为模式的要求时应承担的后果。

（二）法律规范与法律条文的区别

法律规范不同于法律条文，法律条文是法律规范的文字表现形式。从内容上看，法律条文可以分为规范性条文和非规范性条文。规范性条文是直接表述法律规范的条文，非规范性条文是指不直接规定法律规范而规定相应法律技术内容，如法律术语、生效日期等的条文。法律规范和法律条文的关系主要表现在：一个完整的法律规范由数个法律条文来表现；一个法律条文表现不同的法律规范，且规范性法律条文中可以将法律规范的三个要素全部表现出来，也可以只将其中一个或两个要素表现出来。比如，《中华人民共和国邮政法》（以下简称《邮政法》）第六章共计 10 个法律条文，对快递业务的经营许可、经营范围等法律规范进行了明确规定。具体到一个法律条文，如第五十三条第一款①仅表现出法律规范构成要素中的两个要素，即“假定条件”——申请快递业务经营许可；“行为模式”——向邮政管理机构提出申请。

（三）法律规范的分类

依据不同的分类原则，可以将法律规范进行分类。

1. 依据法律规范的性质

依据法律规范本身的性质，可以将法律规范划分为义务性规范、禁止性规范和授权性规范。

---

① 《邮政法》第五十三条第一款　申请快递业务经营许可，在省、自治区、直辖市范围内经营的，应当向所在地的省、自治区、直辖市邮政管理机构提出申请，跨省、自治区、直辖市经营或者经营国际快递业务的，应当向国务院邮政管理部门提出申请；申请时应当提交申请书和有关申请材料。

(1) 义务性规范

义务性规范是规定主体必须做出某种行为的法律规范。如《邮政法》第十条规定,机关、企业事业单位应当设置接收邮件的场所。农村地区应当逐步设置村邮站或者其他接收邮件的场所。建设城镇居民楼应当设置接收邮件的信报箱,并按照国家规定的标准验收。建设单位未按照国家规定的标准设置信报箱的,由邮政管理部门责令限期改正;逾期未改正的,由邮政管理部门指定其他单位设置信报箱,所需费用由该居民楼的建设单位承担。该条规定明确了机关、企业事业单位、农村地区和城镇居民楼设置接收邮件信报箱的义务,属于义务性规范。

(2) 禁止性规范

禁止性规范是规定主体不得做出某种行为的法律规范。如《邮政法》第三十五条规定,任何单位和个人不得私自开拆、隐匿、毁弃他人邮件。除法律另有规定外,邮政企业及其从业人员不得向任何单位或者个人泄露用户使用邮政服务的信息。该条规定属于禁止性规范,是对《中华人民共和国宪法》(以下简称《宪法》)规定的公民的通信自由和通信秘密权的维护,明确禁止任何单位和个人不得有私自开拆、隐匿、毁弃他人邮件的行为。

(3) 授权性规范

授权性规范是授予主体可以做某种或不做某种行为的权利的法律规范。如《邮政法》第三十二条第一款就属于授权性规范。该条款规定,邮政企业采取按址投递、用户领取或者与用户协商的其他方式投递邮件。具体来说,邮政企业投递邮件的方式有三种,既可以按址投递,也可以由用户领取,或者与用户协商的其他方式投递邮件,邮政企业可以根据具体情形采用不同的投递方式。

2. 依据法律规范确定的内容

依据法律规范确定的内容的程度,可以将法律规范分为确定性规范、准用性规范和委任性规范。

(1) 确定性规范

确定性规范是在规范中直接而明确地规定了规范的内容。绝大多数法律规范都是确定性规范。如《邮政法》第四十八条规定,因下列原因之一造成的给据邮件损失,邮政企业不承担赔偿责任:①不可抗力,但因不可抗力造成的保价的给据邮件的损失除外;②所寄物品本身的自然性质或者合理损耗;③寄件人、收件人的过错。该条款对给据邮件损失的免责情形作出了直接、明确的规定,属于确定性规范。

(2) 准用性规范

准用性规范是在规范中没有明确规定行为准则的内容,只是规定在适用该规范时,准予援用其他有关的规范。如《邮政法》第四十五条第二款规定,邮政普遍服务业务范围以外的邮件的损失赔偿,适用有关民事法律的规定。该规范属于准用性规范,即发生邮政普遍服务业务范围以外的邮件的损失赔偿,适用《中华人民共和国民法通则》(以下简称《民法通则》)、《中华人民共和国合同法》(以下简称《合同法》)等民事法律的规定。

(3) 委任性规范

委任性规范是在规范中,只规定一般原则,具体内容委任给特定机关来规定。如《邮政法》第五条规定,国务院规定范围内的信件寄递业务,由邮政企业专营。《邮政法》本身对邮政企业专营的信件寄递业务范围并无规定，而是委任国务院制定行政法规加以界定。因此，该规范为委任性规范。

三、法律规范的表现形式

法律规范的表现形式也称为法律渊源。我国法律规范的主要表现形式有宪法、法律、行政法规、规章等。

（一）宪法

宪法是由全国人民代表大会制定，规定我国的社会制度、国家制度、公民的基本权利义务、国家机关的组织结构及其职责范围和活动程序等事项的法律规则的总和。“国家根本制度和公民的基本权利和义务”是宪法的基本内容，“集中体现掌握国家政权的阶级或集团的根本利益”是宪法的本质，“根本大法”则表明宪法在国家生活中的地位和作用。

在我国的法律体系中，宪法处于主导的、中心的地位，具有最高的法律效力，其他一切法律、法规都不得同宪法相抵触，是我国最高的法律渊源，主要由两个方面的基本规范组成，一是《宪法》；二是其他附属的宪法性文件，主要包括：主要国家机关组织法、选举法、民族区域自治法、特别行政区基本法、国籍法、国旗法、国徽法、保护公民权利法及其他宪法性法律文件。

宪法的主要特征如下：

1. 宪法是国家根本大法

我国宪法以法律的形式规定了国家的根本制度和根本任务，是国家的根本大法，具有最高的法律效力。全国各族人民、一切国家机关和武装力量、各政党和各社会团体、各企业事业组织，都必须以宪法为根本的活动准则，并且负有维护宪法尊严、保证宪法实施的职责。

2. 宪法是公民权利的保障书

宪法系统、全面规定了公民的基本权利，以保障公民的权利和自由。根据《宪法》的规定，我国公民享有：(1)政治权利，包括选举权和被选举权；言论、出版、集会、结社、游行、示威的自由和宗教信仰自由。(2)公民的人身自由、人格尊严以及住宅不受侵犯。(3)公民有劳动的权利和义务及在年老、疾病或者丧失劳动能力的情况下获得国家和社会物质帮助的权利，劳动者有休息的权利。(4)公民有受教育的权利和义务。

3. 宪法是民主事实法律的基本形式

具体来说，我国宪法以根本法的形式确认了人民当家作主的地位和公民的宪法地位，规定了人民代表大会制度的基本原则，并通过规定选举制度、基层群众性自治组织等形式，扩大了社会主义民主的基础。

根据《宪法》的规定，全国人民代表大会行使修改宪法、监督宪法的实施的职权。宪法的修改，由全国人民代表大会常务委员会或者五分之一以上的全国人民代表大会代表提议，并由全国人民代表大会以全体代表的三分之二以上的多数通过。

（二）法律

法律是指由全国人民代表大会和全国人民代表大会常务委员会制定颁布的规范性法律文件，即狭义的法律，其法律效力仅次于宪法。法律分为基本法律和一般法律两类。基本法律是由全国人民代表大会制定的调整国家和社会生活中带有普遍性的社会关系的规范性法律文件的统称，如刑法、民法、诉讼法以及有关国家机构的组织法等法律。一般法律是由全国人民代表大会常务委员会制定的调整国家和社会生活中某种具体社会关系或其中某一方面内容的规范性文件的统称。其调整范围较基本法律小，内容较具体，如商标法、文物保护法等。

1. 立法权限

根据《中华人民共和国立法法》（以下简称《立法法》）规定，全国人民代表大会制定和修改刑事、民事、国家机构和其他的基本法律；全国人民代表大会常务委员会制定和修改除应当由全国人民代表大会制定的法律以外的其他法律；在全国人民代表大会闭会期间，对全国人民代表大会制定的法律进行部分补充和修改，但是不得同该法律的基本原则相抵触。

具体来说，下列事项只能由全国人民代表大会制定相应法律：(1)国家主权的事项；(2)各级人民代表大会、人民政府、人民法院和人民检察院的产生、组织和职权；(3)民族区域自治制度、特别行政区制度、基层群众自治制度；(4)犯罪和刑罚；(5)对公民政治权利的剥夺、限制人身自由的强制措施和处罚；(6)对非国有财产的征收；(7)民事基本制度；(8)基本经济制度以及财政、税收、海关、金融和外贸的基本制度；(9)诉讼和仲裁制度；(10)必须由全国人民代表大会及其常务委员会制定法律的其他事项。

上述规定事项中尚未制定法律的，全国人民代表大会及其常务委员会有权作出决定，授权国务院根据实际需要对其中的部分事项先制定行政法规；但是有关犯罪和刑罚、对公民政治权利的剥夺和限制人身自由的强制措施和处罚、司法制度等事项除外。

应当由全国人民代表大会及其常务委员会制定法律的事项，国务院可以根据全国人民代表大会及其常务委员会的授权，决定先制定行政法规，经过实践检验，制定法律条件成熟后，国务院应当及时提请全国人民代表大会及其常务委员会制定法律。

2. 全国人民代表大会的立法程序

全国人民代表大会的立法程序主要分为提案、审议和表决。

(1) 提案

全国人民代表大会主席团可以向全国人民代表大会提出法律提案，由全国人民代表大会审议。全国人民代表大会常务委员会、国务院、中央军事委员会、最高人民法院、最高人民检察院、全国人民代表大会各专门委员会，可以向全国人民代表大会提出法律提案，由主席团决定列入会议议程。此外，一个代表团或者三十名以上的代表联名，可以向全国人民代表大会提出法律提案，由主席团决定是否列入会议议程；或者先交有关专门委员会审议，提出是否列入会议议程的意见，再决定是否列入会议议程。专门委员会审议的时候，可以邀请提案人列席会议，发表意见。

向全国人民代表大会提出的法律提案，在全国人民代表大会闭会期间，可以先向常务委员会提出，经常务委员会会议依法律规定的相关程序审议后，决定提请全国人民代表大会审议；由常务委员会向大会全体会议作说明，或者由提案人向大会全体会议作说明。常务委员会决定提请全国人民代表大会会议审议的法律提案，应当在会议举行的一个月前将法律草案发给代表。

（2）审议

列入全国人民代表大会会议议程的法律提案，大会全体会议听取提案人的说明后，由各代表团和有关专门委员会进行审议；然后，法律委员会根据各代表团和有关专门委员会的审议意见，对法律提案进行统一审议，并向主席团提出审议结果报告和法律草案修改稿，对重要的不同意见应当在审议结果报告中予以说明，经主席团会议审议通过后，印发会议。

列入全国人民代表大会会议议程的法律提案，在交付表决前，提案人要求撤回的，应当说明理由，经主席团同意，并向大会报告，终止该法律提案的审议。

法律提案在审议中如有重大问题需要进一步研究，需经主席团提出，由大会全体会议决定；可以授权常务委员会根据代表意见进一步审议，作出决定，并将决定情况向全国人民代表大会下次会议报告；也可授权常务委员会根据代表的意见进一步审议，提出修改方案，提请全国人民代表大会下次会议审议决定。

（3）表决

法律草案修改稿经各代表团审议后，由法律委员会根据各代表团的审议意见进行修改，并提出法律草案表决稿，由主席团提请大会全体会议表决，全体代表过半数通过。全国人民代表大会通过的法律由国家主席签署主席令，予以公布。

3. 全国人民代表大会常务委员会的立法程序

（1）提案

全国人民代表大会常务委员会委员长会议（以下简称委员长会议）可以向全国人民代表大会常务委员会提出法律提案，由全国人民代表大会常务委员会会议审议。国务院、中央军事委员会、最高人民法院、最高人民检察院、全国人民代表大会各专门委员会，可以向全国人民代表大会常务委员会提出法律提案，由委员长会议决定列入全国人民代表大会常务委员会会议议程，或者先交有关的专门委员会审议、提出报告，再决定是否列入全国人民代表大会常务委员会会议议程。

如果委员长会议认为法律提案有重大问题需要进一步研究，可以建议提案人修改完善后再向全国人民代表大会常务委员会提出。

全国人民代表大会常务委员会组成人员十人以上联名，可以向全国人民代表大会常务委员会提出法律提案，由委员长会议决定是否列入常务委员会会议议程，或者先交有关的专门委员会审议、提出是否列入会议议程的意见，再决定是否列入全国人民代表大会常务委员会会议议程。不列入常务委员会会议议程的，应当向常务委员会会议报告或者向提案人说明。

列入全国人民代表大会常务委员会会议议程的法律提案，除特殊情况外，应当在会议举行的七日前将法律草案发给全国人民代表大会常务委员会组成人员。

(2) 审议

列入全国人民代表大会常务委员会会议议程的法律提案，一般应当经三次全国人民代表大会常务委员会会议审议后再交付表决。

三次审议具体指：全国人民代表大会常务委员会会议第一次审议法律提案，是在全体会议上听取提案人的说明，由分组会议进行初步审议；全国人民代表大会常务委员会会议第二次审议法律提案，是在全体会议上听取法律委员会关于法律草案修改情况和主要问题的汇报后，由分组会议进一步审议；全国人民代表大会常务委员会会议第三次审议法律提案，是在全体会议上听取法律委员会关于法律草案审议结果的报告后，由分组会议对法律草案修改稿进行审议。

全国人民代表大会常务委员会审议法律提案时，根据需要，可以召开联组会议或者全体会议，对法律草案中的主要问题进行讨论。

列入全国人民代表大会常务委员会会议议程的法律提案，如各方面意见比较一致，可以经两次全国人民代表大会常务委员会会议审议后交付表决；部分修改的法律提案，如各方面的意见比较一致，也可以经一次全国人民代表大会常务委员会会议审议即交付表决。

此外，《立法法》规定，列入全国人民代表大会常务委员会会议议程的法律提案，法律委员会、有关专门委员会和全国人民代表大会常务委员会工作机构应当听取各方面的意见。听取意见可以采取座谈会、论证会、听证会等多种形式。

列入全国人民代表大会常务委员会会议议程的法律提案，在交付表决前，提案人要求撤回的，应当说明理由，经委员长会议同意，并向全国人民代表大会常务委员会报告，终止该法律提案的审议。

(3) 进一步审议和终止审议

法律提案经全国人民代表大会常务委员会三次会议审议后，仍有重大问题需要进一步研究的，由委员长会议提出，经联组会议或者全体会议同意，可以暂不交付表决，交法律委员会和有关专门委员会进一步审议。

列入全国人民代表大会常务委员会会议审议的法律提案，如因各方面对制定该法律的必要性、可行性等重大问题存在较大意见分歧搁置审议满两年的，或者因暂不交付表决经过两年仍没有再列入全国人民代表大会常务委员会会议议程审议的，由委员长会议向全国人民代表大会常务委员会报告，终止审议。

(4) 表决

法律草案修改稿经全国人民代表大会常务委员会会议审议，由全国人民代表大会法律委员会根据常务委员会组成人员的审议意见进行修改，提出法律草案表决稿；由委员长会议提请全国人民代表大会常务委员会全体会议表决，由常务委员会全体组成人员过半数通过，并由国家主席签署主席令予以公布。

(三) 行政法规

行政法规是国务院为领导和管理国家各项行政工作，根据宪法和法律，并且按照《行政法规制定程序条例》的规定而制定的政治、经济、教育、科技、文化、外事等各类法规的总称。《宪法》第八十九条第一款明确规定：作为最高国家行政机关，国务院可以“根据宪法和法律，规定行政措施，制定行政法规，发布决定和命令。”因此，制定行政法规是宪法赋予国务院的一项重要职权，也是国务院推进改革开放、组织经济建设、实现国家管理职能的重要手段。

行政法规的具体名称有条例、规定和办法。其中，对某一方面的行政工作作比较全面、系统的规定，称“条例”；对某一方面的行政工作作部分的规定，称“规定”；对某一项行政工作作比较具体的规定，称“办法”。国务院根据全国人民代表大会及其常务委员会的授权决定制定的行政法规，称为“暂行条例”或者“暂行规定”。国务院各部门和地方人民政府制定的规章不得称为“条例”。“条例”、“规定”和“办法”之间的区别有三：第一，在范围上，“条例”、“规定”适用于某一方面的行政工作，“办法”仅用于某一项行政工作；第二，在内容上，“条例”比较全面、系统，“规定”则集中于某个部分，“办法”比“条例”、“规定”要具体得多；第三，在名称使用上，“条例”仅用于法规，“规定”和“办法”在规章中也常用到。

行政法规的立法程序有立项、起草、审查以及决定与公布。

1. 立项

国务院每年年初编制本年度的立法工作计划。国务院有关部门认为需要制定行政法规的，应当于每年年初编制国务院年度立法工作计划前，向国务院报请立项。国务院法制机构应当根据国家总体工作部署对部门报送的行政法规立项申请汇总研究，突出重点，统筹兼顾，拟订国务院年度立法工作计划，报国务院审批。

2. 起草

行政法规由国务院组织起草。国务院年度立法工作计划确定行政法规由国务院的一个部门或者几个部门具体负责起草工作，也可以确定由国务院法制机构起草或者组织起草。

起草行政法规，应当深入调查研究，总结实践经验，广泛听取有关机关、组织和公民的意见。听取意见可以采取召开座谈会、论证会、听证会等多种形式。起草部门向国务院报送的行政法规送审稿，应当由起草部门主要负责人签署。几个部门共同起草的行政法规送审稿，应当由该几个部门主要负责人共同签署。起草部门将行政法规送审稿报送国务院审查时，应当一并报送行政法规送审稿的说明和有关材料。

3. 审查

报送国务院的行政法规送审稿，由国务院法制机构负责审查。国务院法制机构应当将行政法规送审稿或者行政法规送审稿涉及的主要问题发送国务院有关部门、地方人民政府、有关组织和专家征求意见。重要的行政法规送审稿，经报国务院同意，向社会公布，征求意见。

行政法规送审稿直接涉及公民、法人或者其他组织的切身利益的，国务院法制机构可以举行听证会，听取有关机关、组织和公民的意见。

行政法规草案由国务院法制机构主要负责人提出提请国务院常务会议审议的建议；对调整范围单一、各方面意见一致或者依据法律制定的配套行政法规草案，可以采取传批方式，由国务院法制机构直接提请国务院审批。

4. 决定与公布

行政法规草案由国务院常务会议审议，或者由国务院审批。国务院法制机构应当根据国务院对行政法规草案的审议意见，对行政法规草案进行修改，形成草案修改稿，报请总理签署国务院令公布施行。

签署公布行政法规的国务院令应载明该行政法规的施行日期。一般来说，行政法规应当自公布之日起三十日后施行；但涉及国家安全、外汇汇率、货币政策的确定，以及公布后不立即施行将有碍行政法规施行的，可以自公布之日起施行。

行政法规在公布后的三十日内由国务院办公厅报全国人民代表大会常务委员会备案。

（四）地方性法规

地方性法规是省、自治区、直辖市以及省级人民政府所在地的市和国务院批准的较大的市的人民代表大会及其常务委员会，根据宪法、法律和行政法规，结合本地区的实际情况制定的、并不得与宪法、法律、行政法规相抵触的规范性文件，并需报全国人民代表大会常务委员会备案。

地方性法规可以就下列事项作出规定：一是为执行法律、行政法规的规定，需要根据本行政区域的实际情况作具体规定的事项；二是属于地方性事务需要制定地方性法规的事项。除上述事项外，其他事项如国家尚未制定法律或者行政法规，省、自治区、直辖市和较大市①根据本地方的具体情况和实际需要，可以先制定地方性法规。但在国家制定的法律或者行政法规生效后，地方性法规同法律或者行政法规相抵触的规定无效，制定机关应当及时予以修改或者废止。

省、自治区、直辖市人民代表大会制定的地方性法规由大会主席团发布公告予以公布；省、自治区、直辖市人民代表大会常务委员会制定的地方性法规由常务委员会发布公告予以公布；省、自治区的人民政府所在地的市，经济特区所在地的城市和经国务院批准的较大的市的人民代表大会及其常务委员会制定的地方性法规，报经批准后，由人民代表大会常务委员会发布公告予以公布②。

（五）部门规章和地方政府规章

部门规章是指国务院各部、委员会、中国人民银行、审计署和具有行政管理职能的直属机构，根据法律和国务院的行政法规、决定和命令，在本部门的权限范围内，就执行法律或者国务院的行政法规、决定、命令的事项制定的规范性文件。

地方政府规章是指省、自治区、直辖市和较大的市的人民政府，根据法律、行政法规和本省、自治区、直辖市的地方性法规，就执行法律、行政法规和地方性法规的规定，需要制定规章的事项，以及属于本行政区域的具体行政管理事项等制定的规范性文件。

---

① 较大的市是指省、自治区的人民政府所在地的市，经济特区所在地的市和经国务院批准的较大的市。

② 根据《立法法》的规定，省、自治区的人民政府所在地的市，经济特区所在地的市和经国务院批准的较大的市的人民代表大会及其常务委员会制定的地方性法规，报省、自治区的人民代表大会常务委员会批准后施行。省、自治区的人民代表大会常务委员会对报请批准的地方性法规，应当对其合法性进行审查，同宪法、法律、行政法规和本省、自治区的地方性法规不抵触的，应当在四个月内予以批准。省、自治区的人民代表大会常务委员会在对报请批准的较大的市的地方性法规进行审查时，发现其同本省、自治区的人民政府的规章相抵触的，应当作出处理决定。

部门规章应当经部务会议或者委员会会议决定,部门首长签署命令予以公布。地方政府规章应当经政府常务会议或者全体会议决定,省长、自治区主席或者市长签署命令予以公布。

(六) 自治条例和单行条例

自治条例和单行条例是指民族自治地方的人民代表大会依照当地民族的政治、经济和文化特点,制定的规范性文件。其中,自治区的自治条例和单行条例,报全国人民代表大会常务委员会批准后生效。自治州、自治县的自治条例和单行条例,报省、自治区、直辖市的人民代表大会常务委员会批准后生效。自治条例和单行条例报经批准后,分别由自治区、自治州、自治县的人民代表大会常务委员会发布公告予以公布。

自治条例和单行条例可以依照当地民族的特点,对法律和行政法规的规定作出变通规定,但不得违背法律或者行政法规的基本原则,不得对宪法和民族区域自治法的规定,以及其他有关法律、行政法规中专门就民族自治地方所作的规定作出变通规定。

(七) 特别行政区法

根据《宪法》规定,国家在必要时可设立特别行政区。在特别行政区内实行的制度,按照具体情况由全国人民代表大会以法律规定。目前,我国有两个特别行政区,即香港和澳门。全国人民代表大会特制定《中华人民共和国香港特别行政区基本法》(以下简称《香港特别行政区基本法》)和《中华人民共和国澳门特别行政区基本法》(以下简称《澳门特别行政区基本法》),规定了香港和澳门特别行政区实行的制度,以保障国家对香港和澳门的基本方针政策的实施。

(八) 国际条约

我国与外国签订的国际条约,以及我国宣布承认或参加的一些已经存在的国际条约、国际公约,也是我国法律规范的表现形式之一。国际条约的效力优于国内法律,但我国声明保留的条款除外。

四、法律规范的效力

(一) 效力原则

我国法律规范具有不同的法律效力等级。其中,宪法具有最高的法律效力,其他一切法律、行政法规、地方性法规、自治条例和单行条例、规章等都不得同宪法相抵触;其次,法律的效力高于行政法规、地方性法规、规章;再次,行政法规的效力高于地方性法规和规章;最后,地方性法规的效力高于本级和下级地方政府规章。

就地方政府规章而言,省、自治区人民政府制定规章的效力高于本行政区域内较大的市的人民政府制定的规章。此外,自治条例和单行条例依法对法律、行政法规、地方性法规作变通规定的,只适用于本自治地方;经济特区法规根据授权对法律、行政法规、地方性法规作变通规定的,只适用于本经济特区。部门规章之间、部门规章与地方政府规章之间具有同等效力，在各自的权限范围内施行。

（二）效力冲突解决原则

法律规范如果出现法律效力冲突，解决的一般性原则如下：

1. 在同一机关制定的法律、行政法规、地方性法规、自治条例和单行条例、规章中，若特别规定与一般规定不一致的，适用特别规定；新的规定与旧的规定不一致的，适用新的规定。

2. 法律之间对同一事项做出的新的一般规定与旧的特别规定不一致，难以确定时，由全国人民代表大会常务委员会裁决。行政法规之间对同一事项做出的新的一般规定与旧的特别规定不一致，难以确定时，由国务院裁决。

3. 地方性法规和规章之间不一致时，由有关机关依照下列规定权限作出裁决：(1)同一机关制定的新的一般规定与旧的特别规定不一致时，由制定机关裁决；(2)地方性法规与部门规章之间对同一事项的规定不一致，难以确定时，由国务院提出意见，国务院认为应当适用地方性法规的，应当确定在该地方适用地方性法规；认为应当适用部门规章的，则需提请全国人民代表大会常务委员会裁决；(3)部门规章之间、部门规章与地方政府规章之间，对同一事项规定不一致时，由国务院裁决。

根据授权制定的法规与法律规定不一致，难以确定时，由全国人民代表大会常务委员会裁决。

（三）改变或撤销

法律、行政法规、地方性法规、自治条例和单行条例、规章有下列情形之一的，由有关机关依照法律规定的权限予以改变或者撤销：1. 超越权限的；2. 下位法违反上位法规定的；3. 规章之间对同一事项的规定不一致，经裁决应当改变或者撤销一方规定的；4. 规章的规定被认为不适当，应当予以改变或者撤销的；5. 违背法定程序的。

改变或者撤销法律、行政法规、地方性法规、自治条例和单行条例、规章的权限如下。

1. 全国人民代表大会有权改变或者撤销它的常务委员会制定的不适当的法律，有权撤销全国人民代表大会常务委员会批准的违背宪法和《立法法》第六十六条第二款[①]规定的自治条例和单行条例；

2. 全国人民代表大会常务委员会有权撤销同宪法和法律相抵触的行政法规，有权撤销同宪法、法律和行政法规相抵触的地方性法规，有权撤销省、自治区、直辖市的人民代表大会常务委员会批准的违背宪法和《立法法》第六十六条第二款规定的自治条例和单行条例；

3. 国务院有权改变或者撤销不适当的部门规章和地方政府规章；

4. 省、自治区、直辖市的人民代表大会有权改变或者撤销它的常务委员会制定的和

① 《立法法》第六十六条第二款　自治条例和单行条例可以依照当地民族的特点，对法律和行政法规的规定作出变通规定，但不得违背法律或者行政法规的基本原则，不得对宪法和民族区域自治法的规定以及其他有关法律、行政法规专门就民族自治地方所作的规定作出变通规定。

批准的不适当的地方性法规；

5. 地方人民代表大会常务委员会有权撤销本级人民政府制定的不适当的规章；

6. 省、自治区的人民政府有权改变或者撤销下一级人民政府制定的不适当的规章；

7. 授权机关有权撤销被授权机关制定的超越授权范围或者违背授权目的的法规，必要时可以撤销授权。

（四）备案

行政法规、地方性法规、自治条例和单行条例、规章应当在公布后的三十日内依照下列规定报有关机关备案：

1. 行政法规报全国人民代表大会常务委员会备案；

2. 省、自治区、直辖市的人民代表大会及其常务委员会制定的地方性法规，报全国人民代表大会常务委员会和国务院备案；较大的市的人民代表大会及其常务委员会制定的地方性法规，由省、自治区的人民代表大会常务委员会报全国人民代表大会常务委员会和国务院备案；

3. 自治州、自治县制定的自治条例和单行条例，由省、自治区、直辖市的人民代表大会常务委员会报全国人民代表大会常务委员会和国务院备案；

4. 部门规章和地方政府规章报国务院备案；地方政府规章应当同时报本级人民代表大会常务委员会备案；较大的市的人民政府制定的规章应当同时报省、自治区的人民代表大会常务委员会和人民政府备案；

5. 根据授权制定的法规应当报授权决定规定的机关备案。

（五）审查程序

国务院、中央军事委员会、最高人民法院、最高人民检察院和各省、自治区、直辖市的人民代表大会常务委员会认为行政法规、地方性法规、自治条例和单行条例同宪法或者法律相抵触的，可以向全国人民代表大会常务委员会书面提出进行审查的要求，由常务委员会工作机构分送有关的专门委员会进行审查、提出意见。

上述规定以外的其他国家机关和社会团体、企业事业组织以及公民认为行政法规、地方性法规、自治条例和单行条例同宪法或者法律相抵触的，可以向全国人民代表大会常务委员会书面提出进行审查的建议，由常务委员会工作机构进行研究，必要时，送有关的专门委员会进行审查、提出意见。

全国人民代表大会专门委员会在审查中认为行政法规、地方性法规、自治条例和单行条例同宪法或者法律相抵触的，可以向制定机关提出书面审查意见；也可以由法律委员会与有关的专门委员会召开联合审查会议，要求制定机关到会说明情况，再向制定机关提出书面审查意见。制定机关应当在两个月内研究提出是否修改的意见，并向全国人民代表大会法律委员会和有关的专门委员会反馈。

全国人民代表大会法律委员会和有关的专门委员会审查，认为行政法规、地方性法规、自治条例和单行条例同宪法或者法律相抵触，而制定机关不予修改的，可以向委员长会议提出书面审查意见和予以撤销的议案，由委员长会议决定是否提请常务委员会会议审议决定。

其他接受备案的机关对报送备案的地方性法规、自治条例和单行条例、规章的审查，按照维护法制统一的原则，由接受备案的机关规定。

五、法律部门与法律体系

法律部门是根据一定标准和原则所划定的调整同一类社会关系的法律规范的总称。法律体系是指一国全部现行法律规范，按照一定的标准和原则，划分为不同的法律部门而形成的内部和谐一致、有机联系的整体。

我国的法律体系包括宪法、行政法、民法、商法、经济法、劳动法与社会保障法、自然资源与环境保护法、刑法和诉讼法。

（一）宪法

宪法是由全国人民代表大会制定的国家的根本大法，规定国家的性质、国家的政权组织形式和国家的结构形式、国家的基本国策、公民的基本权利和义务、国家机构的组织及其职权等重要问题。

宪法具有最高的法律效力，其修改程序也非常严格。我国宪法的修改，由全国人民代表大会常务委员会代表提议，并由全国人民代表大会以全体代表的三分之二以上的多数通过。

（二）行政法

行政法是调整国家行政管理活动中各种社会关系的法律规范的总和，包括行政关系以及在此基础上产生的监督行政关系。

目前，行政法还没有统一、完整的法典，内容庞杂广泛，包括卫生、工商、医药、劳动、税收、教育、环境保护、规划社会福利等方面。

（三）民法

民法是调整作为平等主体的公民之间、法人之间、公民与法人之间的财产关系和人身关系的法律规范的总称。

目前，我国民法领域主要包括有《中华人民共和国物权法》（以下简称《物权法》）、《合同法》、《中华人民共和国婚姻法》和《中华人民共和国继承法》等。

（四）商法

商法是调整平等商事主体之间的商事关系或商事行为的法律规范的总称。

目前，我国商法领域主要包括有《中华人民共和国公司法》（以下简称《公司法》）、《中华人民共和国合伙企业法》、《中华人民共和国个人独资企业法》、《中华人民共和国企业破产法》（以下简称《破产法》）、《中华人民共和国票据法》、《中华人民共和国证券法》、《中华人民共和国保险法》和《中华人民共和国海商法》等。

（五）经济法

经济法是调整国家在经济管理活动中发生的各种经济关系的法律规范的总称。

目前，我国经济法领域主要包括有《中华人民共和国商业银行法》、《中华人民共和国银监会法》、《中华人民共和国税收征收管理法》等。

（六）劳动法与社会保障法

劳动法是调整劳动关系法律规范的总称，社会保障法是调整有关社会保障、社会福利法律规范的总称。目前，我国有《中华人民共和国劳动法》（以下简称《劳动法》）、《中华人民共和国劳动合同法》（以下简称《劳动合同法》）等。

（七）自然资源与环境保护法

自然资源与环境保护法是关于保护环境和自然资源、防治环境污染以及其他公害的法律规范的总称。目前，我国有《中华人民共和国环境影响评价法》、《中华人民共和国环境保护法》等。

（八）刑法

刑法是规定犯罪及其刑事处罚的法律。

《中华人民共和国刑法》（以下简称《刑法》）规定，一切危害国家主权、领土完整和安全，分裂国家、颠覆人民民主专政的政权和推翻社会主义制度，破坏社会秩序和经济秩序，侵犯国有财产或者劳动群众集体所有的财产，侵犯公民私人所有的财产，侵犯公民的人身权利、民主权利和其他权利，以及其他危害社会的行为，依照法律应当受刑罚处罚的，都是犯罪。

（九）诉讼法

诉讼法是有关各种诉讼活动的法律，是实体权利、义务实现的程序保障。目前，我国有《中华人民共和国刑事诉讼法》（以下简称《刑事诉讼法》）、《中华人民共和国民事诉讼法》（以下简称《民事诉讼法》）以及《中华人民共和国行政诉讼法》（以下简称《行政诉讼法》）。

第二节　法律关系

一、法律关系的概念和种类

法律关系是在法律规范调整社会关系的过程中，所形成的人们之间的权利和义务关系。法律关系具有如下特征：（一）法律关系是根据法律规范建立的一种社会关系，具有合法性；（二）法律关系是体现国家意志性的社会关系；（三）法律关系是特定法律关系主体之间的权利和义务关系。

依据不同的分类原则，法律关系可以分为不同的种类。

（一）调整性法律关系和保护性法律关系

按照法律关系产生的依据、执行的职能和实现规范的内容，可分为调整性法律关系和保护性法律关系。

调整性法律关系是基于人们的合法行为而产生的、执行法的调整职能的一种法律关系，实现的是法律规范的行为规则的内容。调整性法律关系建立在法律关系主体做出合法行为的基础之上，不需要适用法律制裁，主体权利就能正常实现。典型的调整性法律关系如各种依法建立的民事法律关系、行政合同关系等。《邮政法》第三十四条规定，邮政汇款的收款人应当自收到汇款通知之日起六十日内，凭有效身份证件到邮政企业兑领汇款。收款人逾期未兑领的汇款，由邮政企业退回汇款人。自兑领汇款期限届满之日起一年内无法退回汇款人，或者汇款人自收到退汇通知之日起一年内未领取的汇款，由邮政企业上缴国库。在此，收款人和邮政企业就形成了调整性法律关系。

保护性法律关系是由于违法行为而产生的、旨在恢复被破坏的权利和秩序的法律关系，执行着法的保护职能，实现的是法律规范的保护规则的内容，是法实现的非正常形式。它的典型特征是一方主体（国家）适用法律制裁，另一方主体（通常是违法者）必须接受这种制裁，如刑事法律关系。如《邮政法》第七十一条规定，冒领、私自开拆、隐匿、毁弃或者非法检查他人邮件、快件，尚不构成犯罪的，依法给予治安管理处罚。

（二）纵向法律关系和横向法律关系

按照法律主体在法律关系中的地位，可以分为纵向法律关系和横向法律关系。

纵向法律关系是指在不平等的法律主体之间，所建立的权力服从关系。纵向法律关系的法律主体处于不平等的地位，法律主体之间的权利与义务具有强制性，不能随意转让，也不能随意放弃。如根据《邮政法》第四条第一款和第二款规定，国务院邮政管理部门负责全国的邮政普遍服务和邮政市场的监督管理工作。省、自治区、直辖市邮政管理机构在国务院邮政管理部门的领导下，负责本行政区域的邮政普遍服务和邮政市场的监督管理工作。《邮政法》第六十一条则进一步规定，邮政管理部门依法履行监督管理职责，可以采取下列监督检查措施：1.进入邮政企业、快递企业或者涉嫌发生违反本法活动的其他场所实施现场检查；2.向有关单位和个人了解情况；3.查阅、复制有关文件、资料、凭证；4.经邮政管理部门负责人批准，查封与违反本法活动有关的场所，扣押用于违反本法活动的运输工具以及相关物品，对信件以外的涉嫌夹带禁止寄递或者限制寄递物品的邮件、快件，进行开拆检查。因此，国务院邮政管理部门和省、自治区、直辖市邮政管理机构（统称邮政管理部门）与邮政企业形成纵向法律关系。作为监督管理者，邮政管理部门的监督管理职责不能够任意转让，也不得放弃；作为被监督者，邮政企业应当接受邮政管理部门的监督管理，合法经营。

横向法律关系是指平等主体之间的权利义务关系，他们的法律主体地位是平等的，权利与义务的内容具有一定程度的任意性。如《快递市场管理办法》第十一条规定，快递企业应当以书面形式明确快递企业与用户双方的权利和义务，其格式合同条款应当做到公平合理、准确全面，并向省级邮政管理部门备案。快递企业与用户之间的格式合同关系即为横向法律关系。

（三）单向法律关系、双向法律关系和多向法律关系

按照法律主体的多少及其权利是否一致，可以将法律关系分为单向法律关系、双向法律关系和多向法律关系。单向法律关系是指权利人仅享有权利，义务人仅履行义务，两者之间不存在相反的联系。双向法律关系是指在特定的双方法律关系之间，存在着两个密不可分的单向权利义务关系，其中一方主体的权利对应另一方的义务，反之亦然。多向法律关系是三个或者三个以上相关法律关系的复合体，其中既包括单向法律关系，也包括双向法律关系。

（四）第一性法律关系和第二性法律关系

按照相关的法律关系作用和地位的不同，可以将其分为第一性法律关系（主法律关系）和第二性法律关系（从法律关系）。

第一性法律关系（主法律关系），是人们之间依法建立的不依赖其他法律关系而独立存在的或在多向法律关系中居于支配地位的法律关系。由此产生的，居于从属地位的法律关系，就是第二性法律关系（从法律关系）。一切相关的法律关系均有主次之分，例如，在调整性和保护性法律关系中，调整性法律关系是第一性法律关系（主法律关系），保护性法律关系是第二性法律关系（从法律关系）；在实体和程序法律关系中，实体法律关系是第一性法律关系（主法律关系），程序法律关系是第二性法律关系（从法律关系）等。

例如，在2008年9月23日，甲公司与乙公司签订产品销售合同（合同号J08092301），约定甲公司向乙公司销售进口肥料泵A30-2.5三台，总价16 500元，进口过滤器两个（总价800元），总计17 300元；由甲公司负责运输并负担运费，收货人孙×。

2008年9月25日，甲公司销售部经理吴××通过某快递公司向乙公司发送这批货物（快递单号E098046384），收件人为乙公司员工孙×，邮寄费105元。2008年10月10日，乙公司正式函告甲公司："截至2008年10月10日，未能收到合同J08092301的货物，甲公司提供的快递单号为E098046384的快递亦未收到"。甲公司随后致函快递公司要求查询此批货物，该快递公司回函称，"北京已将此件发出，但上海公司未收到，现正与航空公司联系查找中"。

因快递公司未将此邮件找回，甲公司为维护自身合法权益，诉至法院；请求判令该快递公司赔偿甲公司丢失货物损失17 300元，并承担本案诉讼费用。

本案中，甲公司与乙公司签订的J08092301号产品销售合同、甲公司与快递公司签订的快递单号E098046384的快递服务合同都为调整性法律关系、横向法律关系和双向法律关系，以及第一性法律关系，因为甲乙签订的产品销售合同和甲与快递公司签订的快递服务合同均是基于双方当事人的意愿，在自由平等的基础上签订的，没有依附于任何先于这两个合同存在法律关系，所以为第一性法律关系。而甲公司依法向快递公司提起诉讼，请求法院判快递公司赔偿损失，所形成的法律关系是保护性法律关系和第二性法律关系，

因为甲公司的诉讼权利是基于甲公司与快递公司签订的快递服务合同而产生的，也就是说是基于先前的民事法律关系而产生的，所以是第二性法律关系。

二、法律关系的构成要素

法律关系的构成要素包括法律关系主体、法律关系客体和法律关系的内容。

上例中，甲公司与乙公司签订了产品销售合同，双方形成买卖合同法律关系；其中，法律关系的主体为甲公司和乙公司，客体为甲公司向乙公司销售的进口肥料泵和过滤器，以及双方约定的价款，法律关系内容为甲公司向乙公司出售合同中所明确的商品、负责运输和负担运费，以及乙公司有权接受货物，并支付货款等。

（一）法律关系主体的概念和种类

法律关系主体是法律关系的参加者，即在法律关系中一定权利的享有者和一定义务的承担者。根据法律规定，能够参与法律关系的主体包括以下几类：

1. 公民（自然人）

这里的公民既指中国公民，也指居住在中国境内或在境内活动的外国公民和无国籍人。公民是多种法律关系的参加者。公民与公民之间、公民与社会团体、企事业组织、国家机关以及国家之间会发生多种形式的法律关系。

2. 法人和其他组织

法人是具有民事权利能力和民事行为能力，依法独立享有民事权利和承担民事义务的组织。法人分为企业法人和非企业法人。企业法人是指有符合国家规定的资金数额，有组织章程、组织机构和场所，能够独立承担民事责任，经主管机关核准登记，取得法人资格，以营利为目的的组织体。非企业法人是指不以营利为目的，主要从事非生产经营活动的法人，包括机关法人、事业单位法人、社会团体法人。本书主要介绍法律关系主体中的企业法人。

根据最高人民法院《关于适用〈民事诉讼法〉若干问题的意见》第 40 条规定，其他组织是指合法成立、有一定的组织机构和财产，但又不具备法人资格的组织；主要包括：(1)依法登记领取营业执照的私营独资企业、合伙组织；(2)依法登记领取营业执照的合伙联营企业；(3)依法登记领取我国营业执照的中外合作经营企业、外资企业；(4)经民政部门核准登记领取社会团体登记证的社会团体；(5)法人依法设立并领取营业执照的分支机构；(6)中国人民银行、各专业银行设在各地的分支机构；(7)中国人民保险公司设在各地的分支机构；(8)经核准登记领取营业执照的乡镇、街道、村办企业；(9)符合规定条件的其他组织。

3. 国家

在特殊情况下，国家可以作为一个整体成为法律关系主体。例如，国家作为主权者是国际公法关系的主体，可以成为外贸关系中的债权人或债务人。在国内法上，国家作为法律关系主体的地位比较特殊，既不同于一般公民，也不同于法人。国家可以直接以自己的名义参与国内的法律关系（如发行国库券），但在多数情况下则由国家机关或授权的组织作为代表参加法律关系，如国家邮政局和省、自治区、直辖市邮政管理机构依据《邮政法》

的授权负责快递企业经营快递业务的行政许可。

（二）法律关系主体的权利能力和行为能力

1. 权利能力和行为能力的概念

权利能力是指能够参与一定的法律关系，依法享有一定权利和承担一定义务的法律资格。它是法律关系主体实际取得权利、承担义务的前提条件。行为能力是指法律关系主体能够通过自己的行为，实际取得权利和履行义务的能力。

需要说明的是，快递服务市场主要考察法律关系主体的民事权利能力和民事行为能力，因此，以下部分仅对法律关系主体的民事权利能力和民事行为能力进行介绍。

2. 公民的民事权利能力和民事行为能力

根据《民法通则》的规定，公民从出生时起到死亡时止，具有民事权利能力，依法享有民事权利，承担民事义务。公民的民事权利能力一律平等。

就行为能力而言，确定公民有无行为能力，其标准有两个：第一是能否认识自己行为的性质、意义和后果；第二是能否控制自己的行为并对自己的行为负责。

法律上把公民划分为完全行为能力人、限制行为能力人和无行为能力人。

（1）完全民事行为能力人是指达到一定法定年龄，智力健全，能够对自己的行为负完全责任的自然人（公民），即年满十八周岁以上的公民。十六周岁以上不满十八周岁的公民，以自己的劳动收入为主要生活来源的，视为完全民事行为能力人。

（2）限制民事行为能力人是指其行为能力受到一定限制，只具有部分行为能力的公民。十周岁以上的未成年人和不能完全辨认自己行为的精神病人是限制民事行为能力人，可以进行与他的年龄、智力相适应的民事活动；其他民事活动需由他的法定代理人代理，或者征得他的法定代理人的同意才可进行。

（3）无民事行为能力人是指完全不能以自己的行为行使民事权利，履行民事义务的公民。不满十周岁的未成年人和不能辨认自己行为的精神病人是无行为能力人，由他的法定代理人代理民事活动。

3. 企业法人和其他组织的民事权利能力和民事行为能力

根据《民法通则》的规定，法人的民事权利能力和民事行为能力，从法人成立时产生，到法人终止时消灭。法人同样具有行为能力，但与公民的行为能力不同；具体表现在：第一，公民的行为能力有完全与不完全之分，而法人的行为能力总是有限的，由其成立宗旨和业务范围所决定；第二，公民的行为能力和权利能力并不是同时存在的。也就是说，公民具有权利能力却不一定同时具有行为能力，公民丧失行为能力也并不意味着丧失权利能力。与此不同，法人的行为能力和权利能力却是同时产生和同时消灭的。法人依法成立，就同时具有权利能力和行为能力；法人依法撤销，其权利能力和行为能力就同时消灭。

企业法人的民事权利能力受其经营范围的制约。《民法通则》第四十二条规定，企业法人应当在核准登记的经营范围内从事经营。但是，考虑到市场的多变性，最高人民法院《关于适用〈合同法〉若干问题的解释（一）》第十条规定，当事人超越经营范围订立合同，人民法院不因此认定合同无效。但违反国家限制经营、特许经营以及法律、行政法规禁止经营规定的除外。

就其他组织而言，其民事权利能力和民事行为能力与企业法人相同，从成立时起产生，到组织终止时消灭。

（三）法律关系客体

法律关系客体是指法律关系主体之间权利和义务所指向的对象。

法律关系客体与权利客体既有区别又有联系。权利客体是权利行使所及的对象，它说明享受权利的主体在哪些方面可以对外在的客体（物质客体或精神客体）做出某种行为或不做出某种行为。这种对象始终与权利本身共存共灭。没有权利，也就没有权利客体。从单个权利的角度讲，其客体自然不能完全等同于法律关系客体。然而，一旦权利的行使与特定义务的履行发生联系，此时权利客体不仅是权利所及的对象，也是义务所指向的对象。权利客体也就变成了法律关系客体。例如，所有物是所有权的客体，而在买卖法律关系中，它就是该法律关系的客体。

法律关系客体的范围和种类包括：

1. 物，是指法律关系主体支配的，在生产上和生活上所需要的客观实体。它既可以是天然物，也可以是生产物；既可以是活动物，也可以是不活动物。

2. 精神产品，即人通过某种载体记载下来并加以流传的智力性成果。

3. 行为。

（四）法律关系内容

法律关系的内容是指法律关系主体之间的法律权利和法律义务。法律关系的内容是法律规范在实际社会生活中的具体落实，是法律规范在社会关系中实现的一种状态。

三、法律关系的产生、变更和消灭

（一）法律事实

法律关系的产生、变更和消灭，需要具备一定的条件，即法律规范和法律事实的存在。

法律规范是法律关系产生、变更和消灭的法律依据。比如《快递市场管理办法》第十一条规定，快递企业应当以书面形式明确快递企业与用户双方的权利和义务，其格式合同条款应当做到公平合理、准确全面，并向省级邮政管理部门备案。该规定明确了快递企业与用户应当签订书面形式的合同，合同内容应当公平合理、准确全面，从而对快递企业和用户之间的法律关系的产生、变更和消灭提供了法律依据。

法律事实是法律规范所规定的，能够引起法律关系产生、变更和消灭的客观情况或现象。以是否以人们的意志为转移作标准，可以将法律事实大体上分为两类，即法律事件和法律行为。法律事件是法律规范规定的、不以当事人的意志为转移而引起法律关系形成、变更和消灭的客观事实，又分成社会事件和自然事件。前者如战争、社会动乱等，后者如自然灾害等。法律行为是指因人们的有意识的行为而引起的法律关系的产生、变更和消灭。法律事实的存在引起法律关系当事人之间权利、义务的设定、变更或者终止，从而对当事人之间法律关系的产生、变更和消灭提供了事实依据。

（二）法律关系的产生、变更和消灭

法律关系的产生是指法律关系主体之间形成权利义务关系。例如，因缔结合同而形成合同双方或多方之间的权利义务关系，因缔结婚姻而形成的夫妻之间的权利义务关系。

法律关系的变更是指构成法律关系的主体、内容和客体，如果其中有一个要素发生了变化，就引起法律关系的变更。例如，权利主体的撤销、借贷合同的部分履行及合同的修改等。

法律关系的消灭是指权利主体之间权利义务的终止。例如，合同的全部履行；收养关系成立后，养子女同其生父母之间的权利义务关系即终止；夫妻之间因一方死亡而终止其夫妻之间的权利义务关系等。

（三）案例分析

甲公司于 2009 年 3 月 5 日下午委托乙快递公司运送一箱半导体二极管器件至××市，货物价值是 20 760 元。乙快递公司使用的快递运单在寄件人签名处，使用深色粗体字印刷，内容为"填写本单前请阅读背面说明条款，您的签名意味着您已阅读并接受约定"。该提单背面第十条写明"因乙快递公司过错造成快件延误、损毁、灭失的，由乙快递公司承担赔偿责任。赔偿标准为：对未保价物品，资料类按实收运费的二倍进行赔偿；包裹类按实际损失的价值进行赔偿，但最高不超过实收运费的五倍"。

随后，乙快递公司向甲公司出具的快递运单上注明了货物数量和发票张数，双方约定货到付款，运费总金额为人民币 60 元人民币。此后一小时左右甲公司即接到乙快递公司方送货人员韩×的电话，称货物在运送途中被窃，后韩×向派出所报案。

1. 法律关系的产生

上述情形中，甲公司和乙快递公司基于各自的真实意思表示，通过协商缔结了运输合同，乙快递公司则向甲公司出具了快递运单。甲公司和乙快递公司的行为符合法律规范要求的民事法律行为的构成要件[①]，并基于该缔结合同的民事法律行为产生了运输合同法律关系。

2. 法律关系的变更

依据甲公司与乙快递公司签订的运输合同——快递运单的规定，甲公司的货物在乙快递公司运输期间被窃，乙快递公司应当依据快递运单的约定向甲公司进行赔偿，赔偿金额为 300 元人民币。但是，甲公司委托乙快递公司运输的货物价值为 20 760 元人民币，甲公司的损失没有得到充分的补偿。那么，甲公司是否必须接受快递运单约定的赔偿条款？

根据最高人民法院《关于适用〈合同法〉若干问题的解释（二）》规定，提供格式条款的一方对格式条款中免除或者限制其责任的内容，在合同订立时采用足以引起对方注意的文字、符号、字体等特别标识，并按照对方的要求对该格式条款予以说明的，人民法院应当

---

① 《民法通则》第五十五条　民事法律行为应当具备下列条件：（一）行为人具有相应的民事行为能力；（二）意思表示真实；（三）不违反法律或者社会公共利益。

认定符合《合同法》规定的“采取合理的方式”。提供格式条款一方对已尽合理提示及说明义务承担举证责任。提供格式条款的一方当事人违反《合同法》对格式条款关于提示和说明义务的规定，导致对方没有注意免除或者限制其责任的条款，对方当事人申请撤销该格式条款的，人民法院应当支持。本案中，乙快递公司虽然使用深色粗体字提示客户阅读快递提单背面条款，但对限制其责任的提单第十条并未“采取合理方式”引起客户足够的注意。因此，根据上述规定，甲公司向人民法院提出撤销快递运单中限制乙快递公司责任的条款，人民法院对该请求予以支持。

鉴于该案中运送货物被窃的法律事实，乙快递公司应当给予损害赔偿。同时，快递运单中限制乙快递公司责任的条款被撤销后，自始无效。因此，乙快递公司不能再依据双方签订的运输合同给予甲公司损害赔偿，而应当依据《合同法》违约责任的相关规定进行损害赔偿。由此，甲公司和乙快递公司之间法律关系的内容——损害赔偿从“运费总金额的五倍”变更为“货物总价值”。

3. 法律关系的消灭

上述情形中，如果乙快递公司安全、准时把甲公司的货物运送到目的地，则双方当事人之间的法律关系因合同履行完毕而消灭。

思考与练习

1. 简述法律规范的分类。
2. 阐述法律规范的效力冲突解决原则。
3. 简述法律关系的构成要素。
4. 简述法律关系的产生、变更和消灭。
5. 阐述法律规范的表现形式。
6. 阐述调整性法律关系和保护性关系。
7. 阐述主法律关系和从法律关系。
8. 案例分析题：

2010 年 1 月 28 日，受 A 公司法定代表人刘某指示其员工朱某将 200 箱灯具交由××快递公司运至江西，并与××快递公司签订快递运单一份，交纳运费 1100 元。××快递公司承运车辆行至浙江境内时因驾驶员违章遭遇车祸，200 箱灯具全部破碎。

问题：请对上述案例中的法律关系构成要素以及法律关系的产生、变更等进行分析。

第二章

市场规制相关法律解析

【内容提要】

"规制"强调的是按照规则进行管制和制约。根据规制的特点,可以分为经济性规制和社会性规制。经济性规制是对企业市场行为的规制,主要是为了防止资源配置的低效率和确保资源使用者的公平利用。政府机关应用法律权限,通过许可和认可等手段,对企业的市场进入和退出,企业提供服务的价格、数量和质量,企业的投资和财务会计等有关行为加以规制。本章在介绍快递服务的法律特征的基础上,重点介绍以下问题:其一是快递服务的法律特征及快递企业的市场准入制度,其二是反不正当竞争和反垄断的相关法律制度,其三是相关的知识产权保护等问题。

第一节 《邮政法》相关法律规定解析

为了保障邮政普遍服务,加强对邮政市场的监督管理,维护邮政通信与信息安全,保护通信自由和通信秘密,保护用户合法权益,促进邮政业健康发展,适应经济社会发展和人民生活需要,1986 年 12 月 2 日第六届全国人民代表大会常务委员会第十八次会议通过《邮政法》,2009 年 4 月 24 日第十一届全国人民代表大会常务委员会第八次会议修订,并于 2009 年 10 月 1 日起实施。

《邮政法》一共九章,除总则和附则外,分别对邮政设施、邮政服务、邮政资费、损失赔偿、快递业务以及监督检查进行了详尽的规定。本节主要对邮政业中的基本寄递业务的相关法律规定进行解析。

一、邮 政 服 务

(一) 邮政服务的一般规定

邮政服务为通信服务业的重要组成部分,是指服务提供者依托国家邮政资源和基础设施,依法经营信件、包裹等物品的寄递业务以及由此衍生的其他业务。具体来说,邮政企业经营下列业务:(1)邮件寄递;(2)邮政汇兑、邮政储蓄;(3)邮票发行以及集邮票品制作、销售;(4)国内报刊、图书等出版物发行;(5)国家规定的其他业务。

邮政企业收寄邮件和用户交寄邮件,应当遵守法律、行政法规以及国务院和国务院有关部门关于禁止寄递或者限制寄递物品的规定。邮政企业应当依法建立并执行邮件收寄验视制度。对用户交寄的信件，必要时邮政企业可以要求用户开拆，进行验视，但不得检查信件内容。用户拒绝开拆的，邮政企业不予收寄。对信件以外的邮件，邮政企业收寄时应当当场验视内件。用户拒绝验视的，邮政企业不予收寄。邮政企业发现邮件内夹带禁止寄递或者限制寄递的物品的，应当按照国家有关规定处理。进出境邮件中夹带国家禁止进出境或者限制进出境的物品的，由海关依法处理。

带有邮政专用标志的车船进出港口、通过渡口时，应当优先放行。带有邮政专用标志的车辆运递邮件，确需通过公安机关交通管理部门划定的禁行路段或者确需在禁止停车的地点停车的，经公安机关交通管理部门同意，在确保安全的前提下，可以通行或者停车。邮政企业不得利用带有邮政专用标志的车船从事邮件运递以外的经营性活动，不得以出租等方式允许其他单位或者个人使用带有邮政专用标志的车船。

邮政企业对无法投递的邮件，应当退回寄件人。无法投递又无法退回的信件，自邮政企业确认无法退回之日起超过六个月无人认领的，由邮政企业在邮政管理部门的监督下销毁。无法投递又无法退回的其他邮件，按照国务院邮政管理部门的规定处理；其中无法投递又无法退回的进境国际邮递物品，由海关依照《中华人民共和国海关法》的规定处理。

（二）邮政普遍服务

邮政普遍服务，是指按照国家规定的业务范围、服务标准和资费标准，为中国境内所有用户持续提供的邮政服务，以满足社会对邮政通信的需求，保障公民的通信自由和权利。我国《邮政法》立法宗旨之一就是保障邮政普遍服务，《邮政法》和交通运输部2008年6月通过的《邮政普遍服务监督管理办法》对邮政普遍服务做了明确的要求，国家邮政局发布的《邮政普遍服务》标准也于2009年10月1日实施。

根据《邮政法》的规定，国家保障我国境内的邮政普遍服务。邮政企业按照国家规定承担提供邮政普遍服务的义务，国务院和地方各级人民政府及其有关部门应当采取措施，支持邮政企业提供邮政普遍服务。

邮政普遍服务具体表现为以下几个方面：

1. 邮政普遍服务的主体

根据《邮政普遍服务监督管理办法》的规定，邮政普遍服务的主体是邮政企业，即中国邮政集团公司及其所属提供邮政普遍服务的企业。

2. 邮政设施的布局和建设

根据《邮政法》规定，邮政设施的布局和建设应当满足保障邮政普遍服务的需要。地方各级人民政府应当将邮政设施的布局和建设纳入城乡规划，对提供邮政普遍服务的邮政设施的建设给予支持，重点扶持农村边远地区邮政设施的建设。建设城市新区、独立工矿区、开发区、住宅区或者对旧城区进行改建，应当同时建设配套的提供邮政普遍服务的邮政设施。

根据《邮政普遍服务》标准，提供邮政普遍服务的邮政营业场所设置应至少满足下列条件：①北京市城区主要人口聚居区平均1千米服务半径或1万～2万服务人口；②其他直辖市、省会城市城区主要人口聚居区平均1～1.5千米服务半径或3万～5万服务人口;③其他地级城市城区主要人口聚居区平均1.5～2千米服务半径或1.5万～3万服务人口;④县级城市城区主要人口聚居区平均2～5千米服务半径或2万服务人口;⑤农村地区主要人口聚居区平均5～10千米服务半径或1万～2万服务人口;⑥交通不便的边远地区,应按照国务院邮政管理部门制定的标准执行。此外,乡、镇人民政府所在地原则上应设置一个提供邮政普遍服务的邮政营业场所。较大的车站、机场、港口、高等院校和宾馆,应设置提供邮政普遍服务的邮政营业场所。提供邮政普遍服务的邮政营业场所门前应设置邮筒(箱)。

邮筒(箱)设置应至少满足下列条件:①直辖市、省会城市城区主要人口聚居区平均0.5～1千米服务半径;②其他地级城市城区主要人口聚居区平均1～2千米服务半径;③县级城市城区主要人口聚居区平均2～2.5千米服务半径;④乡、镇人民政府所在地主要人口聚居区平均5千米服务半径;⑤交通不便的边远地区,应按照国务院邮政管理部门制定的标准执行。

机关、企事业单位应当设置接收邮件的场所,城镇居民楼应当设置接收邮件的信报箱,农村地区应当逐步设置村邮站或者其他接收邮件的场所。

3. 邮政普遍服务的范围

根据《邮政法》规定,邮政普遍服务的范围是信件、单件重量不超过五千克的印刷品、单件重量不超过十千克的包裹的寄递以及邮政汇兑。此外,邮政企业按照国家规定办理机要通信、国家规定报刊的发行,以及义务兵平常信函、盲人读物和革命烈士遗物的免费寄递等特殊服务业务。未经邮政管理部门批准,邮政企业不得停止办理或者限制办理上述规定的业务;因不可抗力或者其他特殊原因暂时停止办理或者限制办理的,邮政企业应当及时公告,采取相应的补救措施,并向邮政管理部门报告。

4. 邮政普遍服务的方式

根据《邮政普遍服务监督管理办法》规定,邮政普遍服务采取设立邮政局、所,设置邮政信筒(箱),上门服务、流动服务、按址投递以及委托代办等方式。如果采用委托代办方式,邮政企业应当加强对代办邮政普遍服务业务的单位(或个人)的服务质量的管理,并对委托范围内的邮政普遍服务质量负责。

邮政企业应当在营业场所公布邮政普遍服务业务的资费等情况(邮政普遍服务业务资费具体请见本章附录)。邮政企业不得以任何方式限定或指定用户使用某项业务。

综上所述,我国对邮政普遍服务的要求是邮政服务网点要普及、资费要均一,对传播文化类及具有社会公益性质的邮件要给予优惠,并力求做到国家每个公民都能使用邮政业务。

(三) 邮政专营制度

1. 邮政专营制度的意义和目的

《邮政法》规定,国务院规定范围内的信件寄递业务,由邮政企业专营。邮政专营制度的理由在于:

第一,保障国家经济安全。邮政服务依托网络基础设施为社会提供以实物为载体的信息传递服务,信件的安全性涉及国家通信安全和公民通信秘密,也关系到网络基础设施的安全和人民生命、财产的安全。因此,处于上述考虑,实行邮政专营制度对确保国家邮政的主渠道地位，逐步建立健全邮政安全监管体系都具有重要意义。

第二，保障邮政普遍服务。邮政专营权是保障邮政普遍服务得以实现的重要手段。考虑到我国地域广阔，各地区之间的实际经营成本差别很大，如果放开信件寄递业务的竞争，必然出现有利润地区有人干、无利润地区无人干的局面，广大农村及边远地区无法享受邮政服务的便利。因此，国家通过赋予承担邮政普遍服务义务的主体一定的邮政专营权，给予国家邮政补贴，以保障普遍服务的实现。为此，《邮政法》规定，国家对邮政企业提供邮政普遍服务、特殊服务给予补贴，并加强对补贴资金使用的监督。邮政企业的邮政普遍服务业务与竞争性业务应当分业经营。

第三，保护公民的通信自由和通信秘密权。公民的通信自由和通信秘密权是《宪法》规定的公民的基本权利。根据《宪法》的规定，我国公民的通信自由和通信秘密受法律的保护。除因国家安全或者追查刑事犯罪的需要，由公安机关或者检察机关依照法律规定的程序对通信进行检查外，任何组织或者个人不得以任何理由侵犯公民的通信自由和通信秘密。

2. 邮政专营制度的发展历程[①]

世界绝大多数国家都以法律形式规定了邮政专营制度，各国邮政在专营范围、制度建设等方面经历了大致以下几个阶段：

（1）按照物品性质规定所有信件专营

从欧洲建立现代邮政起，近200年的时间，世界各国一直实行所有信件业务由邮政专营的制度。

（2）以单一限制为条件，按照重量或者资费确定专营范围

20世纪80年代起，很多国家开始缩小邮政专营的范围。其中，限定专营范围标准的方法主要有两种：一是欧洲一些国家曾经采用过的单一重量模式，一定重量以下的信件寄递业务由邮政专营；二是美国曾长期采用过的单一资费模式，即一类邮资2倍以上且不低于3美元的信件寄递业务可以由私营快递企业经营，其他信件寄递业务任由邮政专营。

（3）按照重量加资费的方法确定专营范围

20世纪90年代起，以1997年《欧盟邮政指令》的颁布为标志，邮政专营制度逐渐过渡到保留业务阶段，邮政专营业务的范围进一步缩小，并转化为保留业务。在具体方法上，对邮政专营范围采用重量加资费的方法进行限定。如《欧盟邮政指令》(1997)中规定，从1997年起放开单件重量为350克以上或者资费在5倍基本资费以上的信件寄递业务。

（4）有条件地完全放开信件寄递市场

邮政专营制度的发展趋势是结合国家的经济发展水平，在条件成熟时有条件地完全放开信件寄递市场。

3. 国外邮政专营现状

国外邮政专营情况可以分为以下三类：

（1）完全放开信件寄递市场。目前，瑞典、俄罗斯、新西兰、荷兰、芬兰、巴拉圭等国家已经完全放开信件寄递市场。

---

① 国家邮政局政策法规司编著《中国邮政业发展研究报告》，人民出版社2008年9月，第102～103页。

(2) 逐步缩小邮政专营范围,有条件放开信件寄递业务。如英国在 2000 年以前,重量不超过 350 克或者资费不低于 1 英镑的信函的寄递属于邮政专营范围,2002 年 1 月 31 日英国邮政市场监管委员会公布邮政市场开放计划,通过 3 个阶段的改革,逐步放开信件寄递业务,分阶段引入竞争机制。

(3) 大多数发展中国家仍然保留了邮政专营制度。在保留邮政专营制度的国家,大致使用四种基本的标准来确定邮政专营的范围:一是重量限制,一定重量以下的信件由邮政专营;二是资费限制,一定资费以内的信件由邮政专营;三是内件限制,某些内件的寄递业务为邮政专营;四是投递限制,邮箱等设施为邮政专用。保留邮政专营制度的国家一般采取四种基本标准中的一种或几种标准相结合的方式规定邮政专营范围。

二、邮政普遍服务业务范围内的邮件和汇款的损失赔偿

(一) 邮件的损失赔偿标准

邮件的损失,是指邮件丢失、损毁或者内件短少。邮政企业对平常邮件[①]的损失不承担赔偿责任。但是,邮政企业因故意或者重大过失造成平常邮件损失的除外。

邮政企业对给据邮件[②]的损失依照下列规定赔偿:

1. 保价的给据邮件丢失或者全部损毁的,按照保价额赔偿;部分损毁或者内件短少的,按照保价额与邮件全部价值的比例对邮件的实际损失予以赔偿。

2. 未保价的给据邮件丢失、损毁或者内件短少的,按照实际损失赔偿,但最高赔偿额不超过所收取资费的三倍;挂号信件丢失、损毁的,按照所收取资费的三倍予以赔偿。

邮政企业应当在营业场所的告示中和提供给用户的给据邮件单据上,以足以引起用户注意的方式载明上述规定。邮政企业因故意或者重大过失造成给据邮件损失,或者未履行上述规定的告知义务,无权援用上述规定限制赔偿责任。此外,因下列原因之一造成的给据邮件损失,邮政企业不承担赔偿责任:(1)不可抗力,但因不可抗力造成的保价的给据邮件的损失除外;(2)所寄物品本身的自然性质或者合理损耗;(3)寄件人、收件人的过错。

(二) 给据邮件的查询

用户交寄给据邮件后,对国内邮件可以自交寄之日起一年内持收据向邮政企业查询,对国际邮件可以自交寄之日起一百八十日内持收据向邮政企业查询。查询国际邮件或者查询国务院邮政管理部门规定的边远地区的邮件的,邮政企业应当自用户查询之日起六十日内将查询结果告知用户;查询其他邮件的,邮政企业应当自用户查询之日起三十日内将查询结果告知用户。查复期满未查到邮件的,邮政企业应当依照《邮政法》的规定予以赔偿。但是,用户在《邮政法》规定的查询期限内未向邮政企业查询又未提出赔偿要求的,邮政企业不再承担赔偿责任。

(三) 汇款的查询

邮政汇款的汇款人自汇款之日起一年内,可以持收据向邮政企业查询。邮政企业应

---

① 平常邮件,是指邮政企业在收寄时不出具收据,投递时不要求收件人签收的邮件。

② 给据邮件,是指邮政企业在收寄时向寄件人出具收据,投递时由收件人签收的邮件。

当自用户查询之日起二十日内将查询结果告知汇款人。查复期满未查到汇款的，邮政企业应当向汇款人退还汇款和汇款费用。

三、邮政业的监督管理

根据《邮政法》的规定，国务院邮政管理部门负责全国的邮政普遍服务和邮政市场的监督管理工作。省、自治区、直辖市邮政管理机构在国务院邮政管理部门的领导下，负责本行政区域的邮政普遍服务和邮政市场的监督管理工作。

具体来说，《邮政法》的规定，邮政管理部门依法履行监督管理职责，可以采取下列监督检查措施：(1)进入邮政企业、快递企业或者涉嫌发生违反《邮政法》活动的其他场所实施现场检查；(2)向有关单位和个人了解情况；(3)查阅、复制有关文件、资料、凭证；(4)经邮政管理部门负责人批准，查封与违反《邮政法》活动有关的场所，扣押用于违反《邮政法》活动的运输工具以及相关物品，对信件以外的涉嫌夹带禁止寄递或者限制寄递物品的邮件、快件开拆检查。

此外，根据履行监督管理职责的需要，邮政管理部门可以要求邮政企业和快递企业报告有关经营情况。

邮政管理部门进行监督检查时，监督检查人员不得少于两人，并应当出示执法证件。对邮政管理部门依法进行的监督检查，有关单位和个人应当配合，不得拒绝、阻碍。对监督检查中知悉的商业秘密，邮政管理部门工作人员负有保密义务。

邮政企业和快递企业应当及时、妥善处理用户对服务质量提出的异议。用户对处理结果不满意的，可以向邮政管理部门申诉，邮政管理部门应当及时依法处理，并自接到申诉之日起三十日内作出答复。

任何单位和个人对违反《邮政法》规定的行为，有权向邮政管理部门举报。邮政管理部门接到举报后，应当及时依法处理。

第二节　快递服务概述

一、快递服务的概念和分类

(一) 快递服务的概念

快递服务是服务贸易重要组成部分。世界贸易组织在《服务贸易总协定》中，遵照联合国集中产品分类系统(CPC)的原则，将服务(产品)定义为 12 个部门。编列为 CPC75 邮政与电信服务的“通信服务”是 12 个服务部门之一，分列为：CPC751 邮政(POST)、CPC752 电信(Telecommuncations)。CPC751 邮政之下，又分列为：CPC7511 公共邮政服务(Postal Services)和 CPC7512 快递服务(Courier Services)两个子项。

我国对快递服务的界定主要在以下法律文件中：第一，根据国家邮政局 2007 年 9 月

12日发布，自2008年1月1日起实施的《快递服务》邮政行来标准的规定，快递服务（Express Service；Courier Service）是指快速收寄、运输、投递单独封装的、有名址的快件或其他不需存储的物品，按承诺时限递送到收件人或指定地点，并获得签收的寄递服务。其中，快件是指快递服务组织依法收寄并封装完好的信件和包裹等寄递物品的统称。第二，交通运输部2008年7月12日施行的《快递市场管理办法》规定，快递，是指快速收寄、分发、运输、投递单独封装、具有名址的信件和包裹等物品，以及其他不需储存的物品，按照承诺时限递送到收件人或指定地点，并获得签收的寄递服务。

快递服务是随着全球经济的快速发展和市场竞争的日益加剧，邮政普遍服务和普通货运服务方式远远无法满足企业快速传递商业文件和样品的需求而产生的，从世界范围看，20世纪60年代末，现代快递服务从传统货物运输服务中分离出来。70年代，欧美国家快递业得到迅速发展。相比之下，我国快递服务起步相对较晚。1979年，中国对外贸易运输总公司（以下简称中外运）率先与日本海外新闻普及株式会社（OCS）签立了第一份快递代理合同，标志着快递服务正式进入中国。随后其他国际快递企业也相继与中外运达成快递代理协议：例如，1984年联邦快递公司（FedEx）开始与中外运合作在中国从事国际快递业务的经营；1986年敦豪（DHL）与中外运各以一半股权合资成立中外运—敦豪国际航空快件有限公司，开始在中国从事国际快递业务。与此同时，1980年，中国邮政部门开始在国内经办特快专递业务（Express Mail Service，EMS）。1996年，依托各航空公司、机场的有力支持，民航快递有限责任公司（CAE）成立并运营。90年代中后期，我国民营快递企业开始相继出现。①

近年来，我国的快递服务发展迅速。国家邮政局公布的2009年邮政业运行情况显示，2009年全国规模以上快递企业业务量累计完成18.6亿件，同比增长22.8%；业务收入累计完成479亿元，同比增长17.3%。② 快递服务快速发展的同时，与快递服务相关的法律制度建设也亟待加强。

（二）快递分类

1. 根据快递服务区域和相应时限划分

《快递服务》邮政行业标准根据快递服务的服务区域和相应时限将快递服务划分为同城快递服务、国内异地快递服务和国际快递服务。

（1）同城快递服务（Urban Express Service）。同城快递服务是指寄件人和收件人在中华人民共和国内地同一个城市内的快递服务。同城快递服务除与顾客有特殊约定（如偏远地区）外，服务时限③应满足不超过24小时的要求。

（2）国内异地快递服务（Inland Express Service）。国内异地快递服务是指寄件人和收件人分别在中华人民共和国内地不同城市的快递服务。国内异地快递服务除与顾客有

---

① 国家发改委，南开大学．中国现代物流发展报告（2009）[R]．北京：中国物资出版社，2009．

② 国家邮政局公布2009年邮政业运行情况[EB/OL]．北京：中华人民共和国国家邮政局，2010，http://www.chinapost.gov.cn/folder92/2010/01/2010-01-2047567.html．

③ 快递服务时限指快递服务组织从收寄开始，到第一次投递的时间间隔。

特殊约定(如偏远地区)外,服务时限应满足不超过72小时的要求。

(3) 港澳快递服务(Hongkong and Macao express service)。港澳快递服务是指寄件人和收件人分别在中国内地和香港、澳门地区的快递服务。

(4) 台湾快递服务(Taiwan express service)。台湾快递服务是指寄件人和收件人分别在中国内地和台湾地区的快递服务。

(5) 国际快递服务(International Express Service)。国际快递服务是指寄件人和收件人分别在中华人民共和国和其他国家或地区的快递服务,递送时间以寄件人所约定的服务时间计算为准。

2. 按照快件内件性质分类

根据《邮政法》规定,快件,是指快递企业递送的信件、包裹、印刷品等。根据快件内件性质可以作如下划分。

(1) 信件类。信件类主要包括信函,即以套封形式按照名址递送给特定个人或者单位的缄封的信息载体,如书信、各类文件、各类单据和证件、各类通知以及有价证券等。根据《邮政法》的规定,国务院规定范围内的信件寄递业务,由邮政企业专营。快递企业经营邮政企业专营业务范围以外的信件快递业务,应当在信件封套的显著位置标注信件字样。快递企业不得将信件打包后作为包裹寄递。

(2) 物品类。物品类是指所有适于寄递的货样、商品、馈赠礼品及其他物品。[①]

二、快递服务的法律特征

考虑到快递服务的时效性、网络性和便利性等基本特征,快递服务具有以下法律特征。

(一) 法律关系动态运行过程快速

鉴于快递服务是指快速收寄、运输、投递单独封装的、有名址的快件或其他不需存储的物品,按承诺时限递送到收件人或指定地点,并获得签收的寄递服务。快递服务的主要特征就是快捷、迅速。按照《快递服务》邮政行业标准的要求,快递服务时限,即快递服务组织从收寄开始,到第一次投递的时间间隔,除了与顾客有特殊约定(如偏远地区)外,应满足同城快递不超过24小时,国内异地快递不超过72小时。由此,当事人之间法律关系的产生(签订快递服务合同)到法律关系的终止(收件人验收快件并在快递运单等有效单据上签字)也在上述短短的24小时和72小时内完成。因此,快递服务法律关系的产生、变更和终止,也体现出了"快"的特征。

(二) 参与法律关系的主体众多

一般来说,完善的运输配送网络是经营快递服务的基础,也是快递企业经营实力的重要体现。快递的网络性具体表现在以下两个方面:第一,快递服务要依靠实物运输网络。

① 国家邮政局政策法规司. 中国邮政业发展研究报告. 北京:人民出版社,2008.

这个实物运输网络又可细分为干线运输网络和“最后一公里”的收寄配送网络。要依靠各种交通运输工具，包括飞机、火车、船舶、汽车、摩托车、电动自行车等组成物理运输网络，并整合成覆盖范围广泛、灵活的立体交叉运输网络。在网络发生局部拥塞或局部运能利用不足的情况下，要能够实现不同层次网络和不同运输线路之间的合理调度和优化使用，以充分发挥网络的运输能力。第二，快递服务覆盖地域范围广泛，需要分散在不同地域的企业进行合作；组成完整的合作生产运作网络。这个合作网络中的企业既可能同属一家集团公司，也可能分属不同的多家独立公司。不论是同属一家集团公司还是分属不同独立公司都需要建立运输指挥调度中心、邮件分拣中心，要建立统一的通信系统和财务结算系统。以“次晨达”为例，快递服务的基本流程如图 2-1 所示[①]。

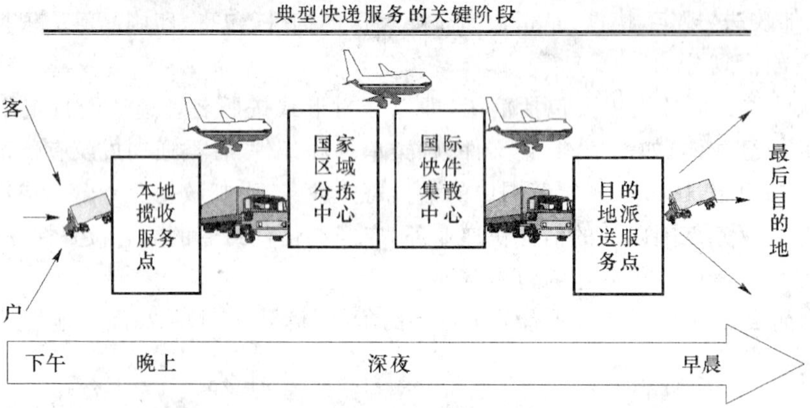

图 2-1　快递服务基本流程示意图

鉴于快递服务的网络性特征，快递服务法律关系参与主体众多。快件从寄件人填写快递详情单开始，短短的时间内完成收寄（快递服务组织接收快件、并收存寄件人填写的快递运单）和投递（快递服务组织将快件递送到收件人或指定地点并获得签收），收件人验收快件并在快递运单等有效单据上签字意味着快递服务活动的完成。由此可见，快递服务中，涉及收寄、投递等环节，再加上快递服务人员对内件的询问与验视、快件的封装、快件所处服务环节及所在位置的查询、报关以及代收货款等活动，导致快递服务参与者众多。

（三）法律纠纷数量多且标的额小

由于快递服务的快速，其准确性受到复杂的快递服务网络的影响，法律纠纷时有发生。根据国家邮政局统计，2009 年 11 月，受理消费者关于快递业务的有效申诉 688 件。其中，反映快件延误的 342 件，占 49.7%；反映快件丢失及内件短少的 138 件，占 20.1%；反映服务态度差的 79 件，占 11.5%；反映快件损毁的 65 件，占 9.4%；反映代收货款问题的 36 件，占 5.2%；反映违规收费的 18 件，占 2.6%；反映其他问题的 10 件，占 1.5%。如图 2-2[②] 所示。

① 国家发改委，南开大学. 中国现代物流发展报告(2009)[R]. 北京：中国物资出版社，2009.

② 国家邮政局关于 2009 年 11 月邮政业消费者申诉情况的通告[EB/OL]. 北京：中华人民共和国国家邮政局，2009. http://sswz.chinapost.gov.cn/info/froInf! newsView.action? id=961.

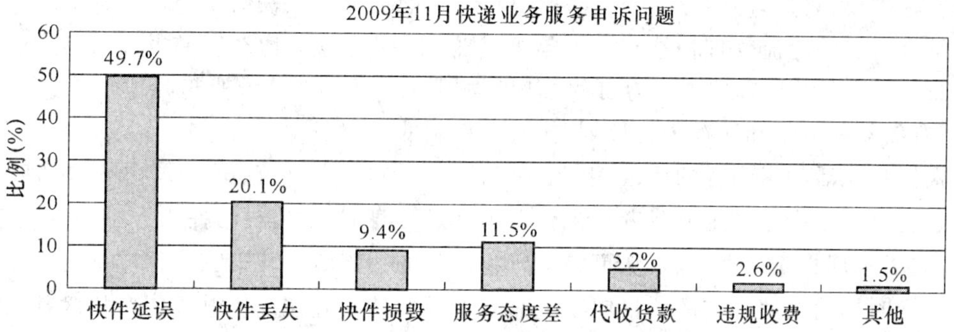

图 2-2 2009 年 11 月快递服务申诉分析图

从图 2-2 中可以看出，快递服务常见的法律纠纷有快件延误、快件丢失、快件损毁，上述三类法律纠纷总件数为 545 件，占全部申诉问题的 79.2%。另外，快递服务中发生的法律纠纷通常标的额小，考虑到寻求司法救助的成本过高，消费者往往选择向国家邮政局、消费者协会进行申诉，如果申诉得不到有效处理，消费者权益将会受到损害，进而挫伤消费者对快递服务的信心，不利于快递服务的健康发展。因此，如何在快递服务活动中快速、低成本解决相关的法律纠纷是立法和司法实践亟待解决的问题。

三、快递服务与基本寄递服务的联系和区别

按照寄递方式和时限划分，邮政业市场分为基本寄递市场和快递市场。基本寄递市场采取邮筒收寄或者固定营业门店收寄，并采用收发室、信箱等方式投交，寄递时间相对固定；快递市场采取门到门、桌到桌的服务方式，寄递时间快。

虽然快递服务于基本寄递服务同属于邮政服务，但存在以下差异：

1. 邮政业基本寄递服务是由政府为保障公民通信权益而提供的公共服务，由政府主导；快递服务属于邮政业增值服务，是为满足经济社会发展需要而产生的商业化、个性化服务，由市场主导。

2. 根据《邮政法》规定，国务院规定范围内的信件寄递业务，由邮政企业专营。快递企业不得经营由邮政企业专营的信件寄递业务，不得寄递国家机关公文。快递企业经营邮政企业专营业务范围以外的信件快递业务，应当在信件封套的显著位置标注信件字样。

3. 快递服务于基本寄递服务在服务标准、价格、服务方式上有明显区别。快递服务主要采用“门到门”、“桌对桌”的直达服务方式，提供多层次、多样化的服务种类，以高于普遍服务的资费和更快、更方便的服务产品，更好地满足中高端市场对寄递服务的需求。基本寄递服务则制定并执行统一、均一的资费标准，依靠基础公用设施，为国民经济、广大人民群众提供最基础、普遍的公共服务。

四、快递服务与物流服务的区别

1. 物流服务概述

根据《国家标准物流术语》的解释，物流是指物品从供应地向接收地的实体流动过程。

根据实际需要，将运输、储存、装卸、搬运、包装、流通加工、配送、信息处理等基本功能实施有机结合。美国物流管理协会（2004 年更名为“供应链管理协会”）将物流定义为：物流（Logistics）是以满足客户需要为目的，对货物、服务及相关信息，从起源地到消费地的有效率、有效益的流动和储存进行计划、执行和控制的过程。

根据物流活动组织者的标准，物流活动可以分为自主物流、第三方物流和第四方物流。自主物流是指生产企业或者货主企业为满足自身的需要，自己提供人工、机械设备和场所，完成全部物流计划，亲自从事整个货物流程的物流活动。第三方物流是指物流服务者在一定时期内按照一定的价格向物流需求者提供的建立在现代电子信息技术基础上的一系列个性化的物流服务。第四方物流是指建立在第三物流基础上的，对不同的第三方物流企业的管理技术等物流资源作进一步整合，为用户提供完全意义上的供应链解决方案的一种更高级的物流模式。①

一般来说，物流的主要特征如下。②

（1）物流系统化。物流不是运输、保管等活动的简单叠加，而是通过彼此的内在联系，在共同目的下形成的一个系统，构成系统的功能要素之间存在着相互作用的关系。在考虑物流最优化的时候，必须从系统的角度出发，通过物流功能的最佳组合实现物流整体的最优化目标。局部的最优化并不代表物流系统整体的最优化，树立系统化观念是搞好物流管理，开展现代物流活动的重要基础。

（2）物流信息化。现代物流可以理解为物资的物理性流通与信息流通的结合，信息在实现物流系统化，实现物流作业一体化方面发挥着重要作用。传统物流的各个功能要素之间缺乏有机的联系，对物流活动的控制属于事后控制。而现代物流通过信息将各项物流功能活动有机结合在一起，通过对信息的实时把握控制物流系统按照预定的目标运行。准确地掌握信息，如库存信息、需求信息，可以减少非效率、非增值的物流活动，提高物流效率和物流服务的可靠性。

（3）物流网络化。为了保证产品高效率的分销和材料供应，现代物流需要有完善、健全的物流网络体系，网络上点与点之间的物流活动保持着系统性、一致性，从而保证整个物流网络有最优的库存总水平及库存分布，将干线运输与支线末端配送结合起来，形成快速灵活的供应通道。

2. 快递服务与物流服务的区别

快递服务与物流服务最本质的区别是快递服务属于邮政业，具有实物通信性质，而物流服务是与生产活动相关的物质资料供应，与商品（货物）运输相关联，不具有实物通信性质。除此之外，快递服务和物流服务在服务形式、封装要求、内件性质、受理方式等方面具有明显区别。详见表 2-1。

---

① 李玉峰. 物流法理论与实务[M]. 北京：电子工业出版社，2007：8-9.

② 中国物流业网. 现代物流的特征[EB/OL]. 浙江：千禧网，2007. http://56.qx100.com/html/20050319/313277175610207.shtml.

表 2-1　快递服务与物流服务的主要区别[①]

序号	类别	快递服务	物流服务
1	经济分类与性质	邮政业	交通运输业
2	服务形式	门对门、桌对桌	不限
3	封装要求	带有本企业专用标识的封装品，每件单独封装	无特殊要求
4	内件性质	严格执行禁、限寄物品规定	无特殊要求
5	受理方式	填写、确认快递运单	签订运输合同
6	数量指标	一件一票	一批一票
7	重量要求	单件重量不宜超过 50 公斤	货运重量不限，不超载即可
8	规格要求	单件包装规格任何一边的长度不宜超过 150 厘米。长、宽、高三边长度之和不宜超过 300 厘米	规格不限，不超高、超宽即可
9	资费标准	价格较高	价格适中
10	作业方式	收寄、运输、分拣、投递，且不需储存等	运输(储存)等

第三节　快递服务市场准入制度

一、快递服务市场准入制度概述

市场准入，又称市场进入监管(Market Entry Regulation)，一般指经营许可证制度(Licensing)，即要求进入市场的个人与实体必须符合政府规定的标准。中世纪西方国家的私人行会制度，被视为现代市场进入管制制度的雏形。起初私人行会的市场准入规则是自发协议，但在 1410 年，英国的法院基于保护普通公众维系个人生计的权利对私人行会制定的市场准入规则进行质疑，于是，私人行会转向寻求成文法的保护，并从而形成现代意义的政府制定的市场进入管制规则。[②]

根据《邮政法》的规定，经营快递业务，应当依照《邮政法》规定取得快递业务经营许可；未经许可，任何单位和个人不得经营快递业务。外商不得投资经营信件的国内快递业务。由此可见，我国对快递服务市场准入实行行政许可制度。

一般来说，政府对行业进入进行规制，其主要目的在于：一是将企业纳入依法经营、接受政府监督的范围；二是控制进入某些行业主要是自然垄断行业的企业的数量，以防止过度竞争，提高经营效率。对快递服务市场实行准入制度，除考虑上述因素外，还在于快递市场的特殊性：首先，信件以及包裹、印刷品等物品的快递业务，既涉及国家信息安全，也直接关系到用户通信秘密以及其他合法权益的保护；其次，快递企业需要拥有一定的物理流、信息流和资金流等条件。上述原因决定了快递业务实行经营许可制度能够在快递服务市场准入环节进行有效市场监管。

① 国家邮政局政策法规司. 中国邮政业发展研究报告. 北京：人民出版社，2008.

② 时建中，市场规制法基本原理论纲，http://www.competitionlaw.cn/show.aspx? id=4678&cid=44.

此外，快递服务市场准入制度也符合《行政许可法》的相关规定。根据《行政许可法》的规定，下列事项可以设定行政许可：(一)直接涉及国家安全、公共安全、经济宏观调控、生态环境保护以及直接关系人身健康、生命财产安全等特定活动，需要按照法定条件予以批准的事项；(二)有限自然资源开发利用、公共资源配置以及直接关系公共利益的特定行业的市场准入等，需要赋予特定权利的事项；(三)提供公众服务并且直接关系公共利益的职业、行业，需要确定具备特殊信誉、特殊条件或者特殊技能等资格、资质的事项；(四)直接关系公共安全、人身健康、生命财产安全的重要设备、设施、产品、物品，需要按照技术标准、技术规范，通过检验、检测、检疫等方式进行审定的事项；(五)企业或者其他组织的设立等，需要确定主体资格的事项；(六)法律、行政法规规定可以设定行政许可的其他事项。因此，快递服务直接涉及国家安全、公共安全的维护以及公民的人身权和财产权的法律保护，快递服务市场实行准入制度，能够在赋予快递企业合法身份的基础上，明确行政许可的条件和程序，保障国家安全、公共安全，依法保护快递企业的合法权益，维护快递市场的公平竞争环境，进而推动行业的健康发展。

二、快递服务市场准入相关法律法规

(一) 快递服务市场准入种类

2009 年 9 月 30 日，国家邮政局发布《快递业务经营许可条件审核规范》，该规范规定，快递业务经营许可的申请分为三类，在省、自治区、直辖市范围内经营的，跨省、自治区、直辖市经营的和经营国际快递业务的。其中，在省、自治区、直辖市范围内经营的，是指企业网络覆盖范围在省、自治区、直辖市内；跨省、自治区、直辖市经营的，是指企业网络覆盖范围跨两个以上省、自治区、直辖市；经营国际快递业务的，是指企业提供中华人民共和国境内的用户与其他国家或者地区的用户相互寄递信件、包裹和印刷品等快递业务。

(二) 快递服务市场准入的职责划分

根据《快递业务经营许可条件审核规范》规定，国家邮政局审核跨省、自治区、直辖市经营和经营国际快递业务的许可申请。各省、自治区、直辖市邮政管理局审核在省、自治区、直辖市范围内经营的许可申请。

此外，各省、自治区、直辖市邮政管理局承担国家邮政局指定的相关申请材料的核查工作。

(三) 快递服务市场准入的条件

快递服务的市场准入条件，《邮政法》和《快递业务经营许可管理办法》(交通运输部 2009 年 9 月 1 日颁布，自 2009 年 10 月 1 日起施行)均有规定，为便于说明，表 2-2 中进行具体列举。

表 2-2　快递服务市场准入条件

《邮政法》第五十二条	《快递业务经营许可办理办法》第六条
1. 符合企业法人条件； 2. 在省、自治区、直辖市范围内经营的，注册资本不低于人民币五十万元，跨省、自治区、直辖市经营的，注册资本不低于人民币一百万元，经营国际快递业务的，注册资本不低于人民币二百万元； 3. 有与申请经营的地域范围相适应的服务能力； 4. 有严格的服务质量管理制度和完备的业务操作规范； 5. 有健全的安全保障制度和措施； 6. 法律、行政法规规定的其他条件。	1. 符合企业法人条件； 2. 在省、自治区、直辖市范围内经营的，注册资本不低于人民币五十万元，跨省、自治区、直辖市经营的，注册资本不低于人民币一百万元，经营国际快递业务的，注册资本不低于人民币二百万元； 3. 有本办法第七条、第八条、第九条规定的与申请经营的地域范围相适应的服务能力； 4. 有严格的服务质量管理制度，包括服务承诺、服务项目、服务价格、服务地域、赔偿办法、投诉受理办法等，有完备的业务操作规范，包括收寄验视、分拣运输、派送投递、业务查询等制度； 5. 有健全的安全保障制度和措施，包括保障寄递安全、快递服务人员和用户人身安全、用户信息安全的制度，符合国家标准的各项安全措施，开办代收货款业务的，应当以自营方式提供代收货款服务，具备完善的风险控制措施和资金结算系统，并明确与委托方和收件人之间的权利、义务； 6. 法律、行政法规规定的其他条件。

此外，根据申请者申请经营的地域范围不同，《快递业务经营许可管理办法》依据申请类别对申请服务能力的具体规定如下。

1. 申请在省、自治区、直辖市范围内经营快递业务

申请在省、自治区、直辖市范围内经营快递业务的，应当具备以下服务能力：(1)具备在省、自治区、直辖市范围内经营快递业务的网络和运递能力；(2)经营同城快递业务的，须提供寄递快件(邮件)的电话查询服务，经营省内异地快递业务的，除提供上述电话查询服务外，还应当有提供寄递快件(邮件)跟踪查询的信息网络；(3)有符合《快递业务员国家职业技能标准》并通过资格认定的快递业务员，经营同城快递业务的，快递业务员中具备初级以上资格的不低于30%，经营省内异地快递业务的，快递业务员中具备初级以上资格的不低于40%。

2. 申请跨省、自治区、直辖市范围内经营快递业务

申请跨省、自治区、直辖市经营快递业务的，应当具备以下服务能力：(1)具备与申请经营地域范围相适应的网络和运递能力；(2)有封闭的、面积适宜的快件(邮件)处理场所，符合国务院邮政管理部门及国家安全机关依法履行职责的要求，并配备相应的处理设备、监控设备和消防设施；(3)有统一的计算机管理系统，有可提供寄递快件(邮件)跟踪查询的信息网络，并配置符合规定的数据接口，能够根据要求向邮政管理部门提供寄递快件(邮件)的有关数据；(4)有符合《快递业务员国家职业技能标准》并通过资格认定的快递业务员，企业及其各分支机构快递业务员中，具备初级以上资格的均不低于40%。

3. 申请经营国际快递业务

申请经营国际快递业务的，应当具备以下服务能力：(1)具备经营国际快递业务的网络和运递能力；(2)有封闭的、面积适宜的快件(邮件)处理场所，符合国务院邮政管理部门及国家安全机关、海关依法履行职责的要求，并配备相应的处理设备、监控设备和消防设施；(3)有统一的计算机管理系统，有可提供寄递快件(邮件)跟踪查询的信息网络，并配置符合规定的数据接口，能够根据要求向邮政管理部门和有关部门提供寄递快件(邮件)的报关数据；(4)有符合《快递业务员国家职业技能标准》并通过资格认定的快递业务员，企业及其各分支机构快递业务员中，具备初级以上资格的均不低于50%；(5)有获得专业资格的报关、报检、报验人员。

(四) 审批程序

1. 提交申请材料

根据《快递业务经营许可管理办法》和《快递业务经营许可条件审核规范》规定，申请快递业务经营许可，应当向邮政管理部门提交下列申请材料：

(1) 快递业务经营许可申请书；

(2) 工商行政管理部门出具的企业名称预核准通知书或者企业法人营业执照；

(3) 验资报告、场地使用证明以及《快递业务经营许可管理办法》第六条、第七条、第八条、第九条规定条件的相关材料；

(4) 以加盟或者代办形式经营快递业务的企业，除提交上述材料外，应当提交书面形式的加盟合同或代办协议；经营快递业务的企业开办代收货款业务的，除提交上述材料外，应当提交自营代收货款承诺书，完善的风险控制措施及资金结算系统的相关资料，以及代收货款服务合作协议；

(5) 法律、行政法规规定的其他材料。

需要说明的是，《邮政法》和《快递业务经营许可管理办法》均规定快递服务者应当具备企业法人资格。因此，从企业组织形式的法律形态看，快递服务者应当为依据《公司法》设立的有限责任公司和股份有限公司。合伙企业和个人独资企业不具备企业法人资格，不能经营快递业务。实践中，如果是已经工商行政管理部门登记注册的公司申请从事经营快递业务，应当提交企业法人营业执照；如果是新设立公司申请从事快递业务，则根据《公司登记管理条例》的规定，应当先向工商行政管理部门申请名称预先核准，并以公司登记机关核准的公司名称报送批准。① 预先核准的公司名称保留期为6个月。预先核准的公司名称在保留期内，不得用于从事经营活动，不得转让。

2. 审批时限

根据《快递业务经营许可管理办法》的规定，邮政管理部门应当自受理之日起四十五日内对申请材料审查核实，作出批准或者不予批准的决定。予以批准的，颁发《快递业务经营许可证》；不予批准的，书面通知申请人并说明理由。协助国家邮政局审核相关申请

① 具体来说，设立有限责任公司，应当由全体股东指定的代表或者共同委托的代理人向公司登记机关申请名称预先核准；设立股份有限公司，应当由全体发起人指定的代表或者共同委托的代理人向公司登记机关申请名称预先核准。申请名称预先核准，应当提交下列文件：(1)有限责任公司的全体股东或者股份有限公司的全体发起人签署的公司名称预先核准申请书；(2)全体股东或者发起人指定代表或者共同委托代理人的证明；(3)国家工商行政管理总局规定要求提交的其他文件。

材料的省、自治区、直辖市邮政管理局，应当自接到材料之日起二十日内进行核查，并向国家邮政局提交核查意见。

3. 办理登记和报备

申请人凭《快递业务经营许可证》向工商行政管理部门办理设立或者变更登记。跨省、自治区、直辖市经营或者经营国际快递业务的，自企业取得《快递业务经营许可证》之日起三十日内，企业分支机构应当持《快递业务经营许可证》副本，到所在地省、自治区、直辖市邮政管理机构备案。

邮政企业以外的经营快递业务的企业设立、撤销分支机构或者合并、分立的，应当向邮政管理部门备案。

（五）《快递业务经营许可证》的管理

1.《快递业务经营许可证》的有效期和年度报告制度

根据《快递业务经营许可管理办法》的规定，经营快递业务的企业，应当按照《快递业务经营许可证》的许可范围和有效期限经营快递业务。《快递业务经营许可证》的有效期限为五年。经营快递业务的企业，应当在《快递业务经营许可证》有效期届满三十日前向颁发许可证的邮政管理部门提出申请，换领许可证。

为了便于邮政管理部门对经营快递业务的企业的监督管理，《快递业务经营许可证》实行年度报告制度。经营快递业务的企业应当在每年 4 月 30 日前向颁发《快递业务经营许可证》的邮政管理部门提交年度报告书、《快递业务经营许可证》副本原件和企业法人营业执照复印件。此外，《快递业务经营许可证》企业名称、企业类型、股权关系、注册资本、经营范围、经营地域和分支机构等事项发生变更的，应当报邮政管理部门办理变更手续，并换领许可证。

2.《快递业务经营许可证》的交回和注销

快递企业在《快递业务经营许可证》有效期内停止经营的，应当提前书面告知颁发许可证的邮政管理部门，交回《快递业务经营许可证》，并按邮政管理部门规定妥善处理未投递的快件。

遇有下列情形之一的，邮政管理部门应当依法办理快递业务经营许可的注销手续：(1)《快递业务经营许可证》有效期届满未延续的；(2)企业法人资格依法终止的；(3)申请人自取得《快递业务经营许可证》后无正当理由超过六个月未经营快递业务的，或者自行连续停业六个月以上的；(4)《快递业务经营许可证》有效期内停止经营的；(5)快递业务经营许可依法被撤销、撤回的，或者《快递业务经营许可证》被依法吊销的；(6)法律、行政法规规定的其他情形。

邮政管理部门应当对《快递业务经营许可证》的颁发、变更、注销等事项向社会公告。

三、快递服务市场的监管

根据《邮政法》和《快递市场管理办法》的规定，国务院邮政管理部门负责全国的邮政普遍服务和邮政市场、快递服务市场的监督管理工作。省、自治区、直辖市邮政管理机构在国务院邮政管理部门的领导下，负责本行政区域的邮政普遍服务和邮政市场、快递服务市场的监督管理工作。

（一）监督管理制度

根据《快递市场管理办法》规定，国家实行快递统计报告制度，快递企业应当按规定向邮政管理部门上报统计报表和报告。此外，国家实行快递企业等级评定制度，建立以公众满意度、时限准时率和用户申诉率为核心的快递服务质量评价体系，定期评估测试快递服务水平，并向社会公告。

（二）快递企业的备案

根据《快递市场管理办法》规定，为便于邮政管理部门获取相关信息，快递企业应当在领取营业执照之日起二十个工作日内到邮政管理部门办理备案手续。跨省、自治区、直辖市范围经营快递业务或经营国际及港、澳、台快递业务的，企业总部到国家邮政管理部门办理备案手续，其他快递企业以及企业分支机构到省级邮政管理部门办理备案手续。

快递企业办理备案手续应当提交以下文件：(1)国家邮政管理部门制定的企业基本情况备案表；(2)营业执照原件及复印件；(3)法定代表人或负责人身份证明；(4)服务与安全管理制度；(5)法律、法规、规章规定的其他文件。

快递企业备案情况发生变更的，应当在变更发生之日起二十个工作日内，向原备案机关变更备案。邮政管理部门在收到备案或变更备案文件之日起二十个工作日内，对备案文件进行核查。对备案文件齐备的予以备案或变更备案。

（三）监督检查措施

邮政管理部门依法履行监督管理职责，可以采取下列监督检查措施，并根据履行监督管理职责的需要，要求邮政企业和快递企业报告有关经营情况：

1. 进入邮政企业、快递企业或者涉嫌发生违反《邮政法》活动的其他场所实施现场检查。

2. 向有关单位和个人了解情况。

3. 查阅、复制有关文件、资料、凭证。

4. 经邮政管理部门负责人批准，查封与违反《邮政法》活动有关的场所，扣押用于违反《邮政法》活动的运输工具以及相关物品，对信件以外的涉嫌夹带禁止寄递或者限制寄递物品的邮件、快件开拆检查。

此外，快递企业的运输活动应当遵守相关运输管理法规，接受运输主管部门的监督管理。

邮政管理部门进行监督检查时，监督检查人员不得少于两人，并应当出示执法证件。对邮政管理部门依法进行的监督检查，有关单位和个人应当配合，不得拒绝、阻碍。

（四）受理快递企业服务质量申诉

快递企业应当及时、妥善处理用户对服务质量提出的异议。用户对处理结果不满意的，可以向邮政管理部门申诉，邮政管理部门应当及时依法处理，并自接到申诉之日起三十日内作出答复。

（五）快递服务突发事件的管理

根据《快递市场管理办法》规定，邮政管理部门应当加强对快递服务突发事件的管理。发生影响快递服务安全和快递网络正常运行的突发事件时，邮政管理部门立即启动应急预案，根据突发事件应急处理的需要，采取必要的应急措施。例如，2010 年 1 月 4 日，为应对强降雪强降温天气，国家邮政局发出紧急通知，要求高度重视灾害性天气的防范应对工作，及时启动气象灾害应急预案及相关应急响应。通知要求：第一，各省（区、市）邮政管理局要督促企业组织做好邮件或快件处理场地，特别是简易房棚及大跨度轻质结构房屋积雪清除工作，必要时停止使用并提前转移人员。第二，督促企业加强对运输车辆的管理，对长途运输的车辆，要加装防滑设备，防止邮运车辆道路交通事故的发生。第三，督促企业加强对取暖设备、供电线路的检查，排查火灾隐患，防止因电气设备负荷过大引起短路，造成火灾。同时，坚决禁止在生产场地使用明火。第四，关心职工生活，特别是对在外执行运输、投递、揽收任务的职工更要多加关心，防止外勤职工因交通事故受伤或冻伤。

（六）代收货款的监管

代收货款业务是快递企业适应社会需求，利用快递网络和资源，最大限度地为用户提供便利的增值服务，积极促进经济社会的发展。但是，代收货款业务也存在很大的风险，为加强快递企业代收货物业务的监管，2010 年 4 月 22 日，国家邮政局发布了关于加强快递企业代收货款业务管理的通知。该通知要求各省、自治区、直辖市邮政管理局对代收货款业务加强监督管理，按照“谁经营，谁负责”的原则，督促快递企业强化内部管理，制定和完善操作流程和风险防控措施。该通知进一步明确，快递企业总部承担所属品牌经营者代收货款业务的管理责任，确保代收货款资金支付与结算安全，严禁挪用、拆借代收货款资金以及无故拖延还款等情况的发生。

此外，通知要求各省、自治区、直辖市邮政管理局对代收货款业务加强检查，指导和帮助快递企业建立规范的管理制度、操作流程、资金返还以及突发事件应急机制，有效防范经营风险。各省（区、市）邮政管理部门要建立代收货款业务信息定期上报制度，实时掌控快递企业办理代收货款业务的基本情况和发展动态，并积极发挥快递协会协调和指导作用，加强行业自律，努力构建政府监管，行业自律，企业内控，社会监督的风险防范体系，促进代收货款业务健康、稳定发展。

第四节　快递服务市场竞争秩序规制

一、我国快递业的竞争状况

目前，我国国有、民营、外资快递企业多元共存、相互竞争的市场格局已经形成。2006 年，国有、民营、外资快递企业分别实现快递业务收入 148.4 亿元、52.4 亿元、98.8 亿元，在中国快递服务市场业务总收入中所占的比例分别为 49.5％、17.5％、33％；分别完成业务量 61 927.5 万件、28 571.8 万件、15 493.6 万件，分别占总业务量的 58.4%、27%、14.6%。如表 2-3 所示。2008 年国有快递企业业务量所占比例下降了 9.7%；外资快递企业业务量所占比例则上升了 9.9%；民营快递企业业务量所占比例相对稳定，如图 2-3 所示。

表 2-3　2006 年中国不同所有制类型快递企业业务收入和业务量及其所占比例①

所有制类型	快递业务收入/亿元	快递业务收入所占比例	快递业务量/亿件	快递业务量所占比例
国有快递企业	148.4	49.50%	6.19275	58.40%
民营快递企业	52.4	17.50%	2.85718	27%
外资快递企业	98.8	33%	1.54936	14.60%
总计	299.6	100%	10.59929	100%

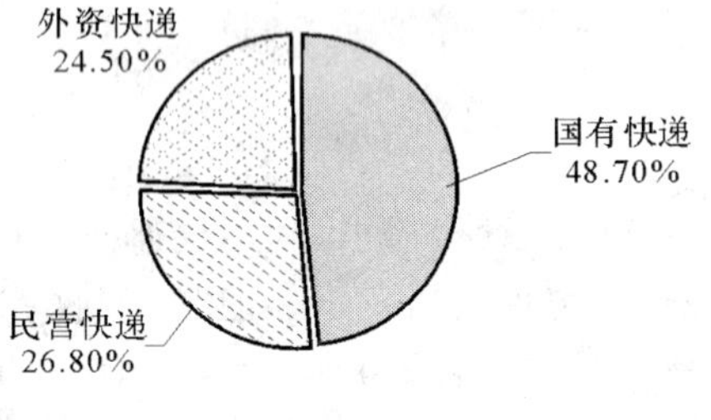

图 2-3　2008 年不同所有制类型快递企业业务量分布比例

资料来源：国家邮政局政策法规司. 中国邮政市场发展趋势[C]. 2009 年中欧邮政改革和快递服务研讨会，2009.

快递业快速发展的同时，快递行业竞争日趋激烈，无序竞争状态日益凸显。部分规模较小、分布散乱、竞争能力薄弱的快递企业，存在过度竞争和恶意竞争的现象。因此，快递服务市场竞争秩序亟待规范。

从法律层面看，快递行业竞争秩序的规范应当依据《中华人民共和国反不正当竞争法》（以下简称《反不正当竞争法》）和《中华人民共和国反垄断法》（以下简称《反垄断法》）的相关规定，下文将结合快递行业竞争秩序规范问题对《反不正当竞争法》和《反垄断法》进行解析。

二、《反不正当竞争法》相关规定

为保障社会主义市场经济健康发展，鼓励和保护公平竞争，制止不正当竞争行为，保护经营者和消费者的合法权益，第八届全国人民代表大会常务委员会第三次会议于 1993 年 9 月 2 日通过《反不正当竞争法》，自 1993 年 12 月 1 日起施行。《反不正当竞争法》对从事商品经营或者营利性服务的法人、其他经济组织和个人（统称经营者）违反《反不正当竞争法》的规定，损害其他经营者的合法权益，扰乱社会经济秩序的行为的表现形式和法律责任进行了详细的规定。

① 根据国家统计局和国家邮政局联合发布的全国首次快递服务统计调查结果(2006)整理。

（一）不正当竞争行为的概念和特征

不正当竞争行为是指经营者在市场交易过程中违反自愿、平等、公平、诚实信用的原则和公认的商业道德，损害其他经营者的合法权益，扰乱市场秩序的行为。

不正当竞争行为的特征有以下三个方面。

1. 不正当竞争行为的主体为经营者

不正当竞争行为是经营者的行为。经营者是指从事商品经营或者营利性服务的法人、其他经济组织和个人。需要特别指出的是，一般情况下不正当竞争行为的主体是经营者，但在特殊情况下政府机关也可能成为不正当竞争行为的主体。这是我国《反不正当竞争法》在考虑了我国社会经济生活的实际情况后而作出的具有中国特色的规定。比如，《反不正当竞争法》规定，政府及其所属部门不得滥用行政权力，限定他人购买其指定的经营者的商品和服务，限制其他经营者正当的经营活动。政府及其所属部门不得滥用行政权力，限制外地商品和服务进入本地市场，或者本地商品和服务流向外地市场。

2. 不正当竞争行为具有违法性

不正当竞争行为违反法律规定，主要是违反《反不正当竞争法》的规定。《反不正当竞争法》第二章列举了 11 类行为。在某些情况下，经营者的某些行为虽然难以被确认为该法明确规定的不正当竞争行为，但是，只要是违反了自愿、平等、公平、诚实、信用的原则或者违背了公认的商业道德的行为，也应被认定为不正当竞争行为。

3. 不正当竞争行为侵害的客体是其他经营者的合法权益和正常的社会经济秩序

不正当竞争行为至少有以下几方面的危害性：(1)破坏公平竞争的市场秩序；(2)阻碍技术进步和社会生产力的发展；(3)损害其他经营者的正常经营和合法权益，使守法经营者蒙受物质上和精神上的双重损害；(4)有些不正当竞争行为，如虚假广告和欺骗性有奖销售，还可能损害广大消费者的合法权益；(5)给我国对外开放政策带来消极影响，严重损害国家利益。因此，不正当竞争行为严重侵害了其他经营者的合法权益和正常的社会经济秩序，侵害了法律所保护的公平竞争的法律关系。

（二）不正当竞争行为的表现形式

《反不正当竞争法》做出了明确规定，主要规范以下 11 种不正当竞争行为。

1. 采用假冒或仿冒等混淆手段从事市场交易

采用假冒或仿冒等混淆手段从事市场交易，又称商业混同行为，是指经营者采用欺骗性的手段，从事市场交易，使自己的商品或服务与特定竞争对手的商品或服务相混淆，以造成购买者误认或误购目的的不正当竞争行为。假冒仿冒行为主要表现为以下四种形式。

(1) 假冒他人的注册商标。注册商标是根据《商标法》规定的条件和程序，经国家商标管理机关核准注册的商标。商标经过注册后，商标注册人依法取得商标专用权，任何人未经其许可，不得在注册商标所核定的相同或类似的商品上使用与该注册商标相同或近似的商标，否则即构成商标侵权行为和假冒注册商标的不正当竞争行为。

(2) 擅自使用其他知名商品特有的名称、包装、装潢，或者使用与知名商品近似的名称、包装、装潢，造成和他人的知名商品相混淆，使购买者误认为是该知名商品。擅自使用知名商品的名称、包装、装潢，或者使用与知名商品近似的名称、包装、装潢的行为，不仅侵犯了该知名商品经营者的利益，同时扰乱了市场竞争秩序，使广大消费者产生误认误购，损害消费者的合法权益。

这一不正当竞争行为的构成要件有：①名称、包装、装潢须为知名商品所特有。知名商品，是指在中国境内具有一定的市场知名度，为相关公众所知悉的商品。人民法院认定知名商品，应当考虑该商品的销售时间、销售区域、销售额和销售对象，进行任何宣传的持续时间、程度和地域范围，作为知名商品受保护的情况等因素，进行综合判断。原告应当对其商品的市场知名度负举证责任。特有的名称、包装、装潢，是指经营者为自己的商品独创的有显著性特点的名称、包装、装潢，是该商品与其他商品相区别的标志。由经营者营业场所的装饰、营业用具的式样、营业人员的服饰等构成的具有独特风格的整体营业形象，可以认定为知名商品所特有的"装潢"。②这一不正当竞争行为在客观方面表现为两种基本形式。一种是使用与他人知名商品相同的名称、包装、装潢，即作相同使用。另一种是使用与知名商品近似的名称、包装、装潢，即作相近似的使用。

(3) 擅自使用他人的企业名称或者姓名，引人误认为是他人的商品。根据《企业名称登记管理规定》，企业对其名称有专用权。企业名称或者姓名体现了经营者通过付出努力和资本获得的无形资产，保护企业名称或者姓名可以保护附于企业名称或者姓名中的商业信誉。擅自使用他人的企业名称和姓名，实际上是盗用他人的商业信誉和商品声誉，诱使购买者的误认、误购的行为，这不仅使其获得额外的竞争优势，而且给他人的商业信誉和商品声誉造成损害，并损害消费者的合法权益，因而是一种典型的不正当竞争行为。

(4) 在商品上伪造或者冒用认证标志、名优标志等质量标志，伪造产地，对商品质量作引人误解的虚假表示。认证标志是由权威认证机构认证并颁发的准许经营者在商品或包装上使用的质量标志，名优标志是有关机构或社会团体评定并颁发的允许经营者在其产品或包装上使用的质量荣誉标志，商品产地是指商品的制造地、加工地、出产地或者商品生产者所在地。这些标志都能在一定程度上反映商品的质量及特性，有助于提高商品的知名度和竞争力。经营者伪造或者冒用这些标志，目的在于引诱消费者误认是质量可靠或特定地区的产品而购买，是通过盗用他人的竞争优势牟取非法利益的行为，是一种假冒仿冒性质的不正当竞争行为。

2. 商业贿赂行为

商业贿赂行为是指经营者在市场活动中，为争取交易机会，通过秘密给付财物或者其他报偿等不正当手段收买客户的负责人、雇员、合伙人、代理人和政府有关部门工作人员的不正当竞争行为。

商业贿赂行为具有以下特征：(1)商业贿赂行为的主体是从事市场交易的经营者，既可以是卖方，也可以是买方。(2)商业贿赂行为是经营者为了排挤竞争对手以占取竞争优势，在主观上出于故意和自愿进行的行为。(3)商业贿赂行为在客观方面表现为违反国家有关财务、会计及廉政等方面的法律、法规的规定，秘密给付财物或其他报偿。具体来说，商业贿赂行为的形式除了金钱回扣之外，还有提供免费度假、旅游、高档宴席、色情服务、赠送昂贵物品、房屋装修以及解决子女、亲属入学、就业等多种方式。

为拒绝商业贿赂行为，《反不正当竞争法》规定，在账外暗中给予对方单位或者个人回扣的，以行贿论处；对方单位或者个人在账外暗中收受回扣的，以受贿论处。同时，为鼓励经营者提升管理水平，进行有序竞争，《反不正当竞争法》规定，经营者销售或者购买商品，可以以明示方式给对方折扣，可以给中间人佣金。经营者给对方折扣、给中间人佣金的，必须如实入账。接受折扣、佣金的经营者必须如实入账。

3. 引人误解的虚假宣传行为

引人误解的虚假宣传行为是指经营者利用广告或者其他方法，对其商品或者服务的质量、制作成分、用途、性能、有效期限、产地等，采取夸大其词甚至无中生有、引人误解的虚假宣传的不正当竞争行为。

引人误解的虚假宣传，既包括虚假宣传，也包括引人误解的宣传。就宣传的内容而言，包括商品的质量、制作成分、性能、用途、生产者、有效期限、产地等任何一项或几项的虚假或引人误解。虚假宣传是指商品宣传的内容与商品的实际情况不相符合，如将国产商品宣传为进口商品等。引人误解的宣传是指就一般的社会公众的合理判断而言，宣传的内容会使接受宣传的人或受宣传影响的人对被宣传的商品产生错误的认识，或者宣传的内容虽是真实的，但仍有可能产生引人误解的后果，从而影响消费者购买决策的商品宣传。

具体来说，根据《反不正当竞争法司法解释》的规定，经营者具有下列行为之一，足以造成相关公众误解的，可以认定为《反不正当竞争法》规定的引人误解的虚假宣传行为：(1)对商品作片面的宣传或者对比的；(2)将科学上未定论的观点、现象等当作定论的事实用于商品宣传的；(3)以歧义性语言或者其他引人误解的方式进行商品宣传的。以明显的夸张方式宣传商品，不足以造成相关公众误解的，不属于引人误解的虚假宣传行为。人民法院应当根据日常生活经验、相关公众一般注意力、发生误解的事实和被宣传对象的实际情况等因素，对引人误解的虚假宣传行为进行认定。

虚假宣传行为主要有两种形式：一是虚假的广告宣传，二是以广告以外的其他方法进行虚假宣传。虚假的广告宣传是虚假宣传行为的主要表现形式，也是市场交易中常见的不正当竞争行为。广告是指由商品经营者或者服务提供者承担费用，通过一定的媒介和形式直接或者间接地介绍自己所推销的商品或者所提供的服务的商业宣传行为。在现代市场竞争中，广告已成为经营者开拓市场、促进销售的有力竞争工具。经营者既有可能利用广告客观地推介和宣传自己的商品或者服务，也有可能利用虚假广告来欺骗和误导消费者，排挤竞争对手。虚假的广告宣传就是经营者通过报刊、广播、电视、路牌、橱窗、印刷品、霓虹灯、电子显示牌、实物等媒介，不真实地散布和传递商品或服务信息，欺骗和误导消费者的不正当竞争行为。以广告以外的其他方法进行虚假宣传，是虚假宣传行为的另一表现形式。随着经济的发展以及竞争的加剧，商品宣传的方式不断创新，手法也千变万化。为了全面、有效地规制虚假宣传行为，《反不正当竞争法》对利用广告以外的其他方法进行引人误解的虚假宣传进行了规定。

4. 侵犯商业秘密行为

商业秘密，根据《反不正当竞争法》的规定，是指不为公众所知悉、能为权利人带来经济利益、具有实用性并经权利人采取保密措施的技术信息和经营信息。商业秘密不仅包括那些凭技能或经验产生的，在实际中尤其是工业中适用的技术信息，如工艺流程、技术秘诀、设计图纸、化学配方等，而且包括那些具有秘密性质的经营管理方法以及与经营管理方法密切相关的经营信息，如管理方法、产销策略、货源情报、客户名单等。

根据《反不正当竞争法》的规定，侵犯商业秘密的不正当竞争行为有以下三种情形：

(1) 以盗窃、利诱、胁迫或者其他不正当手段获取权利人的商业秘密。盗窃商业秘密既包括内部知情人员也包括外部人员盗窃权利人的商业秘密。以利诱手段获取商业秘密，是指行为人通过向掌握、了解商业秘密的有关人员直接提供财物或提供更优厚的工作条件或对此作出某些承诺，诱使其向行为人提供商业秘密。以胁迫手段获取商业秘密是指行为人用威胁、强制方法迫使了解、掌握商业秘密的人员向其提供商业秘密。以其他不正当手段获取商业秘密是指用盗窃、利诱、胁迫等之外的手段，如通过虚假陈述而从权利人处骗取商业秘密，通过所谓“洽谈业务”、“合作开发”、“学习取经”等活动套取权利人的商业秘密。

(2) 披露、使用或者允许他人使用上述手段获取的权利人的商业秘密。以盗窃、利诱、胁迫或其他不正当手段获取权利人的商业秘密是不正当竞争行为，因此，商业秘密非法获取者向第三人披露、自己使用或允许第三人使用以上述不正当手段获取的商业秘密同样应予禁止。

(3) 违反约定或者违反权利人有关保守商业秘密的要求，披露、使用或者允许他人使用其所掌握的商业秘密。知悉商业秘密人与权利人签订有保密协议或权利人对其商业秘密有保密要求的情况下，应当遵守有关保密的约定或权利人提出的保密要求。否则，如果违反约定或要求，擅自向他人披露、自己使用或允许他人使用其所了解或掌握的商业秘密，构成侵犯他人商业秘密的不正当竞争行为。

此外，第三人明知或者应知以上违法行为，获取、使用或者披露他人的商业秘密，视为侵犯商业秘密。这样规定，弥补了上述三种情况规定的不足，有利于全方位地禁止侵犯商业秘密的不正当竞争行为。

5. 经营者以排挤竞争对手为目的，以低于成本的价格销售商品

快递服务价格不同于邮政普遍服务基本资费，属于市场调节价，即由经营者自主制定，通过市场竞争形成价格。根据《中华人民共和国价格法》(以下简称《价格法》)的规定，经营者定价，应当遵循公平、合法和诚实信用的原则，定价的基本依据是生产经营成本和市场供求状况。经营者销售、收购商品和提供服务，应当按照政府价格主管部门的规定明码标价，注明商品的品名、产地、规格、等级、计价单位、价格或者服务的项目、收费标准等有关情况。经营者不得在标价之外加价出售商品，不得收取任何未予标明的费用。

此外，为防止市场中的低价倾销行为，《反不正当竞争法》也明确规定经营者不得以排挤竞争对手为目的，以低于成本的价格销售商品。通常，以低于成本的价格销售商品、提供服务的目的是为了排挤竞争对手或者独占市场，即经营者企图通过低于成本的价格，争取顾客，占领市场，或者扩大市场份额，从而达到削弱甚至驱逐竞争对手的目的。例如，某经营者在需要为其新设立的分公司打开当地市场时，采用大幅度降价的办法，用低价挤垮竞争对手，进而垄断该地市场。再如，经济实力雄厚的经营者，滥用其市场优势地位，就其经营的众多商品中的某种或某类商品进行舍本销售，以排挤经营同种或同类商品的经营者。

经营者进行掠夺性定价往往是阶段性的，在保持了相当长的一段时间后，其不正当价格竞争行为的危害才易显现，才更可能使购买者认识到该经营者与其竞争对手在商品售价上的不同，也才会给竞争对手的销售额、价格趋势、利润、资金周转、投资增长等方面带来影响。

同时，《反不正当竞争法》认定以下四种情形不属于低价倾销行为：(1)销售鲜活商品；(2)处理有效期限即将到期或其他积压的商品；(3)季节性降价；(4)因清偿债务、转产、歇业降价销售商品等行为。

6. 搭售或附加不合理条件行为

搭售或附加不合理条件行为是指经营者利用其经济优势，违背购买者的意愿，在销售一种商品或提供一种服务时，要求购买者以购买另一种商品或接受另一种服务为条件，或者就商品或服务的价格、销售对象、销售地区等附加不合理的条件的不正当竞争行为。

7. 违法有奖销售行为

违法有奖销售是指经营者违反《反不正当竞争法》的规定，以提供奖品或者奖金的方式进行推销的不正当竞争行为。我国《反不正当竞争法》规定，经营者不得从事下列有奖销售：(1)采用谎称有奖或者故意让内定人员中奖的欺骗方式进行有奖销售；(2)利用有奖销售的手段推销质次价高的商品；(3)抽奖式的有奖销售，最高奖的金额不超过五千元。

8. 商业诽谤行为

商业诽谤行为也称诋毁竞争对手的行为，是指经营者自己或利用他人，通过捏造、散布虚伪事实等手段，对竞争对手的商业信誉进行恶意的诋毁、贬低，以削弱其市场竞争能力，并为自己谋取不正当利益的不正当竞争行为。

9. 招标投标中的不正当竞争行为

根据《反不正当竞争法》规定，投标者不得串通投标，抬高标价或者压低标价。投标者和招标者不得相互勾结，以排挤竞争对手的公平竞争。可以看出，我国《反不正当竞争法》规定了投标招标中常见的两种类型的不正当竞争行为。

(1) 投标者串通投标，抬高标价或压低标价的行为。这类行为的表现形式主要有：①投标者之间相互串通，一致抬高标价；②投标者相互串通，一致压低标价；③投标者相互串通，轮流以高价位或低价位中标；④投标者相互间就标价以外的其他事项串通。

(2) 投标者和招标者之间相互勾结，以排挤竞争对手的行为。这类行为的表现形式主要有：①招标者在开标前，私下开启投标者的投标文件，并泄密给内定投标者；②招标者在审查评选标书时，对不同的投标者实施差别对待；③投标者和招标者相互勾结，投标者在公开投标时压低标价，中标后再给招标者以额外补偿；④招标者向特定的投标者泄露其标底；等等。

10. 公用企业或其他依法具有独占地位的经营者限制竞争行为

公用企业或其他依法具有独占地位的经营者限制竞争行为是指公用企业或其他依法具有独占地位的经营者限定他人购买其指定的经营者的商品，排挤其他经营者的公平竞争行为。该类不正当竞争行为的主体主要是两类：公用企业和其他依法具有独占地位的经营者。公用企业主要包括电力、自来水、热水、煤气、通信、公共交通等领域。“其他依法具有独占地位的经营者”是指在特定的市场上，一个经营者处于无竞争的状态或取得了压倒性和排除竞争的能力，也指两个以上经营者不进行价格竞争，而在它们对外的关系上具有上述地位和能力。

从行为的客观方面来看，享有独占地位的经营者限定他人购买其指定的经营者的商品，往往与这些享有独占地位的经营者所提供的商品或服务有直接关系，而且，被指定的经营者和享有独占地位的经营者之间有着某种利益关系，如是其下属企业等。由于这类行为限制了用户、消费者的自由选择权，将生产同种商品的其他经营者完全排斥在特定的市场之外，妨碍了市场的公平竞争机制的正常运行。

11. 政府部门限制竞争行为

政府部门限制竞争行为是指政府及其所属部门滥用行政权力，限定他人购买其指定的经营者的商品，限制其他经营者正当的经营活动，限制外地商品进入本地市场，或者本地商品流向外地市场的不正当竞争行为。

其中，"政府及其所属部门滥用行政权力，限定他人购买其指定的经营者的商品，限制其他经营者正当的经营活动"属于超经济强制交易的行为，政府及其所属部门滥用行政权力，对正常的公平竞争秩序横加干涉，不仅会损害广大消费者的权益、限制其他经营者正当的经营活动，从而影响社会经济健康发展，而且会滋生权钱交易、官商结合等腐败现象。"政府及其所属部门滥用行政权力，限制外地商品进入本地市场，或者本地商品流向外地市场"属于地区封锁，即地方政府或其所属部门通过行政权力建立市场壁垒，人为地阻碍全国统一市场的形成，限制地区之间的贸易往来，割裂地区之间的资源、技术等经济联系，阻碍产业、产品结构的调整，阻碍资源的优化配置，加剧了地区间的经济矛盾和发展不平衡，保护了落后企业和落后产品，削弱了企业改进技术和管理的积极性。①

案例：快递服务的价格战

价格始终是市场最关注的话题，快递服务价格也不例外。2008 年 6 月，某国际快递公司的"次早达"服务，上海到北京 1 千克起价只要 21.6 元，"次日达"18 元，与最初资费相比降价幅度超过 70%。北京至周边省份、沈阳到大连、济南至青岛等城际间线路的派送费用仅为 9.6 元，远低于国内快递企业的首重价格。2008 年 8 月份，该国际快递公司在其 6 月份大幅降低中国国内快递服务收费的基础上，再打 7—7.5 折②。

该国际快递公司的降价行为，引发国内民营快递公司的质疑和指责，认为该国际快递公司有针对性地制定了低价抢占市场的价格竞争策略，采用不正当竞争手段，并呼吁采用法律手段对此类不正当竞争行为进行管制。

案例：快递公司虚假宣传

事例一：卢先生委托"金鸽快递公司"将一只幼犬航空托运到鞍山。但是，该公司伪造

① 徐杰. 经济法概论[M]. 北京：首都经济贸易大学出版社，2009.

② 张帆. 联邦快递中国逆市降价国内快递业如坐针毡[EB/OL]. 北京：中国经济网，2008. http://www.ce.cn/cysc/jtys/zhwl/200808/26/t20080826_16610657.shtml.

“航空托运单”和“航空货运单”，擅自采用公路长途运输的方式将幼犬运送。工商管理部门在调查期间发现，该公司在其网站上擅自编造了“金鸽航空快递货运有限公司”及“北京金鸽宠物托运有限公司”，这两家公司均未在工商部门进行登记注册，如果查证属实，上述行为属虚假宣传行为①。

事例二：某省邮政管理部门在日常检查时，发现某速递服务有限公司操作间有近百件非本公司封套和详情单的待投快件及一封私人信件类快件，并且快件面单上未填收件日期和经办人。立案调查查明，该公司下属协议承包网点负责人在互联网上发布虚假广告，盗用×通、邮政EMS封套和详情单非法收寄快件。该负责人在既无经营场所，又未办理工商注册的情况下，2007年11月，经由百度网站湖南代理商长沙市网际互联科技有限公司，制作“长沙快递有限公司”网页，虚假宣传并大量低价揽收信函性质物品及其他各类快件。由于该“公司”不具备基本的投送条件，未实行微机管理，大量快件积压、延误、丢损，并且无法查询，不仅快件安全得不到保障，而且给快递用户造成了很大损失。违法事实调查核实清楚后，邮政管理部门一方面去函长沙市网际互联科技有限公司，要求协助执行，立即撤下“长沙快递有限公司”虚假广告，并对经手制作过网页的快递公司的资质和广告内容重新进行审查，防止在百度网发布虚假广告。另一方面针对侵犯邮政企业专营权的问题，要求某速递服务有限公司加强管理，限期整改，停止违法行为。同时，由省快递协会向全省发出市场预警，谨防此类非法收寄快件行为再次发生②。

从上述事例得知，在激烈的市场竞争中，商品宣传是经营者参与市场竞争的重要手段和有力工具，通过强有力的宣传，可以扩大商品的知名度，获取更多的交易机会，从而取得竞争优势。但是如果经营者对商品进行虚假宣传，误导消费者，既损害了消费者的利益，也损害了其他合法经营者的利益，同时对正常的市场竞争秩序和社会公共利益造成损害。

我国《反不正当竞争法》对虚假宣传行为规定了相应的民事责任和行政责任。根据《反不正当竞争法》规定，虚假宣传行为给其他经营者的合法权益造成损害的，受损害的经营者可以请求侵害人承担民事赔偿责任。经营者利用广告或者其他方法，对商品作引人误解的虚假宣传的，监督检查部门应当责令停止违法行为，消除影响，可以根据情节处以一万元以上二十万元以下的罚款。广告的经营者，在明知或者应知的情况下，代理、设计、制作、发布虚假广告的，监督检查部门应当责令停止违法行为，没收违法所得，并依法处以罚款。

需要注意的是，虚假宣传行为中的虚假广告宣传行为，既是一种不正当竞争行为，同时也是一种广告违法行为。所以，对虚假广告宣传的不正当竞争行为进行法律规制时，既要适用《反不正当竞争法》的规定，又要注意协调与适用《中华人民共和国广告法》(以下简称《广告法》)的有关规定。《广告法》对广告违法行为的民事责任、行政责任以及刑事责任都作出了明确的规定。当二者责任发生竞合时，按“新法优于旧法”的效力原则，优先适用《广告法》追究虚假宣传行为人的法律责任。

---

① 千龙网．快递公司擅改宠物托运方式[EB/OL]．广州：广州快递网，2008．http://www.yakon.com.cn/kuaidi18/gzkuaidi961.htm.

② 湖南管局成功取缔一家网上注册的虚拟快递公司[EB/OL]．湖南：湖南省邮政管理局，2008．http://hn.chinapost.gov.cn/folder995/folder1000/2008/04/2008-04-167836.html.

三、《反垄断法》的相关规定

（一）《反垄断法》律制度概述

1. 反垄断法的立法宗旨

为了预防和制止垄断行为，保护市场公平竞争，提高经济运行效率，维护消费者利益和社会公共利益，促进社会主义市场经济健康发展，第十届全国人民代表大会常务委员会第二十九次会议于 2007 年 8 月 30 日通过《反垄断法》，自 2008 年 8 月 1 日起施行。该法对经营者达成垄断协议；经营者滥用市场支配地位；具有或者可能具有排除、限制竞争效果的经营者集中等垄断行为进行规制。

2.《反垄断法》的适用原则

美国司法实践中形成了本身违法原则和合理原则两项重要原则。该两项原则，最初是作为判断是否构成限制竞争协议的标准而确立的，后被各国反垄断法所采用，作为判断垄断及垄断性行为违法与否的原则。

（1）本身违法原则。本身违法原则，是指当某种行为一旦被认定为反垄断法明文规定的类型，无需对其经济理由和经济后果进行进一步调查，便可认定其非法。本身违法原则能够有效避免旷日持久的司法调查，简化了反垄断法的适用程序，从而节省诉讼成本。价格卡特尔、数量卡特尔、联合抵制等行为属于典型的可适用本身违法原则的行为。

（2）合理原则。合理原则，是指采取个案评价的方式，在衡量案件的所有情况下，决定企业的行为是否对竞争有不合理的限制。合理原则是一种衡量方法，用来确定案件中的行为是否属于法律禁止的行为，是否对竞争秩序构成危害而应当被确认为垄断状态或者垄断行为，为反垄断法所规制。

（二）对垄断行为的规制

1. 对垄断协议的规制

垄断协议，是指排除、限制竞争的协议、决定或者其他协同行为。基于协议的签订者或主体之间的关系可以将垄断协议分为横向垄断协议与纵向垄断协议。横向垄断协议，又称为水平垄断协议，是指在生产或销售过程中，处于同一环节的、相互具有直接竞争关系的经营者之间共同决定价格、产量、技术、产品、设备、交易对象、交易地区等所订立的协议；纵向垄断协议，又称为垂直垄断协议，是指处于不同的生产经营阶段，相互不具有直接竞争关系的经营者之间订立的协议。

（1）横向垄断协议的禁止。根据《反垄断法》规定，禁止具有竞争关系的经营者达成下列横向垄断协议：①固定或者变更商品价格；②限制商品的生产数量或者销售数量；③分割销售市场或者原材料采购市场；④限制购买新技术、新设备或者限制开发新技术、新产品；⑤联合抵制交易；⑥国务院反垄断执法机构认定的其他垄断协议。

（2）纵向垄断协议的禁止。根据《反垄断法》规定，禁止经营者与交易相对人达成下列纵向垄断协议：①固定向第三人转售商品的价格；②限定向第三人转售商品的最低价格；③国务院反垄断执法机构认定的其他垄断协议。

（3）豁免制度。严格禁止经营者之间缔结垄断协议的同时，我国《反垄断法》还适用豁免制度以促进技术更新，增强中小企业的竞争力。反垄断法上的豁免制度是指一些垄断行为在形式上与《反垄断法》禁止的情形相符合，但总体上又有利于社会利益，因而不再适用《反垄断法》禁止性规定的法律制度。这并非说被豁免的垄断行为对竞争没有危害，而是它对竞争的危害被其所带来的福利所抵销，甚至许可这类垄断行为所带来的其他好处将超过禁止或取缔该行为所能带来的好处，可见，豁免是利益衡量的结果，即在“利大于弊”的情况下，将其排除适用反垄断法的禁止规定。具体来说，我国《反垄断法》规定，经营者能够证明所达成的协议属于下列情形之一的，不适用有关垄断协议禁止的规定：①为改进技术、研究开发新产品的；②为提高产品质量、降低成本、增进效率，统一产品规格、标准或者实行专业化分工的；③为提高中小经营者经营效率，增强中小经营者竞争力的；④为实现节约能源、保护环境、救灾救助等社会公共利益的；⑤因经济不景气，为缓解销售量严重下降或者生产明显过剩的；⑥为保障对外贸易和对外经济合作中的正当利益的；⑦法律和国务院规定的其他情形。

（4）相关事例分析。2009 年 11 月，多家民营快递公司开始集体涨价，涨价幅度普遍在 5%～20%。此举被外界解读为快递公司达成涨价联盟同时提价，而受之影响最大的被认为是每天产生 300 万笔快递单的淘宝网卖家。[①]

2. 对滥用市场支配地位行为的禁止

市场支配地位，是指经营者在相关市场内具有能够控制商品价格、数量或者其他交易条件，或者能够阻碍、影响其他经营者进入相关市场能力的市场地位。此外，如果经营者的市场占有率达到法律规定的比例，并且使其他经营者难以进入，或者使现有的其他经营者难以扩展市场，可以推断其处于市场支配地位。

（1）市场支配地位的确定。根据《反垄断法》规定，认定经营者具有市场支配地位，应当依据下列因素：①该经营者在相关市场的市场份额，以及相关市场的竞争状况；②该经营者控制销售市场或者原材料采购市场的能力；③该经营者的财力和技术条件；④其他经营者对该经营者在交易上的依赖程度；⑤其他经营者进入相关市场的易程度；⑥与认定该经营者市场支配地位有关的其他因素。

有下列情形之一的，可以推定经营者具有市场支配地位：①一个经营者在相关市场的市场份额达到二分之一的；②两个经营者在相关市场的市场份额合计达到三分之二的；③三个经营者在相关市场的市场份额合计达到四分之三的。有前述第②项、第③项规定的情形，其中有的经营者市场份额不足十分之一的，不应当推定该经营者具有市场支配地位。被推定具有市场支配地位的经营者，有证据证明不具有市场支配地位的，不应当认定其具有市场支配地位。

（2）滥用市场支配地位行为的禁止。根据《反垄断法》规定，禁止具有市场支配地位的经营者从事下列滥用市场支配地位的行为：①以不公平的高价销售商品或者以不公平的低价购买商品；②没有正当理由，以低于成本的价格销售商品；③没有正当理由，拒绝与

---

① 南方日报. 快递“涨价联盟”土崩瓦解[EB/OL]. 深圳：腾讯公司，2009. http://finance.qq.com/a/20091202/002188.htm.

交易相对人进行交易;④没有正当理由,限定交易相对人只能与其进行交易或者只能与其指定的经营者进行交易;⑤没有正当理由搭售商品,或者在交易时附加其他不合理的交易条件;⑥没有正当理由,对条件相同的交易相对人在交易价格等交易条件上实行差别待遇;⑦国务院反垄断执法机构认定的其他滥用市场支配地位的行为。

3. 对经营者集中的规制

经营者集中是指下列情形:经营者合并、经营者通过取得股权或者资产的方式取得对其他经营者的控制权、经营者通过合同等方式取得对其他经营者的控制权或者能够对其他经营者施加决定性影响。

根据《反垄断法》的规定,经营者集中达到国务院规定的申报标准的,经营者应当事先向国务院反垄断执法机构申报,未申报的不得实施集中。经营者集中有下列情形之一的,可以不向国务院反垄断执法机构申报:①参与集中的一个经营者拥有其他每个经营者百分之五十以上有表决权的股份或者资产的;②参与集中的每个经营者百分之五十以上有表决权的股份或者资产被同一个未参与集中的经营者拥有的。

经营者向国务院反垄断执法机构申报集中,应当提交下列文件、资料:①申报书;②集中对相关市场竞争状况影响的说明;③集中协议;④参与集中的经营者经会计师事务所审计的上一会计年度财务会计报告;⑤国务院反垄断执法机构规定的其他文件、资料。申报书应当载明参与集中的经营者的名称、住所、经营范围、预定实施集中的日期和国务院反垄断执法机构规定的其他事项。经营者提交的文件、资料不完备的,应当在国务院反垄断执法机构规定的期限内补交文件、资料。经营者逾期未补交文件、资料的,视为未申报。

国务院反垄断执法机构应当自收到经营者提交的符合规定的文件、资料之日起三十日内,对申报的经营者集中进行初步审查,作出是否实施进一步审查的决定,并书面通知经营者。国务院反垄断执法机构作出决定前,经营者不得实施集中。国务院反垄断执法机构作出不实施进一步审查的决定或者逾期未作出决定的,经营者可以实施集中。

国务院反垄断执法机构决定实施进一步审查的,应当自决定之日起九十日内审查完毕,作出是否禁止经营者集中的决定,并书面通知经营者。作出禁止经营者集中的决定,应当说明理由。审查期间,经营者不得实施集中。有下列情形之一的,国务院反垄断执法机构经书面通知经营者,可以延长前述规定的审查期限,但最长不得超过六十日:①经营者同意延长审查期限的;②经营者提交的文件、资料不准确,需要进一步核实的;③经营者申报后有关情况发生重大变化的。国务院反垄断执法机构逾期未作出决定的,经营者可以实施集中。

经营者集中具有或者可能具有排除、限制竞争效果的,国务院反垄断执法机构应当作出禁止经营者集中的决定。但是,经营者能够证明该集中对竞争产生的有利影响明显大于不利影响,或者符合社会公共利益的,国务院反垄断执法机构可以作出对经营者集中不予禁止的决定。对不予禁止的经营者集中,国务院反垄断执法机构可以决定附加减少集中对竞争产生不利影响的限制性条件。国务院反垄断执法机构应当将禁止经营者集中的决定或者对经营者集中附加限制性条件的决定,及时向社会公布。

对外资并购境内企业或者以其他方式参与经营者集中,涉及国家安全的,除依照《反垄断法》规定进行经营者集中审查外,还应当按照国家有关规定进行国家安全审查。

第五节　知识产权保护

一、知识产权保护概述

（一）知识产权的概念

知识产权是人们基于智力创造性成果和工商业标记、信誉依法享有的权利。广义的知识产权，包括一切人类智力创造的成果，其范围为《建立世界知识产权组织公约》和《知识产权协定》(TRIPS)所认可。它包括著作权、著作邻接权、专利权、商标权、商号权、商业秘密权、产地标记权、集成电路布图设计权、发现权等权利。狭义的知识产权，是指传统意义上的知识产权。它包括著作权、专利权、商标权。

鉴于快递服务主要涉及作品和注册商标的法律保护，下文仅对著作权法律制度和商标法律制度进行解析。

（二）知识产权的特征

知识产权是一种有别于财产所有权的无形财产权。它具有以下四个特征：无形性、专有性、时间性、地域性。

1. 无形性

知识产权是一种无形财产权。所谓无形，不是指权利自身的无形，应理解为知识产权客体的非物质性。[①] 知识产权的客体是智力成果，它不同于动产和不动产，智力成果需要被人们感知，因此它必须与一定的物质载体相结合，但有形的外在载体不会否定智力成果自身的本质，即非物质性。具体表现为：对智力成果的占有不是一种实在而具体的控制，而是表现为对它的认知和感受，所以智力成果一旦公开，可能被多人同时占有；对智力成果的使用不会像使用物质产品那样引起全部或部分消灭、损耗，也不局限在一定场合由一定的主体实际使用，而可以在无限的范围内由多数主体同时使用；对智力成果的处分也不需要有形交付。正因如此，知识产权成为极易遭受侵犯的一种财产权。

2. 专有性

知识产权是一种独占、排他的权利。知识产权为权利人所专有，并受法律严格保护，没有法律规定或未经权利人同意，任何人不能享有或使用该项权利。此外，考虑到平衡智力成果的使用人及社会公众和权利主体之间的利益关系，法律对知识产权的专有性作了一定限制，如建立了专利权的强制许可制度，著作权的合理使用、法定许可制度等。

3. 地域性

地域性是指依一个国家或地区的法律产生的知识产权，只在该权利产生的地域内有

---

① 吴汉东，刘剑文，等. 知识产权法学[M]. 第2版. 北京：北京大学出版社，2002：5.

效，在该国家或地区以外不具有法律效力。

4. 时间性

知识产权的财产权具有严格时间性，其仅在法律规定的期限内受到法律保护，期限届满，权利归于消灭，智力成果即成为全社会的共同财富，为全人类共同享有。如发明专利的保护期是20年，20年期限届满后其他人使用该项发明无需授权许可和支付报酬。这也充分体现了知识产权法对社会利益和权利人利益的协调。而物权则无此法律规定，物权的期限与物的自然寿命等同。

（三）知识产权与企业核心竞争力

企业的核心竞争力是一个企业能够长期获得竞争优势的能力，包括企业员工的知识和技能、企业的技术开发和创新能力、企业的管理和生产经营能力、企业创造品牌和运用品牌的能力、企业独特的文化和价值观。在核心竞争力的这几大构成要素中，最容易为消费者所感知的就是技术和品牌[①]。知识产权通过对技术和品牌的法律保护，能够提升企业的核心竞争力。

二、商标法律制度

（一）商标法律制度概述

为加强商标管理，保护商标专用权，促使生产、经营者保证商品和服务质量，维护商标信誉，以保障消费者和生产、经营者的利益，促进社会主义市场经济的发展，2001年10月27日第九届全国人民代表大会常务委员会第二十四次会议通过《关于修改〈中华人民共和国商标法〉（以下简称《商标法》）的决定》。

1. 商标的概念和功能

商标是指商品的生产者、经营者或者服务的提供者为了证明自己、区别他人在自己的商品或者服务上使用的可视性标志，即由文字、图形、字母、数字、三维标志和颜色组合，以及上述要素的组合所构成的标志。

商标是商品和服务的标志，它依附于商品和服务而存在。在人类社会未进入以交换为目的的商品生产时，劳动产品上已出现各种各样的标记，但这种标记不具有商标的属性和功能。商标是商品经济发展到一定阶段的产物。商标是区别商品来源的标记。只有附着在商品上用来表明商品来源并区别其他同类商品的标志才是商标。所以通用标志、通用商品名称等虽然也出现在商品和包装上，但不具有区别来源的功能，所以不成为商标。任何文字、图形或其组合不与特定的商品或服务相联系，也就不成为商标。由于商标是用来区别商品或服务的来源的，所以要求它具有显著的特征，即不与他人的商品相混同，也只有将具有鲜明个性的标记用于特定的商品或服务，才能起到商标的作用。

商标作为商品或服务的标志，在商品经济中发挥着非常重要的作用，一般认为商标具

---

① 吴汉东. 企业核心竞争力与知识产权[EB/OL]. 北京：北大法律信息网，2007. http://article.chinalawinfo.com/Article_Detail.asp? ArticleId=47652.

有以下三方面的功能：

（1）识别功能。商标具有的识别功能是商标最初始的、也是最基本的功能。商标是商品的标志，是商品的生产者、经营者或服务的提供者为了表明自己、区别他人在自己的商品或服务上使用的标志。商标作为媒介在生产者和消费者之间建立了联系，生产者可以将自己商品的声誉凝聚在商标上，并用来吸引消费者，而消费者则可以按照自己的需求认牌购货。

（2）品质保证功能。商标的品质保证功能虽然不是商标最初始的功能，却是市场经济活动中最主要的功能。商标的品质保证功能并非保证商标所标示的商品是高品质的，而是指同一商标所标识的商品具有一致的品质标准和一定的质量水平。同一商标所标识的商品完全可能来源于不同的国度和不同的制造商。经营者为了维护自己的商品声誉就要努力保证使用同一商标的商品或服务具有相同的品质。

（3）广告及竞争功能。商标是经营者与消费者联系的纽带和桥梁。商标的品质保证功能，本身就具有表彰并建立营业信誉的作用，所以消费者往往是通过商标来判断商品的品质、决定自己的消费选择。无论是商品的经营者还是服务的提供者都会利用广告使消费者认识、了解、选择自己的商品或服务，而商标则是最有效、最典型、最直接的广告工具。经营者也主要是借助商标来刺激、维持并扩展消费需求的。商标的竞争功能体现为经营者在市场竞争中的地位。商标所标志的营业信誉在市场竞争中起着关键性的作用。

2. 商标标识的法律规定

（1）不得作为商标使用的标识

根据《商标法》规定，下列标志不得作为商标使用：①同中华人民共和国的国家名称、国旗、国徽、军旗、勋章相同或相近似的，以及同中央国家机关所在地特定地点的名称或者标志性建筑物的名称、图形相同的；②同外国的国家名称、国旗、国徽、军旗相同或者近似的，但该国政府同意的除外；③同政府间国际组织的名称、旗帜、徽记相同或者近似的，但该组织同意或者不易误导公众的除外；④与表明实施控制、予以保证的官方标志、检验印记相同或者近似的，但经授权的除外；⑤同“红十字”、“红新月”的名称、标志相同或者近似的；⑥带有民族歧视性的；⑦夸大宣传并带有欺骗性的；⑧有害于社会主义道德风尚或者有其他不良影响的。

县级以上行政区划的地名或者公众知晓的外国地名，也不得作为商标。但是地名具有其他含义或者作为集体商标、证明商标组成部分的除外；已经注册的使用地名的商标继续有效。

（2）不得作为商标注册的标志

根据《商标法》规定，下列标志不得作为商标注册：①仅有本商品的通用名称、图形、型号的；②仅仅直接表示商品的质量、主要原料、功能、用途、重量、数量及其他特点的；③缺乏显著特征的。前述标志经过使用取得显著特征，并便于识别的，可以作为商标注册。以三维标志申请注册的，仅由商品自身的性质产生的形状、为获得技术效果而需有的商品形状或者使商品具有实质性价值的形状，不得注册。此外，商标中有商品的地理标志，而该商品并非来源于该标志所标示的地区，误导公众的，不予注册并禁止使用；但是，已经善意取得注册的继续有效。

3. 注册商标的法律保护

(1) 注册商标有效期和续展

根据《商标法》规定,经过商标局核准注册并刊登在商标公告上的商标称为注册商标。注册商标由商标注册人使用,享有专用权,具有排他性,他人不得侵犯。注册商标有效期为十年,该期限从商标核准注册之日起计算。注册商标有效期满时,需要继续使用该注册商标的,可以申请续展。续展的期限为十年,续展的次数不作限制。

(2) 商标侵权行为

根据《商标法》规定,以下行为为侵犯注册商标专用权的行为:①未经商标注册人许可,在同一种商品或者类似商品上使用与其注册商标相同或者近似的商标的;②销售侵犯注册商标专用权的商品的;③伪造、擅自制造他人注册商标标识或者销售伪造、擅自制造的注册商标标识的;④未经商标注册人同意,更换其注册商标并将该更换商标的商品又投入市场的;⑤给他人的注册商标专用权造成其他损害的。

由商标侵权引起的纠纷,当事人可以协商解决;不愿协商或者协商不成的,商标注册人或者利害关系人可以向人民法院起诉,也可以请求工商行政管理部门处理。工商行政管理部门处理时,认定侵权行为成立的,责令立即停止侵权行为,没收、销毁侵权商品和专门用于制造侵权商品、伪造注册商标标识的工具,并可处以罚款。当事人对处理决定不服的,可以自收到处理通知之日起十五日内依照《行政诉讼法》向人民法院起诉;侵权人期满不起诉又不履行的,工商行政管理部门可以申请人民法院强制执行。进行处理的工商行政管理部门根据当事人的请求,可以就侵犯商标专用权的赔偿数额进行调解;调解不成的,当事人可以依照《民事诉讼法》向人民法院起诉。

侵犯商标专用权的赔偿数额,为侵权人在侵权期间因侵权所获得的利益,或者被侵权人在被侵权期间因被侵权所受到的损失,包括被侵权人为制止侵权行为所支付的合理开支。侵权人因侵权所所得利益或者被侵权人因侵权所受损失难以确定的,由人民法院根据侵权行为的情节判决给予五十万元以下的赔偿。销售不知道是侵犯注册商标专用权的商品,能证明该商品是自己合法取得的并说明提供者的,不承担赔偿责任。

商标注册人或者利害关系人有证据证明他人正在实施或者即将实施侵犯其注册商标专用权的行为,如不及时制止,将会使其合法权益受到难以弥补的损害的,可以在起诉前向人民法院申请采取责令停止有关行为和财产保全的措施。为制止侵权行为,在证据可能灭失或者以后难以取得的情况下,商标注册人或者利害关系人可以在起诉前向人民法院申请保全证据。

(二) 相关案例解析——伪造、擅自制造他人注册商标标识[①]

××快递公司于1994年经工商登记在浙江省杭州市成立,经营快递业务。2003年3月迁往上海市徐汇区,2005年10月又迁往该市长宁区。××快递公司于2005年1月7

① 山东高院知识产权庭.上海天天快快递有限公司与临沂市悦达速递有限公司、沈阳天马快递有限公司侵犯商标专用权纠纷一案[EB/OL].北京:中国法院网,2007. http://ipr.chinacourt.org/public/detail_sfws.php? id=10563.

日将“××快”的图形进行了注册，核定服务项目为第39类，使用期限至2015年1月6日，该商标的注册证号为3523631。上海天涵贸易有限公司于2001年12月12日分别将“××快”、“TTKD”注册在第39类上使用，服务项目包括“包裹投递、递件、信件投递、投递报纸、邮购货物的递送”，其商标注册证号分别为第1683525号、第1683526号。2004年1月7日，上海天涵贸易有限公司将其注册的第1683525号、第1683526号商标“××快”、“TTKD”转让给了××快递公司。

2005年12月26日，××快递公司的巡查人员到山东省临沂市查看业务时，发现悦达公司在使用假冒××快递公司注册商标的快递单及包裹投递袋，经查该侵权产品系天马公司在其住所地沈阳市印刷，天马公司为印制假冒××快递公司注册商标的快递产品，还专门成立了以××快递公司“××快”注册商标为商号印刷厂，经查该印刷厂未进行工商登记，系天马公司下属的一个个体小厂。

为此，××快递公司于2006年1月16日起诉至法院。

该案中，天马公司在未经××快递公司许可的情况下，在同类商品上私自印刷、使用带有××快递公司注册商标标识的快递单及包装袋，其行为构成对××快递公司注册商标专用权的侵犯，应当承担商标侵权责任。

三、著作权法律制度

（一）著作权法律制度概述

1. 著作权的概念

著作权是指对以下列形式创作的文学、艺术和自然科学、社会科学、工程技术等作品享有的权利：(1)文字作品；(2)口述作品；(3)音乐、戏剧、曲艺、舞蹈、杂技艺术作品；(4)美术、建筑作品；(5)摄影作品；(6)电影作品和以类似摄制电影的方法创作的作品；(7)工程设计图、产品设计图、地图、示意图等图形作品和模型作品；(8)计算机软件；(9)法律、行政法规规定的其他作品。

2. 著作权的内容

著作权的内容包括著作权人的人身权和财产权。

(1)著作权人的人身权包括：①发表权，即决定作品是否公之于众的权利；②署名权，即表明作者身份，在作品上署名的权利；③修改权，即修改或者授权他人修改作品的权利；④保护作品完整权，即保护作品不受歪曲、篡改的权利。

(2) 著作权人的财产权包括：①复制权，即以印刷、复印、拓印、录音、录像、翻录、翻拍等方式将作品制作一份或者多份的权利；②发行权，即以出售或者赠与方式向公众提供作品的原件或者复制件的权利；③出租权，即有偿许可他人临时使用电影作品和以类似摄制电影的方法创作的作品、计算机软件的权利，计算机软件不是出租的主要标的的除外；④展览权，即公开陈列美术作品、摄影作品的原件或者复制件的权利；⑤表演权，即公开表演作品，以及用各种手段公开播送作品的表演的权利；⑥放映权，即通过放映机、幻灯机等技术设备公开再现美术、摄影、电影和以类似摄制电影的方法创作的作品等的权利；⑦广播权，即以无线方式公开广播或者传播作品，以有线传播或者转播的方式向公众传播广播的作品，以及通过扩音器或者其他传送符号、声音、图像的类似工具向公众传播广播的作品的权利；⑧信息网络传播权，即以有线或者无线方式向公众提供作品，使公众可以在其个人选定的时间和地点获得作品的权利；⑨摄制权，即以摄制电影或者以类似摄制电影的方法将作品固定在载体上的权利；⑩改编权，即改变作品，创作出具有独创性的新作品的权利；⑪翻译权，即将作品从一种语言文字转换成另一种语言文字的权利；⑫汇编权，即将作品或者作品的片段通过选择或者编排，汇集成新作品的权利；⑬应当由著作权人享有的其他权利。

广义的著作权还包括著作邻接权，即作品的传播者权，包括出版者权、表演者权、音像制作者权和广播组织者权。

3. 侵犯著作权行为

《著作权法》第四十六条和第四十七条规定了 19 种侵犯著作权的行为以及相应的法律责任。

(1)《著作权法》第四十六条规定

《著作权法》第四十六条主要对未经著作权人允许使用著作权人的作品的侵权行为进行了规定，即有下列侵权行为的，应当根据情况，承担停止侵害、消除影响、赔礼道歉、赔偿损失等民事责任：①未经著作权人许可，发表其作品的；②未经合作作者许可，将与他人合作创作的作品当作自己单独创作的作品发表的；③没有参加创作，为谋取个人名利，在他人作品上署名的；④歪曲、篡改他人作品的；⑤剽窃他人作品的；⑥未经著作权人许可，以展览、摄制电影和以类似摄制电影的方法使用作品，或者以改编、翻译、注释等方式使用作品的，另有规定的除外；⑦使用他人作品，应当支付报酬而未支付的；⑧未经电影作品和以类似摄制电影的方法创作的作品、计算机软件、录音录像制品的著作权人或者与著作权有关的权利人许可，出租其作品或者录音录像制品的，另有规定的除外；⑨未经出版者许可，使用其出版的图书、期刊的版式设计的；⑩未经表演者许可，从现场直播或者公开传送其现场表演，或者录制其表演的；⑪其他侵犯著作权以及与著作权有关的权益的行为。

(2)《著作权法》第四十七条规定

《著作权法》第四十七条主要对未经著作权人许可传播作品的侵权行为进行了规定，即有下列侵权行为的，应当根据情况，承担停止侵害、消除影响、赔礼道歉、赔偿损失等民事责任；同时损害公共利益的，可以由著作权行政管理部门责令停止侵权行为，没收违法所得，没收、销毁侵权复制品，并可处以罚款；情节严重的，著作权行政管理部门还可以没收主要用于制作侵权复制品的材料、工具、设备等；构成犯罪的，依法追究刑事责任：①未经著作权人许可，复制、发行、表演、放映、广播、汇编、通过信息网络向公众传播其作品的，另有规定的除外；②出版他人享有专有出版权的图书的；③未经表演者许可，复制、发行录有其表演的录音录像制品，或者通过信息网络向公众传播其表演的，另有规定的除外；④未经录音录像制作者许可，复制、发行、通过信息网络向公众传播其制作的录音录像制品的，另有规定的除外；⑤未经许可，播放或者复制广播、电视的，另有规定的除外；⑥未经著作权人或者与著作权有关的权利人许可，故意避开或者破坏权利人为其作品、录音录像制品等采取的保护著作权或者与著作权有关的权利的技术措施的，法律、行政法规另有规定的除外；⑦未经著作权人或者与著作权有关的权利人许可，故意删除或者改变作品、录音录像制品等的权利管理电子信息的，法律、行政法规另有规定的除外；⑧制作、出售假冒他人署名的作品的。

（二）相关案例解析[①]

北京美好景象公司（以下简称美好公司）在其经营的网站中，收录了编号为 BV-0907、BV2-0784 的两幅作品，在该网站中的每幅摄影作品下方，均载有“版权声明：所有图片均受著作权保护，未经许可不得使用。以上图片著作权属北京美好景象图片有限公司所有”等字样。2001 年 6 月 25 日、2002 年 8 月 1 日北京市版权局分别对周城摄影的 29 幅作品、60 幅作品予以登记，登记号分别为作登字：01-2001-G-0046 号、01-2002-G-184 号，作品名称分别为景象图片库周城摄影 29 幅、60 幅，作品类型为摄影，作者为周城，著作权人为北京美好景象公司，作品完成日期分别为 1998 年 4 月 8 日、2000 年 12 月 17 日。两份作品登记证还附有 29 幅及 60 幅摄影作品的清单，其中包括涉案的编号为 BV-0907、BV2-0784 的两幅作品。

上海××快递公司（以下简称××公司）在其网站的网页上使用了涉案的两幅摄影作品。2006 年 2 月 21 日，针对××公司的上述使用行为，美好公司在北京市公证处公证员的监督下进行了证据保全。一审法院认为：北京美好景象公司提交的两幅摄影作品的原片、网页打印件、作品登记公证书等证据可以相互印证，已尽证明其对涉案两幅摄影作品享有著作权之举证责任。根据《著作权法》的规定，××公司未经许可在网站上使用涉案两幅摄影作品的行为侵犯了美好公司的著作权，应当承担停止侵害、赔礼道歉、赔偿损失等民事责任。因此，一审法院判决：

一、××公司立即停止对原告美好景象公司编号为 BV-0907、BV2-0784 的两幅摄影作品著作权的侵害；

二、××公司于判决生效之日起三十日内在《新民晚报》上刊登致歉声明，公开向原告美好景象公司赔礼道歉（内容须经原审法院审核）；

三、××公司于判决生效之日起十日内赔偿美好景象公司经济损失人民币 1 万元。

判决后，××公司不服，向二审法院提出上诉，请求撤销一审判决，驳回被上诉人的全部诉请。二审法院认为，××公司的上诉请求与理由无事实和法律依据，应予驳回。

思考与练习

1. 阐述快递服务市场实行准入制度的目的。
2. 简述快递业务经营许可证的管理制度。
3. 简述《反不正当竞争法》规定的不正当竞争行为的表现形式。
4. 简述《反垄断法》对垄断行为的规制。
5. 阐述知识产权与企业核心竞争力的关系。

---

① 改编自《上海诚中快递有限公司与北京美好景象图片有限公司著作权侵权纠纷上诉案》。

6. 阐述邮政普遍服务和邮政专营制度。

7. 阐述快递服务与基本寄递服务的联系和区别。

8. 快递服务中代收货款业务有哪些经营风险,应如何防范?

9 . 阐述快递服务市场监管的有关规定。

10. 实务分析:快递服务中对要求快递企业使用带有本企业专用标识的封装品封装快件,且每件单独封装。请问,带有本企业专用标识的封装品可以获得哪些法律保护?如果被他人仿冒,应如何维护企业的合法权益?

第三章 企业管理体制相关法律解析

【内容提要】

快递企业是提供快递服务的基本组织。按照我国《邮政法》和《快递业务经营许可管理办法》规定，快递企业必须具备企业法人资格。因此，快递企业应该符合现代公司制度的要求。

本章将基于我国《公司法》，详细解析对有限责任公司或股份有限公司的相关规定和要求。本章第一节介绍现代公司体制，首先是公司设立的基本条件，股东与发起人的权利和义务，涉及股权转让和股权纠纷的相关规定等；其次介绍现代公司的组织结构和职责划分，包括股东会、董事会、监事会的设立和行事规则等。第二节介绍公司体制变更，包括公司合并、分立、解散和清算的方式和相应规则。第三节介绍公司经营模式，包括直营制、特许经营制、相互代理制和混合制的相关法律问题和规定。

通过本章学习，目的是使读者全面理解和掌握现代公司体制和经营模式的相关规定，有助于我国快递企业实现现代公司体制，提升公司管理水平。

企业是商业性的组织形式。企业制度是调节企业的资本所有者、管理者和员工之间关系的多层次的制度体系。它包括反映企业所有制性质的产权制度，决定企业收入分配的分配制度，表明企业内各经济主体权力安排的管理制度等。

在企业发展历程中曾出现过三种较为典型的企业制度：个人独资企业、合伙企业和公司制企业。个人独资企业是由一个自然人投资，企业财产为投资人个人所有，投资人以其个人财产对企业债务承担无限责任的经营组织。合伙企业是由二人或二人以上，通过订立合伙协议，共同出资、合伙经营、共享收益、共担风险，对企业债务承担无限连带责任的经营组织。公司制企业主要指股份有限公司和有限责任公司，被称为现代企业制度。前这两种企业制度都要承担无限责任或无限连带责任，作为重要区别，公司制企业只承担有限责任。本书随后主要介绍现代企业制度。

美国公司法专家克拉克认为[①]，公司之所以能够成为最受欢迎的企业组织形式，源于其四大特征：其一，公司投资者仅仅承担有限责任；其二，投资者可以自由转让股份；其三，公司法人可以永久存续；其四，集中管理。

公司的投资者是股东，股东是公司财产的所有者，并有权依据股权分享企业的盈余，

---

① 罗伯特·C·克拉克.公司法则[M].胡平，译.北京：工商出版社，1999.

但无权退股，只能转让其股权；因为公司作为法律主体具有独立人格，拥有企业法人的财产权和生产经营权；或者说，公司一经成立，就具备了独立的“生命”。

企业要依据企业法规范自己的行为。企业法中包括企业设立、变更和终止的条件和程序、企业的法律地位、企业出资者之间及其与企业的关系、企业内部的组织机构、企业与其他组织之间的关系等方面的规范内容。我国企业法的主要依据是《公司法》。我国现行的《公司法》最早于1993年12月经第八届全国人民代表大会常务委员会通过，迄今由全国人民代表大会常务委员会分别于1999年12月、2004年8月和2005年10月进行过三次修订。

第一节　公司体制法律解析

一、公司与股东

（一）股东与发起人

在法律意义上，股东是公司的所有者；他们以其向公司的出资额为限，对公司资产拥有支配、处置、收益等权利，并承担相应的风险。由于公司的体制不同，股东的含义存在细微区别。按照我国《公司法》的规定，有限责任公司的股东是指在公司成立时投入资金或在公司存续期间依法取得股权而享有权利和承担义务的个人或机构；股份有限公司的股东是，在公司成立时或在公司成立后合法取得公司股份并对公司享有权利和承担义务的个人或机构。

发起人是在公司成立前参与公司设立活动的人。法律规定发起人必须认足一定比例的股份；因而在公司成立后，发起人自然就是公司的当然股东。发起人应当签订发起协议，明确各自在公司设立过程中的权利和义务，在公司章程上签字盖章，并依据公司章程的约定履行出资义务。

发起人不一定就是公司股东的全部，任何在公司设立或成立后认购或受让公司股份的人都可以成为公司的股东。

认购公司股份的人被称为认股人。公司设立过程中的认股人在公司成立后即成为股东，公司发行新股过程中的认股人在发行程序结束后即转为公司股东。

（二）有限责任公司的设立

按照我国《公司法》的规定，设立有限责任公司应该具备以下五项基本条件。

1. 股东符合法定人数

有限责任公司的股东有人数限制，在我国，成立有限责任公司的股东人数不得多于五十人。

2. 股东出资达到法定资本最低限额

有限责任公司的注册资本为在公司登记机关登记的全体股东认缴的出资额。股东可以用货币出资，也可以用实物、知识产权、土地使用权等可以用货币估价和依法转让的非货币财产出资。全体股东的货币出资总额不得低于注册资本的百分之三十。

公司全体股东的首次出资额不得低于注册资本的百分之二十，也不得低于法定的注册资本的最低限额，其余注册资本由股东自公司成立之日起两年内缴足；投资公司可允许在五年内缴足。

法国规定有限责任公司的最低资本限额为5万法郎，德国规定有限责任公司的最低资本额为5万德国马克，日本则要求有限责任公司的资本总额不得低于300万日元，我国《公司法》规定有限责任公司最低出资限额为三万元人民币。

3. 股东共同制定公司章程

公司成立时必须有明确的公司章程，公司章程中需要写明公司名称和住所、公司经营范围、公司注册资本、股东的姓名或者名称、股东的出资方式、出资额和出资时间、公司的机构及其产生办法、职权、议事规则、公司法定代表人以及股东会会议认为需要规定的其他事项。

4. 有公司名称，建立符合有限责任公司要求的组织机构

公司名称是公司设立的必要条件，是公司章程内必须规定的事项，也是公司必须登记的事项。公司名称一经登记，就取得了专用权，受到法律保护，任何人不得侵犯。

公司内部必须设立相应的组织机构，包括股东会、董事会、监事会。

有限责任公司的股东会包括全体股东，是公司的权利机构，依法行使职权。

有限责任公司设立董事会的，股东会会议由董事会召集，董事长主持；股东人数较少或规模较小的有限责任公司也可不设董事会，设一名执行董事，其股东会会议由执行董事召集和主持。

有限责任公司设立监事会的，其监事不得少于三人；股东人数较少或规模较小的有限责任公司也可不设监事会，只设1～2名监事。监事会应当包括股东代表和不低于三分之一比例的公司职工代表。

5. 有公司住所

住所是民事人的必要生存条件之一；同理，公司住所是公司独立法人的必要生存条件之一，是公司主要办事机构的所在地，是公司的法定地址。

（三）股份有限公司的设立

按照我国《公司法》的规定，设立股份有限公司应该具备下述六项基本条件。

1. 发起人符合法定人数

设立股份有限公司，应当有二人以上二百人以下为发起人，其中须有半数以上的发起人在中国境内有住所。发起人要签订发起人协议，明确各自在公司设立过程中的权利和义务。

2. 发起人认购和募集的股本达到法定资本最低限额

股份有限公司可以采取发起设立或募集设立两种方式。

采取发起设立，发起人要认购公司的全部股份，其注册资本就是在公司登记机关登记时全体发起人认购的股本总额。公司全体发起人的首次出资额不得低于注册资本的百分之二十，其余部分由发起人自公司成立之日起两年内缴足；投资公司可允许在五年内缴足。在公司注册资本缴足之前，公司不得向其他人募集股份。

发起人应当书面认足公司章程规定其认购的股份；一次缴纳的，应即缴纳全部出资；分期缴纳的，应即缴纳首期出资。以非货币财产出资的，应当依法办理其财产权的转移手续。发起人不按规定缴纳出资，应按照发起人协议承担违约责任。[①]

采取募集设立，发起人仅认购公司股份的一部分，但不得低于公司股份总数的百分之三十五，其余股份向社会公开募集或向特定对象募集。公司注册资本为在公司登记机关登记的实收股本总额。股份有限公司注册资本的最低限额为人民币五百万元；如法律、行政法规另有较高规定，从其规定。[②]

3. 股份发行、筹办事项符合法律规定

发起人向社会公开募集股份，必须公告招股说明书和认股书。

招股说明书应当附有发起人制定的公司章程，并说明发起人认购的股份数、每股的票面金额和发行价格、无记名股票的发行总数、募集资金的用途、认股人的权利和义务、本次募股的起止期限及逾期未募足时认股人可以撤回所认股份的说明。

认股书是股东认购股份时要填写的要式文件。认股书要载明公司章程所列事项，由认购人填写认购的股数和金额，并签名盖章。

发起人向社会公开募集股份，应当由依法设立的证券公司承销，签订承销协议。

4. 发起人制订公司章程，采用募集方式设立的经创立大会通过

在发行股份的股款缴足后，必须经依法设立的验资机构验资并出具证明。

发起人应自股款缴足之日起三十日内主持召开公司创立大会。创立大会由发起人、认股人组成。创立大会应有代表股份总数一半以上的发起人和认股人出席，方可举行。创立大会要审议发起人关于公司筹办情况的报告、通过公司章程、选举董事会和监事会成员、审核公司的设立费用、审核发起人用于抵作股款的财产的作价等。会议决议必须经出席会议的认股人所持表决权半数以上通过。

发行的股份超过招股说明书规定截止期限尚未缴足；或者发行股份的股款缴足后，发起人在三十日内未召开创立大会的；认股人可以按照所缴股款并加算银行同期存款利息，要求发起人返还。[③]

5. 有公司名称，建立符合股份有限公司要求的组织机构

股份有限公司的的股东大会由全体股东组成，是公司的权力机构，依法行使职权。股东大会会议由董事会召集，董事长主持。股东出席股东大会，所持每一股份有一表决权。股东大会决议必须经出席会议股东所持表决权半数以上通过。股东大会有关修改公司章程、增减注册资本，以及公司合并、分立、解散或变更公司形式等重大事项的决议，必须经出席会议股东所持表决权三分之二以上通过。

股份有限公司设立董事会，其成员为 5～19 人，其中可以有公司职工代表。董事会会

---

① 《公司法》第八十四条。

② 《公司法》第八十一条和第八十五条。

③ 《公司法》第九十条。

议应由董事本人出席；因故不能出席，可以书面委托其他董事代为出席。董事会会议应有过半数董事出席方可举行。董事会决议必须经全体董事过半数通过，实行一人一票。

股份有限公司设立监事会，其成员不得少于三人。监事会应当包括股东代表和不低于三分之一比例的公司职工代表。

6. 有公司住所

同有限责任公司一样，股份有限公司也需要明确公司住所。公司住所是公司独立法人的必要生存条件之一，是公司主要办事机构的所在地，是公司的法定地址。

二、股权转让

（一）有限责任公司的股权转让

1. 内部转让

有限责任公司的股东之间可以相互转让其全部或者部分股权。

2. 对外转让

股东向股东以外的人转让股权，应当经其他股东过半数同意。股东应就其股权转让事项，书面通知其他股东征求同意；其他股东自接到书面通知之日起满三十日未答复的，视为同意转让。其他股东半数以上不同意转让的，不同意的股东应当购买欲转让的股权；若不购买，视为同意转让。

经股东同意转让的股权，在同等条件下，其他股东有优先购买权。两个以上股东主张行使优先购买权的，协商确定各自的购买比例；协商不成的，按照转让时各自的出资比例行使优先购买权。公司章程对股权转让另有规定的，从其规定。

3. 强制执行

人民法院依照法律规定的强制执行程序转让股东的股权时，应当通知公司及全体股东，其他股东在同等条件下有优先购买权。其他股东自人民法院通知之日起满二十日不行使优先购买权的，视为放弃优先购买权。①

4. 变更手续

在股权转让之后，公司应当注销原股东的出资证明书，同时向新股东签发出资证明书，并相应修改公司章程和股东名册中有关股东及其出资额的记载。对公司章程的该项修改不需再由股东会表决。②

5. 股份回购请求权

根据《公司法》第七十五条规定，有下列情形之一的，对股东会该项决议投反对票的股东，可以请求公司按照合理的价格收购其股权：①公司连续五年不向股东分配利润，而公司这五年连续盈利，并且符合本法规定的分配利润条件的；②公司合并、分立、转让主要财产的；③公司章程规定的营业期限届满或者章程规定的其他解散事由出现，股东会会议通过决议修改章程，使公司存续的。

---

① 《公司法》第七十三条。

② 《公司法》第七十四条。

自股东会会议决议通过之日起六十日内，股东与公司不能达成股权收购协议的，股东可以自股东会会议决议通过之日起九十日内，向人民法院提起诉讼。

（二）股份有限公司的股权转让

1. 转让场所

股份有限公司的股东可以依法转让其股份。股份转让应当在依法设立的证券交易场所进行或者按照国务院规定的其他方式进行。

2. 记名和无记名股票的转让

记名股票由股东以背书方式或者法律、行政法规规定的其他方式转让。转让后，由公司将受让人的姓名或者名称及住所记载于股东名册。

无记名股票的转让，由股东将该股票交付给受让人后即发生转让的效力。

3. 发起人等股份转让的限制

公司发起人、公司董事、监事和高级管理人员所持有的公司股份有着较为严格的转让限制。

发起人持有的本公司股份，在公司成立之日起一年内不得转让。公司公开发行股份前已发行的股份，自公司股票在证券交易所上市之日起一年内不得转让。

公司董事、监事、高级管理人员应当向公司申报所持有的本公司的股份及其变动情况；在任职期间每年转让的股份不得超过其所持有本公司股份总数的百分之二十五；所持本公司股份自公司股票上市交易之日起一年内也不得转让。

上述人员在离职半年内，不得转让其所持有的本公司股份。公司章程还可以对公司董事、监事、高级管理人员转让其所持有的本公司股份做出其他限制性规定。[①]

4. 公司收购股份的限制

为维护公司资本的充实，各国原则上都禁止公司收购自己的股份。我国公司法也有相应的规定；但也有例外。例如，减少公司注册资本，与持有本公司股份的其他公司合并，将股份奖励给本公司职工，股东因对股东大会作出的公司合并、分立决议持有异议，要求公司收购其股份；有上述情形之一时，公司可以收购本公司的股份。

三、股权纠纷

公司股权所涉及的利益关系复杂多样，包括众多当事人的利益，股东与股东之间、股东与公司之间以及在某些情况下股东与债权人之间的权利义务等，都以股权关系的确认为前提。

股权纠纷通常发生在投资环节和转让环节。

如果当事人之间有一方属于名义出资，另一方是实际出资；实际出资人为了规避法律或出于其他原因，与他人约定，借用他人名义设立公司或者以他人名义出资；在公司章程、股东名册和工商登记中也记载他人作为出资人。此种情况下出现股权纠纷，实际出资人

① 《公司法》第一百四十二条。

只能提起确权之诉。所谓确权之诉是指，一方当事人请求法院确认其与对方当事人之间争议的民事法律关系，是否存在或者存在的具体状态之诉。如果有限责任公司半数以上的其他股东确知实际出资人的出资情况，并且公司一直认可其以实际股东的身份行使权利；如无其他违背法律规定的情节，法院可以确认实际出资人对公司享有股权；但应责令当事人根据实际出资情况，依法办理有关登记手续。

如果有限责任公司股东向他人转让股权，应当根据公司法的规定，征得半数以上的股东同意。未经同意转让股权，且转让合同签订后，公司其他股东也不认可，其股权转让合同对公司不产生效力，转让人应当向受让人承担履约不能的责任。受让人明知股权交易未经公司其他股东同意，而仍与转让人签订股权转让合同，公司其他股东不认可的，转让人不承担责任。经其他股东同意签订的股权转让合同生效后，公司应当办理有关股东登记的变更手续，使受让股权人得以以股东身份在公司行使权利；公司不办理相关手续的，受让股权人可以公司为被告提起确权诉讼，但不得向转让股权人主张撤销合同。

（一）股权投资纠纷

股权纠纷的本质是股东资格的确认。股东资格确认的法律模式主要分为以下四种：

1. 基于出资或认购股权事实的确认

我国《公司法》规定，有限公司在设立后应向股东签发出资证明书，而股份有限公司成立后即应向股东正式交付股票。这是最具有实质意义的股东资格确认模式，即凭借出资或认购股权获取股东资格。

2. 基于签署章程的确认

签署章程可以作为股东资格确认的模式，但并不能作为股东获取资格的必经程序。在不同的公司形态以及不同的公司注册制度下，不签署章程而获取股东资格的情形，同样普遍存在。

各国法律中都只对发起人签署章程有强制性规定，而其他股东不一定需要签署章程，但仍然具有股东资格。比如上市股份有限公司的股东数以万计且难以统计，让他们签署章程很难办到。我国《公司法》亦仅规定有限责任公司的全体股东应签署公司章程，而股份有限公司的章程由全体发起人签署即可。

3. 基于注册登记的确认

我国公司审判中，查询公司注册登记档案中是否记载有股东的姓名与名称，来确认股东资格是否拥有，是一种很常用的手段。

公司注册登记，简单可以分为设立登记以及设立后登记两大类。

设立登记的法律意义的核心在于创设公司法人，授予公司以法人资格；至于其对公司股东资格的记载，主要依托签署章程的归档，在章程归档的同时一并审查股东资格是否妥当。档案中关于股东姓名或名称的记载，原则上应当具有确认公司设立时原始股东资格的证明效力。

公司设立后登记是因为随着公司形态以及注册制度的差异，对确认股东资格的法律意义差别很大。如《中华人民共和国公司登记管理条例》（以下简称《公司登记管理条例》）

规定，有限责任公司的股东或者注册资本发生变更时，都应及时进行变更登记；而股份有限公司的股东变更虽无须登记，但其注册资本的变更同样也应进行变更登记。尽管该条例对变更登记的法律意义未作明确规定，但实践中面对未进行股东变更登记的股权受让人，以及未进行注册资本变更登记的新增资本认购人的股东资格，更多倾向于不予认定。所以在我国，股权受让应该及时到相关部门登记，以便日后有确认的法律依据。

4. 基于股东名册的确认

以公司股东名册的记载来确认股东的资格，是目前全世界通行的做法。各国的公司法普遍要求，不论是何种类型的公司均应置备格式规范的股东名册，并就频繁的股东变动及时进行相应的记载处理。

各国法律普遍认为，股东名册具有当然授予股东资格的法律效力。英国《1985 年公司法》第 22 条第 2 款，香港《公司条例》第 28 条第 2 款，皆有相同的规定："所有同意成为公司成员，而其姓名已记入成员登记册的其他人士，均为公司的成员"。美国《示范商业公司法》第 1.40 条第 22 项定义"股东"时明确，公司登记簿记载的股份持有人当然地被视为公司的股东。德国《股份公司法》第 67 条第 2 款甚至规定："只有在股票登记簿上登记的人，始得成为公司的股东"。

以股东名册作为确认股东资格的法律模式，对于股东人数较多且股东相对不稳定的大公司尤其是上市公司而言，具有显而易见的积极意义；因为此类公司若不依股东名册为准，便很难保障股东权利的正常行使。但对于人数较少而股东相对稳定的有限责任公司、尤其是一人公司而言，记载公司股东的方式是多种多样的；不仅公司章程可以反映，而且公司注册材料中亦有记载，在公司的财务账册中更是能够清楚地反映出谁是入资的股东，再行专门置备股东名册就没有太大必要。在以股东名册作为确认股东资格的依据时，应注重的是公司各类文件对股东的认可，而非一定要以格式化的股东名册为凭证。那些没有置备股东名册的公司，显然亦不能仅以缺乏股东名册的记载，否认股东的资格。以股东名册确认股东资格的模式，尽管有广泛的代表性，但如同其他确认模式一样，并不具有绝对的法律意义。

（二）特殊的股东形式

1. 冒名股东

冒名股东是指虚构法律主体或盗用他人名义持有股权者。

冒名股东之所以冒名的原因多种多样，但实质都造成股东主体的虚位。被虚构而根本不存在的自然人或法人等主体，或未经同意被盗用名义的自然人与法人等，皆不应被视为法律上的股东，不应赋予股东权利，也不应追究股东的义务；否则，违背所有权制度的基本法理。

2. 空股股东

空股股东，又叫出资瑕疵股东，是指虽经认购股权，但在应当缴付股权之时，未缴付出资的股东。

实收资本体制下，所有经认购的股权，皆应于公司设立之时，即将对应的资本缴付到位。授权资本体制下，凡经认购的股权也应按照公司董事会的指令或者认购合同约定的期限,缴付到位。凡属法定或约定到期应予缴付股款,却未曾缴付的股权持有人,即为空股股东。

空股股东如果出资延迟达到一定期限,就会被除名,丧失股东资格。但在出资延迟允许范围内,股东资格仍然被保留。依照空股股东的一般原理,只要公司未将其除名,空股股东依然应被视为法律上的股东,并原则上享有空股份额下的股权,履行空股股权对应的法律义务。我国公司法律尚未建立规范的空股股东的除名制度,也未建立空股股东股权限制的相应措施。

3. 干股股东

干股股东是指因为拥有一技之长,被其他股东或公司赠与股权,而获取股东资格的人。

干股股权或股东资格问题,也时常会发生纠纷。在处理干股股权及相应的干股股东资格时,应原则尊重并承认干股持有者的股东资格,同时应尽可能维护赠予干股股权时的初始协议。这个初始的口头或者书面协议,可以确认干股股权赠与人与受赠人的内部关系;但在承担的法律责任上,受赠人不能因为股权的来源是受赠而逃脱其对干股股权应尽的法律责任,同时赠与方也应该承担相应的连带责任。

4. 隐名股东

隐名股东资格的确认是股东资格确认中较为热门的话题。

隐名股东是指依据书面或口头协议委托他人代其持有股权者。与隐名股东对应的是显名股东。

在英美较为发达的信托制度下,股权信托的情形非常普遍。围绕隐名股权的争执,完全可以通过信托制度得到处理。在美国,公司股东或股份登记簿可以明确区分自己持有股份者以及以他人名义代持股份者,两者皆为公司合法的股东;以他人名义代持股份,对公司而言显然处于明知的状态。

对于只有隐名者和显名者知道的股权代持交易,在判定上存在较大分歧。对于隐名股东的资格确认,理论上有“实质说”和“形式说”之分。“实质说”是指以实际出资的隐名者为法律股东。“形式说”是指以显名股东为法律股东,并否认隐名股东的股东资格。

当前我国公司法律法规尚缺乏处理以上问题的制度规范,司法实践中处理此类纠纷的弹性较大,急需建立相应的制度加以规范。

(三) 股权转让合同效力的一般认定

在股权转让纠纷中,股权转让合同是否有效?是原告和被告经常争议的焦点之一,主要涉及到股权转让合同的效力判断。一般来说,对于股权转让合同的效力问题,应该从以下几方面来认定。

1. 股权转让合同的主体是否符合法律规定

股权转让是一个交易过程,它包括转让人和受让人两方交易主体。双方交易主体是否适格将直接导致合同效力的有无,因此,主体适格构成了股权转让的前提。

转让方必须具备公司的股东身份,合法拥有该公司的股权。这里又涉及两个层面的问题:其一,公司必须依法成立。公司是股东的载体,股东身份依赖于公司而存在。在公司未成立时，公司的投资人尚不具备公司股东的资格，因而也就不存在股权转让的条件，即使投资人已经缴纳了出资，取得了公司股权的凭证；但由于公司尚未经法定程序审核，能否最终成立尚不确定；如果此时允许投资人转让其股份，将不利于公司的正常设立，也可能损害其他投资者的利益。其二，股东需合法拥有公司的股权。股权转让方必须在取得公司股东资格的情况下，将其合法拥有的股权依法转让；否则，其所签订的股权转让合同视为无效。

2. 股权转让的标的符合法律的规定

对于有限责任公司的股权转让标的，法律法规并没有设定禁止性条件，法律只对股份公司的股权转让设定了某些禁止条款，基于"法无禁止则属允许"的原则，有限责任公司股权转让的标的通常是符合法律规定的。

3. 有无违反法律规定的转让条件

我国《公司法》第七十二条第二款规定，股东向股东以外的人转让股权，应当经其他股东过半数同意。股东应就其股权转让事项书面通知其他股东征求同意，其他股东自接到书面通知之日起满三十日未答复的，视为同意转让。其他股东半数以上不同意转让的，不同意的股东应当购买该转让的股权；不购买的，视为同意转让。

4. 股权转让协议是否违反《合同法》的有关规定

根据我国《合同法》第五十二条规定，当事人恶意串通，损害国家、集体或者第三人利益以及以欺诈、胁迫手段订立合同而损害国家利益的，应当认定合同无效。

有限责任公司股权转让实务中，导致合同无效的情形主要有：(1)在转让国有股或集体企业所持有股权时，转让方没有对股权进行评估即进行转让，以及股权转让的价格明显低于合理的市场价格，进而损害国家、集体所持有的股权利益，应当认定此类转让合同无效。(2)转让方转让股权的目的是为了逃避债务，从而损害第三人的利益，也应视为无效。(3)股权转让的双方之间为了规避法律进行借贷，而借用股权转让的形式应视为无效。股权转让中，转让人向受让人隐瞒公司重大债务、注册资金未到位或抽逃出资的真实情况等，构成欺诈，属于《合同法》第五十四条规定的情形，受让方可以出让人欺诈为由，请求法院或仲裁机构变更或撤销。

5. 股权转让合同效力的特殊认定

股权转让合同效力的一般认定为，股权在完备条件下的股权转让产生的较完整的法律效果；但在现实经济生活中，并非所有的股权转让都具备一般条件，而总是存在某些问题；例如股东瑕疵出资、股权转让合同的效力、股东人数不符合公司法规定的合同效力等问题。

(1) 关于瑕疵出资与股权转让合同效力的判定

股东在公司设立时未出资或出资不足，或在公司设立后抽逃出资，其与他人签订的股权转让合同是否有效？这是实践中常有争议的问题。

有人认为，如果转让方未出资，则其不享有股东权，因转让的标的不存在，故转让合同无效。还有人认为，如果转让方未就出资不实的情况向受让方说明，则构成欺诈，受让方可以主张撤销合同。也有观点认为，出资不足的股权转让，并非当然无效，而要根据股权转让的实际情况作出有效认定。

我国《公司法》第二百条规定，公司的发起人或股东虚假出资，未交付或者未按期交付作为出资的货币或者非货币财产的，由公司登记机关责令改正。第二百零一条规定，发起人或股东在公司成立后，抽逃其出资的，由公司登记机关责令改正。所谓责令改正就是责令补足出资，而没有直接否定其股东资格。可见，有瑕疵的权利，不等于非法权利。股东的瑕疵出资，承担的是对公司的资本充实和对其他股东的违约责任，但出资存在瑕疵的股权并不丧失其可转让性。出资瑕疵的股权在转让中只是产生由谁向公司承担出资责任的问题，并不影响到股权转让的效力。不能因为转让出资不实就否定其股东身份，否定其股权的存在。对于瑕疵出资转让股权的协议，从鼓励市场交易的角度出发，实践中不宜简单地否认其转让协议的效力，而只须加强对于善意第三人的保护，让出让方承担瑕疵出资的补足出资责任，以最大限度地鼓励和保护投资。

（2）关于因股东人数不符合公司法规定合同效力的判定

我国公司法规定，有限责任公司由五十个以下股东出资设立。由于我国新公司法已经认可了一人公司，所以当股权转让导致股东只有一人时，并不存在任何法律障碍。但是，假设因为股权转让导致股东人数多于五十人时，是认定为无效还是认定为有效呢？

假如A有限责任公司共有五十名股东，现有一大股东B欲转让自己的股权，其余的所有股东一致放弃优先购买权，而受让方是五个自然人，分别购买B在A公司股权的百分之二十，那么此时该如何认定B与这五人之间的股权转让合同的效力呢？

对于这种情况，各国有不同的规定。日本《有限公司法》第19条第7项规定，在因转让使股东总数超过该法规定的股东总数限制的场合，除遗赠导致股东人数改变的以外，其转让无效。法国《商事公司法》第36条则规定："有限责任公司的股东人数不得超过50人。如果公司达到拥有50人以上的股东，则应在两年的期限内将公司转变为股份有限公司。否则，除非在两年的期限内股东人数变为等于或低于50人，不然，公司解散。"

四、企业组织结构

企业组织结构中有三大组成部分，分别是股东会、董事会和监事会。股东人数较少或规模较小的有限责任公司可以不设董事会，改设一名执行董事；也可不设监事会，只设一至二名监事；但同样要履行相应的组织机构职能。

股东大会由全体股东组成，依多数决定原则决定公司事务。董事会是由全体董事组成，对内执行公司事务、对外代表公司的机构。监事会是由公司监事组成的机构。董事会和监事会由股东会选举产生。董事会的目的在于监督公司经理。股东会会议通常由董事会召集，少数股东和监事会也有召集权。监事会的目的在于防止董事会任意行事，以保护股东和债权人的利益。

（一）股东会

股东会是全体股东组成的股份公司内部意思决定之最高机关。

对于非公开募集股份的公司与有限责任公司来说，股东会会议仅仅是一个虚名。因为有限责任公司多为小公司，股东人数较少，不召开股东会议，而是由股东以书面形式一致同意某项决策，可以节省成本，提高效率。而对于股份有限公司而言，股东会议则是实现公司内部真正民主的最为重要的途径。

股东会会议分为定期会议和临时会议。定期会议就是定期举行的股东会会议，也就是股东常会。有限责任股东常会应当按照公司章程的规定按时召开。股份有限责任公司的股东大会应当每年召开一次年会。除了股东常会之外的股东会会议称为股东临时会。代表十分之一以上表决权的股东，三分之一以上的董事，监事会或者不设监事会的公司的监事提议召开临时会议，应召开临时会议。有下列情形之一的，应当在两个月内召开临时股东大会：1. 董事人数不足《公司法》规定人数或者公司章程规定人数的三分之二时；2. 公司未弥补的亏损达到实收股本总额的三分之一时；3. 单独或者合计持有公司百分之十以上股份的股东请求时；4. 董事会认为必要时；5. 监事会提议召开时；6. 公司章程规定的其他情形。

关于首次股东会会议的召集，由出资最多的股东召集和主持，依照《公司法》规定行使职权。往后的股东会会议召集人，有限责任公司设立董事会的，股东会会议由董事会召集，董事长主持；董事长不能履行职务或者不履行职务的，由副董事长主持，副董事长不能履行职务或者不履行职务的，由半数以上的董事共同推举一名董事主持。有限责任公司不设立董事会的，股东会会议由执行董事召集和主持。

如果董事会或者执行董事不能履行或者不履行召集股东会会议职责的，由监事会或者不设监事会的公司的监事召集和主持；监事会或者监事不召集主持的，代表十分之一以上表决权的股东可以自行召集和主持。

召开股东会会议，应当于会议召开十五日以前通知全体股东；但是，公司章程另有规定或者全体股东另有约定的除外。召开股东大会会议，应当将会议召开的时间、地点和审议的事项于会议召开二十日前通知各股东；临时股东大会应当于会议召开 15 日前通知各股东；发行无记名股票的，应当于会议召开三十日前公告会议召开的时间、地点和注意事项。

按照《公司法》的规定，股东会或者股东大会行使下列职权：1. 决定公司的经营方针和投资计划；2. 选举和更换非由职工代表担任的董事、监事，决定有关董事监事的报酬事项；3. 审议批准董事会的报告；4. 审议批准公司的利润分配方案和弥补亏损方案；5. 对公司增加或者减少注册资本作出决议；6. 对发行公司债券作出决议；7. 对公司合并、分立、变更公司形式、解散和清算等事项作出决议；8. 修改公司章程；9. 公司章程规定的其他职权。

鉴于董事会经常和股东会行使同样的职权，《公司法》规定了股东会独有的权利：公司转让、受让重大资产或者对外提供担保等事项必须经过股东大会做出决议的，董事会应当及时召集股东大会会议，由股东大会就上述事项进行表决。上市公司在一年内购买、出售重大资产或者担保金额超过公司资产总额百分之三十的，应当由股东大会做出决议。公司为公司股东或者实际控制人提供担保的，必须经股东或者股东大会决议。

公司法按照决议事项重要性不同，对股东会决议事项通过与否的严格程度不同。按照出席人数和同意人数的不同，可以将股东会决议分为普通决议、特别决议和全体同意的决议。我国《公司法》只规定了前两种决议方式，没有规定后一种决议方式。普通决议是由发行股份数过半数的股东出席，出席股东的表决权过半数以上之同意才算通过。有限责任公司股东会会议做出修改公司章程、增加或者减少注册资本的决议，以及公司合并、分立、解散或者变更公司形式的决议，必须经过三分之二以上表决权的股东通过。股份有限公司股东会会议做出修改公司章程、增加或者减少注册资本的决议，以及公司合并、分立、解散或者变更公司形式的决议，必须经过出席会议的股东所持表决权的三分之二以上通过。另外，上市公司在一年内购买、出售重大资产或者担保金额超过公司资产总额的百分之三十的，应当由股东大会作出决议，并经过出席会议的股东所持表决权的三分之二以上通过。

需要注意的是，公司法的规定是一种底线规定，如果公司章程对某项决议规定了比公司法更高的票数通过要求，应服从其要求。

（二）董事会

董事会会议的运作，基本上属于公司内部自治的事项，《公司法》对此不作强行规定，而是交由公司章程处理。因此，董事会的议事方式和表决程序，除公司法有规定的外，由公司章程规定。董事会以会议形式作出决议，必须召开会议才能发挥它的功能，因此要保证召开会议的次数，防止因长期不召开董事会会议而削弱董事会的作用，甚至使董事会虚设。所以董事会常会每年至少召开两次会议。

代表十分之一以上表决权的股东，三分之一以上董事或者监事会，可以提议召开董事会临时会议。董事长应当自接到提议后十日内，召集和主持董事会会议。

有限责任公司董事会会议由董事长召集；董事长不能履行职务或者不履行职务的，由副董事长召集，副董事长不能履行职务或者不履行职务的，由半数以上的董事共同推举一名董事召集。

股份有限责任公司董事会会议由董事长召集；副董事长协助董事长工作。董事长不能履行职务或者不履行职务的，由副董事长履行职务，副董事长不能履行职务或者不履行职务的，由半数以上的董事共同推举一名董事履行职务。

召开董事会会议时，应当于会议召开十日以前通知全体董事与监事。如果属于董事会召开临时会议，可以另定召集董事会的通知方式和通知时限。

关于董事会的权限，公司法作出了明确的规定。董事会对股东会负责，行使下列职权：1. 召集股东会会议，并向股东会报告工作；2. 执行股东会的决议；3. 决定公司的经营计划和投资方案；4. 制订公司的年度财务预算方案、决算方案；5. 制订公司的利润分配方案以及弥补亏损方案；6. 制订公司增加或者减少注册资本以及发行债券的方案；7. 制订公司合并、分立、变更公司形式或者解散的方案；8. 决定公司内部管理机构的设置；9. 决定聘任或者解聘公司经理及其报酬事项，并根据经理的提名决定聘任或者解聘公司的副经理、财务负责人及其报酬事项；10. 制定公司的基本管理制度和公司章程规定的其他职权。

董事会作出决议，必须经过全体董事的过半数通过。这是对决议程序的严格规定。必须以全体董事人数为基数，而不是以出席会议的董事人数为基数，这样就有一定的代表性，有利于决议的实施。

对公司董事表决权的票数，公司法规定由公司章程确定。不过根据有限责任公司对董事的职能和作用，应认为有限责任公司董事表决权的票数必须实行以人头为单位的"一人一票"的计算法。董事会决议的表决，实行"一人一票"。

修改后的《公司法》规定了上市公司关联交易时的特殊表决。上市公司董事与董事会会议决议事项所涉及的企业有关联关系的，不得对该项决议行使表决权，也不得代理其他董事行使表决权。该董事会会议由过半数的无关联关系董事出席即可举行，董事会会议所作决议须经无关联关系董事过半数通过。出席董事会的无关联董事不足三人的，应将该事项提交上市公司股东大会审议。

（三）监事会

监事会会议的运作，基本上属于公司内部的自治事项，《公司法》并未对此作强行规定，交由公司自订章程处理。

按照是否定期召开会议进行区分，可分为监事会常会与监事会临时会议。

为了加强对董事的监督，监事会常会在一定期间内至少召开一次。有限责任公司的监事会与股份有限公司的监事会召开常会的间隔不同，前者的监事会每年度至少召开一次会议，后者的监事会每六个月召开一次会议。

如有必要，监事可以随时提议召开临时监事会会议。

监事会的职权一般包括：1. 列席董事会，听取业务报告，审阅重要决议等相关文件，注意是否有违反法令、章程或股东会决议及重大影响内部控制或财务报告的事件；2. 审阅内部稽核的年度工作计划、稽核报告及追踪报告，审阅内部稽核以了解其工作情形，注意是否有内控方面的重大缺失；3. 审阅董事会的财务报告及鉴证会计师出具的查核报告，询问会计师以了解其工作情形，注意财务报告及查核报告是否符合相关准则，以及内控是否有重大缺失；4. 审阅盈余分派或亏损拨补是否符合法令及章程规定；5. 依据实际情况，必要时执行其他查核工作，并依公司法要求委托会计师进行审核。

五、股东表决权

原则上，公司内部实行股东平等的一股一权原则，即每股只拥有一个表决权。股份有限公司的股东出席股东大会，按照出资比例行使表决权。但是，一股一权的方式会让出资比例高的股东有条件操控股东大会决议，造成权力不对等，以致股东大会或董事会决议可能让一部分中小股东难以接受。

为避免股东大会被少数大股东把持，《公司法》对股东大会决议程序做出了相关的规定。企业可以根据自身情况制定公司章程，对股东大会和董事会的决议方式做出适当的调整，可以根据公司情况限制或者增加一部分股东的表决权。

（一）取消表决权

取消股东表决权分为绝对无表决权和临时性无表决权。

绝对无表决权有两种情况，其一是获得优先股股息的股权没有表决权，为了利益平衡，优先股股东通常没有表决权；其二是公司持有的股份没有表决权，公司持有本公司股份没有表决权，子公司持有母公司股权也没有表决权。限制公司股份的表决权是为了避免公司参加决定自身利益的会议时，可能产生的矛盾；同时也限制少数经营股东把持公司事务。

临时无表决权也有两种情况，其一是在股东利益与公司利益发生冲突时，股东没有表决权；其二是当股东没有缴纳自己应缴股金时，该股东没有表决权。

（二）限制表决权

《公司法》原则上规定每股拥有一个表决权；但为了保护中小股东的权益，《公司法》通常会对大股东的表决权有所限制，例如规定当股份超过一定限额时，若干股才有一表决权，以降低大股东对股东会的影响，以免其操纵公司事务，损害小股东的利益。

（三）增加表决权

相对于表决权有优先股和普通股之分，优先股的表决权比普通股大。表决权上的优先股一般由发起人与董事享有。权利是平衡的，股份的表决权大，则股息分配的额度就变小，以防止“灰色收入”。

（四）累积投票制

新《公司法》规定，股份公司选举董事和监事时，可以实行累积投票制。为了防止大股东控制董事会，公司可以采取累积投票制。

当股东大会选举两名及以上董事时，股东所持的每一股份拥有与待选董事人数相等的投票权。通常情况下，股东是分别针对每一位待选董事进行投票的；因为表决权的差异，最终可能只能依据大股东的意愿。实施累积投票制后，中小股东可以将自己所有的投票权集中，以保证自己认同的董事当选。这样做的目的就是，防止大股东利用表决权的优势操纵董事的选举。

第二节　公司变更法律解析

一、公司合并

公司合并是指两个及以上公司按照《公司法》规定，不经过清算程序，订立协议，归并为一个公司的法律行为。

通过公司合并，可以扩大公司的资产规模，优化资本结构，扩充经营领域，减少资源浪费，实现资源优化配置，增强公司的市场竞争力。

公司合并的种类可以分为吸收合并和新设合并。

我国《公司法》第一百七十三条规定，公司合并可以采取吸收合并或者新设合并。合并后其中一个公司存在，而其他公司被归入存续公司的方式是吸收合并，被吸收的公司解散。存续公司接受被吸收公司的资产和债券，同时也自然有义务承担被吸收公司的债务。

《公司法》第一百七十三条还规定，两个或者两个以上的公司合并设立一个新的公司为新设合并，又称为创设合并，被合并各方解散，其法人资格消失。新设立的公司接受被合并公司的全部资产和债券，并承担被合并公司的债务。

合并对于公司的股东、债权人、管理层和员工都会产生重大的影响；因此合并方案都必须经股东(大)会以多数表决权通过。我国《公司法》规定，审议合并方案时，股东会要采取特殊决议的方式；有限责任公司须经代表三分之二以上有表决权的股东通过，股份有限公司须经出席会议的股东所持表决权的三分之二以上通过。国有独资公司的合并需由国有资产监督管理机构决定，重要的国有独资公司合并还需报本级政府批准。法律还要求公司应将合并事宜通知或者公告债权人。我国《公司法》第一百七十四条规定，公司应当自作出合并决议之日起十日内通知债权人，并于三十日内在报纸上公告。债权人自接到通知之日起三十日内，未接到通知书的自公告之日起四十五日内，有权要求公司清偿债务或者提供相应担保。不清偿债务或者不提供担保的，公司不得合并。

公司合并也有其他相近的说法，例如公司收购、公司并购和兼并等。公司收购一般指收购其他企业的股权和资产的法律行为。收购股权是从股东手中购买股权的交易行为，需和股东进行协商。收购资产是收购公司和被收购公司之间的交易行为，一般需经过股东会绝大多数表决通过。公司并购既包括收购公司的股权或资产，也包括公司的合并，不是严格的法律用语。公司兼并，有人认为就是公司并购，也有人认为就是公司合并，仅是我国社会实践中的一种惯用说法，在我国《公司法》中没有这个概念。

公司并购的具体方式可进一步细分。按照并购的行为方式可分为横向并购、纵向并购和混合并购。横向并购是指同一行业生产或经营同一产品的企业之间的并购，其目的是确立或巩固企业在该行业内的优势地位，扩大企业生产规模，实现规模效益。由于横向并购对市场竞争有潜在的负作用，在西方发达国家，受到政府严格管制。纵向并购是指在生产工艺或经营方式上有前后关联的企业之间进行的并购，是生产、销售的连续性过程中互为购买者和消费者(即生产经营上互为上下游关系)的企业之间的交易行为；其目的主要是专业化生产和产销一体化，以提高经济协作效益。混合并购是指处于不同产业领域、产品属于不同市场，且与其产业部门之间不存在特别生产技术关联的企业之间进行的并购，其目的通常是分散投资、多元化经营，以达到降低经营风险、资源互补、优化组合、扩大市场范围、增强企业应变能力等。在混合并购中还可分为三种：其一是产品扩张型并购，属于具有相关经营活动的企业之间的并购；其二是地域市场扩张并购，是在不重叠的地理区域上从事经营的两家及以上企业之间的并购；其三是纯粹混合并购。

按照并购的出资方式可分为现金收购和股票收购。现金收购是指由收购公司支付一定数量的现金，以取得目标公司的控股权；而目标公司或目标公司的股东得到了对其资产或股份的现金支付后即丧失了公司的控制权。现金收购分为现金购买资产式收购和现金购买股票式收购。现金购买资产式收购是指收购公司使用现金购买目标公司的全部或大部分资产的并购行为。现金购买股票式收购是指收购公司使用现金购买目标公司一部分股票，以取得目标公司的控制权。出资购买股票可以通过一级股票市场进行，也可以通过二级股票市场进行。股票收购是指收购公司采取增发本公司的股票，以新发行的股票替换目标公司的股票的一种并购方式；其主要特点是：不需支付大量现金，因而不会影响收购公司的现金状况。股票收购又分为股票换取资产式收购和股票换取股票式收购。股票换取资产式收购是指收购公司用自己的股票交换目标公司一部分资产的并购方式。股票换取股票式收购是指收购公司直接用自己公司的股票换取目标公司大部分股票的一种并购方式;通常交换股票的数量应至少达到控制目标公司足够的表决权数。

按照并购是否取得目标公司的合作可分为善意收购和敌意收购。善意收购通常是指收购公司通过与目标公司的控制者(大股东或公司董事)进行友好协商,在他们配合下,购买目标公司的部分股份,从而获得对目标公司控制权的行为。敌意收购是指收购公司在目标公司管理层对其收购意图尚不知晓或持反对态度的情况下,对目标公司进行强行收购的行为。当目标公司获知收购公司意图后,常会采取一系列的反收购措施,例如诉诸反垄断法的适用或发行新股以分散股权,或回购本公司已发行在外的股份,或指责收购行为违规等。敌意收购常会在收购公司与目标公司之间产生激烈的"收购战",甚至两败俱伤。

二、公司分立

公司分立是指公司依据法律规定,分割公司资产和债权债务,从而将一个公司分解为两个及以上公司的法律行为。

公司分立有助于专业化经营,将公司中某一部分或某一业务分立,另行设立公司,可分散和降低经营风险,也利于通过专业化提高经营效率。公司分立也是解决公司内部纷争的有效手段。

我国《公司法》规定,公司分立包括派生分立和新设分立。派生分立是指公司将一部分资产或营业分离出去形成其他具有独立法人资格的公司;原公司继续存在,但需办理变更登记。新设分立是指一个公司分解为两个或两个以上公司;原公司需办理注销登记,丧失独立法人资格。

分立属于公司重大变更事项,直接关系到股东的利益。根据我国《公司法》,公司分立须经股东(大)会通过;有限责任公司的分立决议必须经代表三分之二以上表决权的股东通过,股份有限公司的分立决议必须经出席会议的股东所代表的股东所持表决权的三分之二以上通过。国有独资公司的分立需要由国有资产监督管理机构作出决定。重要的国有独资公司的分立还需报本级政府批准。

根据我国《公司法》,公司在作出分立决议之日起十日内要通知债权人,并于三十日内在报纸上公告。

三、公司解散与清算

(一)公司解散

我国《公司法》将公司解散分为四大类:意愿解散、行政解散、司法解散和破产。

意愿解散是指基于公司成员自身的意愿而引发的解散。在我国《公司法》中列举了意愿解散的三种情况:公司章程规定的营业期限届满或者公司章程规定的其他解散事由出现;股东会或股东大会决议解散;因公司合并或分立需要解散。

违反《公司法》规定,虚报注册资本、提交虚假证明文件或者采取其他欺诈手段隐瞒重要事实取得公司登记,情节严重的公司;公司成立后无正当理由超过六个月还未开业,或开业后自行停业连续六个月以上的公司;利用公司名义从事危害国家安全、社会公共利益的严重违法行为的公司,都将被吊销营业执照,属于行政解散。

如果公司经营管理出现严重困难,继续存续会造成公司股东利益的重大损失,又没有其他解决途径,经持有公司百分之十表决权以上的股东请求,法院可以对公司进行司法解散。司法解散通常有助于保护小股东的利益。

如果公司法人不能清偿到期债务,并且公司资产已经不足以清偿全部债务或者明显缺乏清偿能力时,债务人可以向法院提出破产清算申请。当债务人不能清偿到期债务时,债权人也可以向法院提出对债务人进行破产清算的申请。

最高人民法院《关于贯彻执行〈中华人民共和国企业破产法(试行)〉若干问题的意见》中规定,债务的清偿期限已经届满,债权人已要求清偿,债务人明显缺乏清偿能力;债务人停止支付到期债务并呈连续状态,如无相反证据,可推定为不能清偿到期债务。

破产是为了保证债务人在丧失清偿能力时,能够解决债务人有限资产与公平清偿超额债权的矛盾。为了最大限度地保护债权人的利益,破产程序的核心就是清算破产债务人的财产。

(二) 公司清算

我国《公司法》规定,公司在解散事由出现之日起十五日内应成立清算组,开始清算工作。有限责任公司的清算组由股东组成,股份有限公司的清算组由董事或者股东大会指定的人员组成。逾期不成立清算组开始清算的,债权人可以申请由法院指定有关人员组成清算组进行清算。

清算组的主要工作是:清理公司财产,编制资产负债表和财产清单;自成立之日起十日内通知债权人,清理债权债务;清缴所欠税款,包括清算过程中产生的税款;制定清算方案,报股东(大)会或法院确认;处理清偿后剩余财产等。

公司财产在分别支付清算费用、职工的工资、社会保险费用和法定补偿金、所欠税款、公司债务后,才可分配股东盈余。有限责任公司按照股东出资比例分配,股份有限公司按照股东持有股份比例分配。

清算组在清理公司财产、编制资产负债表和财产清单后,发现公司财产不足以清偿债务,应依法向法院申请宣告破产。若法院裁定破产,清算组应将清算事宜移交法院。

第三节　经营模式法律解析

一、快递业的经营模式

(一) 快递业经营模式概述

快递服务是网络型产业。快递企业不但要有四通八达的运输网络,还要有覆盖广泛的营业网络,有大量的服务网点,以便能够直接和客户接触和提供门到门的服务。这就需要快递企业拥有遍布各地的子公司、分公司或经营合作伙伴。大多数快递企业普遍采用连锁经营的模式。

所谓连锁经营是指流通领域中若干经营同类商品的店铺，使用统一商号、统一管理、分散经营、共享规模效益的一种现代商业经营形式。

连锁经营的法律特征主要表现在以下几个方面。

1. 规范性

连锁经营是一种高度规范化的商业组织形式，法律上对连锁经营的种类和形式有明确要求，企业章程和协议中对各方当事人的地位和权利义务也有明确规定。连锁经营管理过程中的权限、职责和利益分配关系，都体现在企业各项规章制度之中。

2. 统一性

连锁经营是将众多分散的中小商业企业集中起来，联结成一个整体，实行集约化经营，共享规模效益。具体表现为资本的集中、企业管理和决策权的集中以及对市场资源利用的集中。

3. 组织性

连锁经营的内部结构通常由总部、配送中心和门店三部分组成。总部具备法人资格，是连锁店经营管理的核心，集中负责货物的采购、质量管理、财务管理、经营指导、市场调研、商品开发、促销策划、教育培训等事宜。配送中心是连锁经营的物流机构，承担各门店所需商品的进货、库存、分货、加工、集配、运输、送货等任务。配送中心可以是总部的内设机构，也可以单独设立，单独设立的配送中心应由总部控股。门店是连锁经营的基础，连锁组织的销售任务最终只能通过门店来完成，门店在总部统一管理下，按照总部的指示和要求分别从事销售活动。

（二）快递业经营模式的种类

快递服务公司的连锁经营模式可分为四种：特许经营制、直营制、相互代理制和混合制。

1. 特许经营制

采取特许经营加盟连锁的方式是以法人资格加盟，加盟需要交纳特许加盟入网费、风险押金、管理费等。这种方式的优点是投资少、扩张快，对于特许品牌商来说，当发生经营风险时不承担连带的法律责任；缺点是对加盟公司的管理控制力度较小，管理以协调为主，在发展中容易出现“各自为政”的被动局面。

由于这种模式缺乏一致的企业文化，相互之间没有共同的经济利益作为纽带，因此容易产生有法不依、有章不循的现象。另外，特许经营加盟连锁方式的纵向管理与横向管理均只有游戏规则而缺乏有效的监控手段。

由于加盟商的经济实力、诚信水平和注册资本各不相同，部分加盟公司缺乏承担相应经营责任的经济实力。

目前我国许多国内快递企业均属特许经营的加盟连锁模式。

2. 直营制

直营制是以一个品牌为主导，在各地投资设立分公司或子公司。这种模式相对于特许经营连锁模式来说也称直营公司模式。其优点是便于统一指挥和运作，服务产品的质量容易控制，可以实现对客户的统一结算，缺点是当公司膨胀过快，而管理跟不上时，就会出现难以协调和顾此失彼的状况，管理成本相对较高。同时，也需承担某个分公司违规经营产生的直接法律责任。

3. 相互代理制

相互代理制是将分布在各个城市的民营快递公司以协议书的形式，在全国主要的城市范围内"协议联网"。每个快递公司覆盖的地区不一样。在自己已经覆盖的较好的地区，可以同时代理其他快递公司的业务。在自己不能很好覆盖的地区，寻找当地的优秀快递企业作为代理商，负责当地业务。各个快递公司优势互补，推动整个快递业务的发展。

4. 混合制

混合制是指将直营制、特许加盟制、相互代理制相结合的模式。

这种模式是一种在一些经济发达交通枢纽城市设立直营公司，其他经济次发达的地区采取特许加盟连锁或代理的模式。这几种模式的风险各有不同。

二、特许经营制的法律问题

（一）特许经营的定义

我国商务部2004年12月30日颁布的《商业特许经营管理办法》第二条规定："本办法所称商业特许经营（以下简称特许经营），是指通过签订合同，特许人将有权授予他人使用的商标、商号、经营模式等经营资源，授予被特许人使用；被特许人按照合同约定在统一经营体系下从事经营活动，并向特许人支付特许经营费"。

关于特许经营的定义，国内外很多行业组织也给出了自己的界定。

1. 行业自律组织对特许经营的界定

美国国际特许经营协会（IFA）认为：特许经营是特许人与受许人之间的一种契约关系。根据契约，特许人向受许人提供一种独特的商业经营特许权，并给予人员培训、组织结构、经营管理、商品采购等方面的指导与帮助，受许人向特许人支付相应的费用。

欧洲特许经营联合会（EFF）认为：特许经营是一种基于在法律和财务上分离和独立的当事人（特许人和他的单个受许人）之间紧密而持续的合作基础之上的营销产品和（或）服务和（或）技术的体系，依靠特许人授予其单个受许人权利，并附加义务，以便根据特许人的概念进行经营。此项权利经由直接或间接财务上的交换，给予并迫使单个受许人，在双方一致同意而制定的书面特许合同的框架之内，使用特许人的商号和（或）商标和（或）服务标记、经营诀窍、商业和技术方法、持续体系及其他工业和（或）知识产权。

日本特许经营协会（JEA）认为：特许经营是指总公司和加盟人缔结合同，将自己的店号、商标以及其他足以象征营业的东西和经营的诀窍授予对方，使其在同一企业形象下销售其商品。而加盟店在获得上述权利的同时，相对地需付出一定的代价给总公司，在总公司的指导及援助下，经营事业的一种存续关系。

2. 国家和地区对特许经营的界定

1979年美国联邦贸易委员会规定，凡属于下列两种连续性关系之一的，肯定为特许经营。

第一种包括下列三个特征:(1)特许经营的受许人出售的货物或服务项目要求达到特许经营特许人规定的质量标准(受许人按照特许人的商标、服务标记、商号名称、广告或其他商业象征经营商业)或出售标明特许人标记的产品或服务项目;(2)特许人对受许人企业的经营方法行使有效的控制或给予有效的协助;(3)在业务开始的六个月内,受许人要向特许人或其成员支付500美元或以上的费用。

第二种也包括三个特征:(1)受许人出售由特许人或与特许人有关的商人供应的货物或服务项目;(2)特许人为受许人找到开立账户的银行或为受许人找到自动售货机、货物陈列架的地点或位置,或向受许人介绍能够办妥上述两件事的人员;(3)在业务开始后的六个月内,受许人要向特许人或其成员支付500美元或以上的费用。

第一种描述中包含了商业模式特许经营的概念,第二种描述则把特许经营的概念进行了较大的拓展。根据第二种描述,商业模式特许经营显然只是特许经营中的一种。两个定义都明确指出,受许人必须在规定时间内向特许人缴纳一定的费用,特许人所授予的特许权是需要一定代价的。

欧共体委员会EEC4087/88号法规第1条第3款规定:"特许经营是为了向最终用户转售产品或者提供服务而许可他人使用其包括商标、商号、店徽、经营模式、版权、商业秘密或专利等一揽子无形财产。"同时,该规则序言部分第三条和第四条分别规定:"特许经营分为生产型特许经营、分销型特许经营和服务型特许经营","生产型特许经营不适用本规则是因为,这类协议通常只在生产者之间产生约束力,与其他类型的特许经营有不同特点。此外,这类协议是以专利或工业技术秘密为基础,与商标许可相关的制造许可,受许人只要完成必要的条件,就可获得类别豁免。"

(二)特许经营的法律特征

1. 特许经营是一种合同关系

特许人和受许人是通过签订特许经营合同而连结在一起。特许经营合同是特许经营体系赖以存在和发展的基础和关键。它关系到特许经营双方的切身利益,同时也是解决特许经营纠纷的根本依据。

通过合同,特许人允许受许人使用自己的无形财产,并要求受许人严格按照自己的经营模式去经营。特许人对受许人有指导、监督的权利,同时有义务提供技术指导、培训和咨询服务。

特许经营合同的基本条款一般由特许人制定。为了维护特许体系的统一性,受许人对合同条款修改的余地非常小。特许合同基本上是一种格式合同。由于特许关系中特许人与受许人天然的不平等性及特许经营很强的社会影响力,为保证特许关系建立在公平基础之上,立法机关也往往会对特许合同进行一定的规制,以保护受许人的合法利益。

2. 特许经营的核心是特许权

从特许经营的概念可以看出,特许人与受许人正是通过特许权的授予和接受,而发生联系,特许人与受许人其他的权利义务也都由此而衍生。

3. 特许经营须对外保持统一企业形象

特许人与受许人虽然在法律上是各自独立的民事主体,加盟店与总店对特许经营业务也各自拥有不同的所有权,但它们对外却形成了统一的企业形象。根据特许合同的约定,加盟店不仅要使其商品和服务的质量严格达到特许人的要求,而且其经营的外在形式,如商号或商标的使用、店面设计、店堂布置、经营程序,甚至员工的着装也都力求统一。因而,在表面上加盟店与直营连锁店很相似,公众也无法将二者严格区分。这种统一性要求正是现代意义特许经营的根本要求。这种统一性对于特许经营体系的宣传、配送、营建、推广、管理、质量控制、价格等有着非常明显的优势,对特许经营的双方当事人都有积极意义。

消费者虽然可能因此无法区分特许加盟店与直营连锁店,但按照特许经营中特许人与受许人对外民事责任分担的规则,对于受许人对消费者造成的民事责任,一般来说特许人也要承担连带责任,所以对消费者不会有不良影响。

4. 特许人须向受许人提供持续的支持服务

特许人所承诺的支持服务贯穿于受许人特许经营业务的始终,而且这种支持服务包括提供相关信息、培训和援助等。

特许人提供的支持服务按时间顺序可分为两类:一类是初始支持服务,包括开业前培训、选择开业地址、提供装修装潢设计、协助开业等;另一类是后续支持服务,包括监督检查、技术支持、广告和促销、研究和开发等。前者可以促使特许经营关系的顺利建立,后者可帮助受许人及时发现、解决经营中遇到的问题。

5. 受许人须向特许人支付特许经营费

特许人将辛苦开发的特许权授予受许人,同时在受许人的经营过程中仍然持续地向受许人提供大量支持服务工作,故需要受许人给予一定的回报。回报的形式就是特许人收取的特许经营费。

特许经营费包括:特许经营的初始费、持续费及其他费用。特许经营的初始费也称为加盟金。这是特许人将特许经营权授予受许人时所收取的一次性费用。特许经营的持续费是指在特许经营合同的持续期间,受许人需要持续地向特许人交纳的费用;主要包括特许权使用费和市场推广及广告基金。其他费用是指履约保证金、品牌保证金、培训费等在内的一些费用;这些费用并不是每个特许人都收取。

(三) 特许经营的种类

1. 商品商标特许经营和经营模式特许经营

根据特许经营内容不同,可以分为商品商标特许经营和经营模式特许经营。

(1) 商品商标特许经营

商品商标特许经营通常是一个大制造商为其名牌化的产品寻找销路,与受许人签订的特许合同;授权受许人对该商品和商标进行商业开发(包含生产或销售产品);作为回报,受许人定期向特许人支付费用。这种特许经营被称为第一代特许经营,主要包括名牌饮料、名牌服装、汽车销售站、加油站等。

(2) 经营模式特许经营

经营模式特许经营是指商标、技术标准、质量标准、企业形象等都要按照特许人的全套模式进行。受许人购买的不仅仅是商品或服务的经销权,而且是整个商业模式的经营权。这种经营模式涵盖的业态很广，在零售业、快餐业和服务业中尤为突出，人们熟知的麦当劳、肯德基等都属于这种形式。同商品商标特许经营相比，经营模式特许经营形成时间较晚，故又被称为第二代特许经营。

在特许经营的发展史上，商品商标特许经营的份额一直高于经营模式特许经营，但是近年来前者呈现出衰落趋势，后者所占比例逐渐升高，已成为特许经营的主流模式。

2. 生产型特许经营、分销型特许经营和服务型特许经营

根据特许经营标的的不同，可以分为生产型特许经营、分销型特许经营和服务型特许经营。生产型特许经营即特许其他制造商按照其提供的知识产权的技术规格和标准生产产品。分销型特许经营即特许其他经销商按照提供的知识产权销售其产品。服务型特许经营即特许其他服务商按照其提供的一套知识产权提供经营服务。

3. 单元式特许经营、开发式特许经营和分区特许经营

根据特许权授予方式的不同，可以分为单元式特许经营、开发式特许经营和分区特许经营。

(1) 单元式特许经营

这是最常见也最简单的特许经营，即特许人向受许人授予商标、商号、专利等的特许权；受许人使用该特许权进行经营，并支付一定的费用作为对价。

(2) 开发式特许经营

开发式特许经营是指受许人在向特许人购买特许经营权时，也同时购买了在一个区域内再建若干家特许单元的权利(即开发权)。受许人有了开发权，一旦事业发展顺利，就可以在一定期间、在该地区内根据需要再建若干家特许单元，而无需向特许人另行申请。本质上，开发式特许经营与单元式特许经营都是由特许人和受许人直接建立合同关系，而不同于分区特许经营具有“三级两层”的关系，但开发式特许经营在特许人与受许人之间仍存在两种合同关系，即一个总的开发协议和若干个基本内容相同的单元协议。

(3) 分区特许经营

分区特许经营是分区域开展特许经营的方式，涉及主特许人、分特许人和分受许人三方当事人。主特许人把自己的商标、商号、专利等的特许权出售给某个区域内的特许人即分特许人，允许其在该区域内向该地域范围内的各个受许人(即分受许人)再授予特许权。在国际特许经营中，采用分区特许经营方式实现海外扩张是最常见的做法。

另有一种称之为复合特许经营的类型常常与分区特许经营混用。复合特许经营是指特许人将一定区域内的独占特许权授予受许人，受许人在该地区内可以独自经营，也可以再行授予其他加盟者。这种方式兼具一般特许经营和分区特许经营的特点。但与分区特许经营不同的是，复合特许经营中的分特许人既可以授权给分受许人，也可以自己开设直营店开展特许业务；而分区特许经营中的分特许人一般不直接开展经营活动。

(四) 特许经营合同

1. 特许经营合同的主体与客体

特许经营的主体即特许人和受许人应具备什么条件，各国规定不一。

欧盟 4087 号规则将特许经营合同的主体规定为企业，但没有对企业的定义作出明确的规定。欧盟委员会认为:“企业必须从最广义上加以理解,它是指从事诸如生产、销售产品、提供服务等经济或商业活动的一切实体,包括一个人经营的小店直至大型的工厂商店。”《俄罗斯联邦民法典》第1027条也规定:“商业特许合同的当事人可以是商业组织和经过登记作为个体经营的公民。”我国《办法》规定特许人、受许人都必须是依法设立的企业或者其他经济组织。

特许经营合同的客体是特许经营权。关于特许经营权的法律性质,学者有不同看法,如有利用垄断权说、经营权说、产权说、资格或能力说等。利用垄断权说是法国学者的观点,认为:“依标的不同将无形财产权从总体上分为两大类,即利用垄断权和顾客权利”,特许权作为无形财产权被归入利用垄断权之列。经营权说是中国学者提出的观点,认为特许权是“特许经营人对特许权人授予其经营管理的商标、服务标志、商业名称或整体经营模式等无形财产所享有的、在授权范围内进行经营性占有、使用和收益的权利”。产权说是由美国学者提出的观点,认为:“特许经营权是产权主体对客体,包括有形物和无形物以及其他一切客体的权利;这种权利并不是某种单一的权利,而是一个权利束”。资格或能力说认为,特许经营权类似于代理权或商法上所讨论的“市场准入”中的资格或能力问题。

2. 特许经营合同的形式与内容

对特许经营合同的形式各国有不同要求。俄罗斯联邦民法典规定商业特许合同应以书面形式订立,否则该合同无效。英美法国家法律则对特许经营合同的形式并未有严格要求。澳大利亚的特许经营规则规定,特许经营合同可以是书面形式或是口头形式。我国《合同法》对合同形式未有特别要求,但并不意味着法律法规对一些特殊合同的形式不可以规定特别要求,如《合同法》对技术转让合同的形式就要求是书面形式。

特许经营合同是很复杂的合同,采用书面形式更有利于特许经营的发展,避免纠纷的产生。实践中,特许经营合同往往采用书面形式且绝大多数是标准合同,由特许人单方制定,受许人很少能够加以改动。这样的好处在于使得受许人获得大体相同的待遇,防止受许人产生心理上的不平衡,给特许体系的管理带来困难。但是,由于特许人处于强势地位,这种标准的特许经营合同往往会强加给受许人许多不利要求,所以立法机关应对这种标准合同进行一定的干涉,如澳大利亚立法机关就对涉及特许经营合同的重大问题,如特许合同的转让、解除等作出了相关的规定。

特许经营合同的内容也即当事人的权利与义务。权利与义务是相对的,特许人的权利对应着受许人的义务,反之亦然。

(1) 特许人的义务

① 信息披露义务

特许经营的许多问题都可以归结为特许人和准受许人、受许人之间的信息不对称,尤其是信息披露不充分。

在特许经营发展的一定阶段,各国都发生过一些不法之徒,打着特许经营的幌子来骗取受许人加盟金的现象,而一个重要原因就在于受许人无法得到特许人真实准确的信息资料。虽然,受许人可以通过司法救济的方式解决问题,但这种事后补救的方式往往低效,且不能完全弥补受许人的损失。以法律手段强制特许人披露有关特许经营体系的信息,使受许人对特许体系有充分了解,并在充分了解的基础上作出是否加盟的决定;才能最有效地保护受许人的合法权益，防范受许人落入特许经营的陷阱。

为了控制特许经营的陷阱，通过立法规定特许人披露信息的义务已成为绝大多数国家特许经营立法的惯例。可以说，信息披露是防范特许经营陷阱的主要手段。

美国政府要求特许人必须像上市公司公示信息那样，为受许人提供一份揭示其自身特许经营概况、资料的文件，即统一特许经营提供公告(UFOC)；以便让受许人得到关于该特许经营的全部实质性信息。澳大利亚的《特许经营条例》也对特许经营中的信息披露主体、时间、形式以及内容等都进行了详细规定。我国澳门地区在《澳门商法典》中也详细规定了特许人的“订立合同之前之咨询及说明”义务，即信息披露义务。

我国《办法》中规定了信息披露的时间段，增加了缔约后持续的信息披露义务，以更好地保护当事人尤其是受许人的合法权益，丰富了信息披露的内容，例如，对特许权涉及的商标、商号等情况的披露，对特许人诉讼情况的披露，对特许人能够给予受许人的培训、指导能力情况的披露，对特许人法定代表人及其他主要负责人基本情况的披露等。《办法》还增加了违反信息披露义务的法律责任，其第十九条第二款规定，由于信息披露不充分、提供虚假信息致使被特许人遭受经济损失的，特许人应当承担赔偿责任。第三十九条规定，未按《办法》规定进行信息披露的，由商务主管部门责令改正，并处以 3 万元以下罚款；情节严重的，提请工商行政管理机关吊销营业执照。

② 授予受许人特许权并保证所涉及知识产权无瑕疵的义务

特许经营的基础就是受许人行使由特许人的商号、商标、其他商业标志、商业秘密、专利等知识产权的使用权所组成的特许权。因此，特许人的基本义务就是转让特许经营所必需的特许权和相关资料。

转让方式有不同表现，如商标、专利、著作权等均可签订专门的许可使用合同或直接在特许经营合同中约定其许可使用，以实现其使用权的转让。而商号则往往会被注册为商标，以商标的形式加以转让。商业秘密和其他一些操作规程则一般是通过特许人向受许人提供的经营手册或其他资料，而将使用权转让给受许人。特许人还必须保证其所授予的特许权所涉及的各知识产权是无瑕疵的。这就要求，首先特许人是该各项知识产权的合法所有人或有处分权的人，其次还必须保证该各项知识产权是完整无误的。

③ 为受许人提供持续支持服务的义务

特许人所承诺的支持服务应贯穿于受许人特许经营业务的始终。支持服务包括提供相关信息、培训和援助等。培训对保持特许体系的健康发展具有重要作用。美国著名特许经营公司文迪餐厅的创立者和首席执行官迪夫·托马斯曾说过：对于一个好的特许经营公司，其关键就是：培训、培训、再培训。

培训的内容根据特许体系复杂程度的不同有很大差异。从时间阶段可以划分为初期培训和持续培训。初期培训是在加盟店开业前进行的培训，包括选址、操作规程、产品和服务、管理公司、市场开发、广告与促销、安全、财务管理、管理信息系统、员工招聘、管理与培训等所有涉及加盟店经营管理的内容。持续培训的内容同样涉及加盟店经营管理的各项内容，但一般不再是系统化的培训，而是根据特许经营发展状况进行有针对性的培训。

通过系统和持续的培训，向受许人灌输特许人的品牌哲学，指导他们了解特许经营的一切知识。将持续培训作为培训的一个重要部分是特许体系成熟及建立长期发展战略的具体体现。培训的对象包括作为自然人的受许人或受许人雇用的管理人员以及普通员工。

培训既是特许人的权利也是其基本的义务之一。如果特许人未履行培训责任而导致受许人不能实现合同目的,受许人有权解除特许经营合同,并要求特许人承担赔偿责任。特许人也有权要求受许人完成规定的培训并达到合格,否则特许人有权根据合同的约定,对受许人进行处罚甚至解除合同。受许人除得到特许人的培训之外,还应得到特许人更多的有关经营的援助或其他服务。单纯的培训难以保证受许人经营管理的完善,还需要特许人提供更多的、持续的援助或服务,包括调查店铺商圈、开业促销、改进销售业绩不佳的状况等。

④ 独占许可义务

特许人应当保证在协议约定的地域范围内,不再授权第三方实施特许权,或自行实施特许权,或以与特许权相同的方式营销产品或提供服务。特许人独占许可义务的实质,就是授予受许人独占经营权。从竞争法的角度看,这一义务虽具有一定程度的地域保护色彩,但这种地域保护对于使用、实施特许经营权来说是非常必要的。因此,对这一义务的约定,各国一般都是在给予一定限制的前提下加以允许。

⑤ 供货义务

在从事产品销售的特许经营体系中,通过受许人实现产品的销售是特许经营的最终目的。而在服务贸易的特许经营中,受许人向顾客提供的主要是服务项目,也可能包括商品的销售。但是除专卖产品及为保证特许经营品质必须由特许人或者特许人指定的供应商提供的货物外,特许人不得强行要求受许人接受其货物供应,但可以规定货物应当达到的质量标准,或提出若干供应商供受许人选择。特许人对其指定供应商的产品质量应当承担保证责任。

⑥ 组织广告宣传的义务

广告对特许经营体系的发展具有非常重要的作用。特许经营广告的发布和费用的负担,需经特许经营合同约定。

特许经营体系广告的发布主体可以是特许人(或分特许人)或受许人。前者是诉求特许体系的整体形象;后者作为一个单店所做的广告则往往直接面向特定的消费群体,重点介绍产品或服务的具体内容。

特许体系的广告可分为加盟广告(即特许人为招募受许人加盟而发布的广告)和业务广告(即特许人或受许人为了促进业务而发布的广告)。很多特许人受规模或收入水平的限制无力开展全国甚至是区域营销活动,往往就由单个受许人利用当地媒体进行广告宣传,费用自然也由受许人自己承担。而对于加盟广告和由特许人(或分特许人)所做的全国性或区域性广告,国际上常见的做法是由受许人按一定标准缴纳广告费用,由特许人(或分特许人)统一管理使用,独立核算。当然,特许人要保证受许人能从他们上缴的广告费中获益。

(2) 受许人的义务

① 支付特许经营费的义务

特许人开发出特许权需要花费许多精力,在授予受许人特许权时,自然要收取一定的费用，即特许经营费。

加盟金是受许人进入特许人经营体系的门槛费，即使受许人毁约，此费用也不予退还。特许权使用费是受许人在经营过程中按一定标准或比例向特许人定期支付的费用。特许权使用费可以是一个固定的数额，不管这期间的经营状况如何；也可以是根据受许人的营业状况，而按照一定比例向特许人交纳。市场推广及广告基金是特许人按受许人营业额的一定比例，向受许人收取的全国广告基金。

除上述费用外，还有一些其他形式的费用，如履约保证金、品牌保证金、培训费等，但这些费用并非每个特许人都会收取。

上述费用的具体内容和交纳办法都应在特许经营合同中予以详细说明，以防纠纷。另外，在形成正式特许经营关系前，受许人可能也要交纳一定的费用，例如保证金，但这种费用不属于特许经营费的范畴。保证金是特许人在潜在受许人签订了加盟意向书的时候，就要求对方交纳的一个费用；其目的是在此意向书约定时间内，特许人不得将双方约定区域的特许权再授予第三方。如果潜在受许人在意向书约定时间内，与特许人签定了正式的特许经营合同，此保证金可充抵加盟金。如果潜在受许人在此意向书约定的期间内，并没有与特许人签定正式的特许经营合同，此费用就不再退还给潜在受许人。

② 维护特许经营体系统一性的义务

特许经营的优势根源之一就在于它的克隆或统一，这是现代特许经营的最大特点。因此受许人必须严格遵守合同约定，维护特许经营体系的统一性。一个特许经营体系究竟应该在哪些具体的方面达到统一，还未有完全一致的看法。特许经营体系的统一性既有优点，也有缺陷，盲目追求大而全的统一并不科学；正确的做法应该是寻求一个合理、科学的平衡，原则性和灵活性的协调。

一个特许经营体系的统一应该分为必须的统一和可选择的统一。必须的统一是特许经营模式本身特性所决定的，也是特许经营的基本要求。如果没有基本的统一，就不称其为特许经营了。可选择的统一是指这些统一并不是特许经营本身的特性要求，特许人可根据实际情况自行决定是否需要统一。必须的统一通常包括：统一品牌、统一企业形象识别的核心部分（即 VI 视觉识别、SI 店面识别或室内识别、AI 声音识别、MI 理念识别、BI 行为规范识别、BPI 工作流程识别）、统一经营模式、统一培训、统一产品、统一服务、统一管理这七个方面。可选择的统一可以包括：统一配送、统一广告、统一采购、统一价格等。

受许人必须遵守必须的统一，可选择的统一一般可根据具体情况，由双方协商；待写入合同则必须遵守。

③ 保密义务与竞业禁止义务

专有技术（通常与知识产权合为一体）往往代表着一个特许经营体系的技术核心，也是区别于其他特许体系的显著特征，是特许人授权受许人最重要的组成部分之一。受许人应当严格保守特许体系专有技术的商业秘密，以维护特许体系的正常经营和赢利。

我国 1993 年公布的《反不正当竞争法》将商业秘密定义为：商业秘密是指不为公众所知悉、能为权利人带来经济利益、具有实用性并经权利人采取保密措施的技术信息和经营信息。

签订保密协议（或条款）是保护商业秘密的重要手段。遵守保密协议是受许人履行保密义务的重要体现。根据保密协议(或条款)受许人不得向第三方披露特许人的商业秘密,但是不包括为开展特许经营而必须对之披露的人,例如受许人的雇员和合作者,当然受许人应保证其雇员或合作者不得泄露特许人的商业秘密。有的特许人因为对受许人的雇员和合作者不放心,还与后者专门订立保密协议,以强化对其商业秘密的保护。多数发达国家的法律允许将这种对商业秘密的保密义务加之于受许人的雇员。

为保护商业秘密就涉及竞业禁止的问题。竞业禁止是指员工在原单位任职期间或离职后一定期限内,不得在与原单位有竞争关系的单位内任职。竞业禁止是企业约束员工行为经常采用的一种劳动合同条款,其主要目的是保护企业的商业秘密和竞争优势。为维护特许人的利益,特许人往往也会要求受许人与之签订竞业禁止条款。竞业禁止一般是特许经营合同的一部分或作为独立保密协议中的条款。竞业禁止条款与保密条款既有区别又有相互联系。竞业禁止是限制员工或受许人从事与特许人有竞争关系的企业的经营活动。即使没有竞业禁止,员工或受许人在参与或从事与特许人有竞争关系的企业的经营活动时,仍然负有不披露、不使用特许人商业秘密的义务。

受许人中止特许合同后,也要遵守竞业禁止;除非双方有约定,特许人不承担相应的经济补偿责任。

立法要求特许经营中的竞业禁止应寻求特许人和受许人利益的相对平衡,具体表现为:a.竞业禁止适用的适当地域范围,欧盟规定是“当事人约定的地域”,《澳门商法典》则限定为受许人原先的受许区域;b.竞业禁止适用的适当时间长度,特许人约定时间过长,对受许人不公平;反之则会损害特许人及整个特许网络的合法利益;各国一般以一年为限;c.竞业禁止适用的其他特殊情况。有学者提到“受许人在加入特许经营系统之前,已从事与特许经营系统相关的业务;如果在合同终止以后,限制其从事原来的行业,似乎有违公平原则;理想的办法是仍允许其从事原先的行业,但不得使用特许人的知识产权和诀窍”。

④ 公示与表明身份的义务

受许人为了维护特许经营网络形象的统一,使用特许人的商号、商标和其他商业标志,容易给其他人产生受许人与特许人同属一家企业的错觉。为维护交易秩序和安全,保护其他人利益,受许人有义务公示和告之自己的真实身份;通常是在营业场所,以醒目方式披露身份,如在其店面标明“特许经营店”等信息,以最直观形式让消费者了解。

3. 特许经营合同各方对外的民事责任

合同一方当事人对对方违约时,另一方如何承担违约责任?可直接适用合同法的相关规定;而特许经营体系对外的民事责任承担问题(即当受许人对其他人需承担民事责任时,特许人是否应与之共同分担?)则是一个与特许经营合同有一定联系,较为复杂的重要问题。

特许经营合同各方在经营中必然要与他人发生一定的民事法律关系,因而有可能会产生一定的民事法律冲突,并可能因此承担相应的民事法律责任。对外承担法律责任的对象主要包括债权人、消费者、社会公众及其他普通的侵权对象。

对债权人的违约责任可用合同法来调整,对消费者的侵权责任或违约责任可以用侵权行为法或合同法或其他相关特别法(如产品质量法、消费者权益保护法)来调整,对社会公众或其他普通被侵权对象则以侵权行为法来调整。这样看起来似乎很清晰，然而特许经营是一种很特殊的商业形态，外界会认为特许人和受许人是一家企业。当受许人对他人有违约或侵权行为时，如果遵循传统民法的自己责任原则或违约责任相对性原则，仅由受许人自己承担民事责任，显然无法合理协调、平衡冲突各方的利益，不利于保护对特许网络有特定信赖的消费者的利益，也无法公平合理地补偿受侵害的社会公众。怎样划分特许人与受许人对责任对象的民事法律责任，是一个非常重要的问题。加盟店对其他人的侵权责任，总部原则上不予承担，但也有几种例外情况。

（1）总部对造成第三人损害有过失的

加盟店应当接受特许总部的技术性指导或其他指示，并且按照总部提供的操作手册进行营业。如果加盟店已尽了最大的注意义务，仍对消费者产生损害的；由于该损害并非出于加盟店的过错行为，而是源于整个特许体系的指导不当，可归责于总部，总部对受害人的损害就承担连带责任。

（2）总部是加盟店工作场所所有人的

加盟店对于其他人的损害大半发生在营业场所内，如加盟店的货架倒塌、招牌被风吹落而砸伤人员等。根据《民法通则》第一百二十六条规定，发生这种情形时，除非建筑物所有人或管理人能证明自己没有过错，应由建筑物所有人或管理人承担民事责任，即作为工作场所所有人的总部应当承担民事责任。

（3）总部是致人损害商品的生产者或者销售者的

绝大多数特许体系都涉及向最终消费者直接销售商品或提供服务。如因该产品或服务缺陷而致消费者人身或财产损害时，就产生产品责任问题。当加盟店销售的产品或服务是总部生产或直接源于总部配售时，若消费者恰因消费该产品或服务而受到损害，根据《民法通则》第一百二十二条规定，总部应承担产品责任。

（4）替代责任

当特许人对加盟商统一要求、严格控制，导致加盟商被认为是特许人的代理人时，特许人应该对加盟商的行为向第三方承担法律责任。

4. 特许经营合同的限制竞争条款

特许经营合同中往往会约定一些不利于受许人的不平等内容，其中就包括许多限制竞争的条款。大多数国家都禁止限制竞争的行为。然而，特许经营所涉及的知识产权本身就具有一定的垄断性质，特许人在特许经营合同中对受许人的行为作出一定的限制，也是无法避免的，具有其合理性。因而，各国对特许经营的限制竞争行为的态度具有两面性：既要保护特许人的合法权益，又要对特许人滥用特许权行为进行规制，就要明确特许经营中限制竞争行为合法与非法的界限。如何认定特许人对受许人的这种限制行为的性质？判断特许人的限制行为是限制竞争还是合法的有效标准是什么？这是各国在特许经营立法与司法实践中经常遇到的问题，也是特许人和受许人在签定特许经营合同时需考虑的问题。

限制竞争行为通常是指竞争者违背竞争法规定而实施的，以合同等形式体现控制他人竞争的目的、谋取最大经济利益、扰乱社会竞争秩序的竞争行为。

综合一些主要国家和地区的立法，特许经营合同涉及限制竞争行为的条款主要包括：

限制转售价格、搭售、区域限制条款、回授条款、拒绝交易行为和价格串通行为。

(1) 限制转售价格

限制转售价格，也称为维持转售价格、固定转售价格，是指一方当事人责成另一方当事人只能以固定的价格出售有关商品或服务。

在特许经营中，特许人一般都希望能控制受许人销售商品和提供服务的价格，以便为自己谋取利益。限制转售价格通常被认为是阻碍竞争的。它既阻碍了零售商之间的价格竞争，也损害了消费者的价格利益。因而，各国立法一般都以自身违法的理由明文禁止该种行为。

(2) 搭售

搭售是指竞争者利用其经济优势，违背对方交易人的意愿，在提供产品或服务时，强行搭配销售其他商品或服务，或者附加其他不合理交易条件的行为。

搭售，一方面限制了他人竞争，误导了资源的流向，从而破坏了竞争秩序；另一方面也侵害了消费者的消费权利。所以多数国家的反垄断法或反对限制竞争法都对其加以禁止。

(3) 区域限制条款

区域限制是指特许人授予被特许人区域独占权，在该区域不再许可其他人经营特许业务，同时，被特许人也被限制在合同中指明的场所进行营业活动，不得擅自扩大经营规模或另往他处经营。

特许人与受许人往往在特许经营合同中约定，特许人承诺将该受许人加盟店周围一定范围设定为该受许人的经营保护区域，即特许人无权批准同一体系内的其他受许人在该区域内开立加盟店；同时特许人自己也无权在该区域内，建立新的营业点或通过其他渠道与该受许人竞争。

地域限制条款一般来说是双向的，它既针对特许人又针对受许人，表面上是授予了受许人独占专营权。独占专营权在一定程度上是限制竞争的。一方面，特许经营合同限制了特许人在同一区域内授权其他受许人或自己，在该区域内营销产品或者提供服务；另一方面，由于受许人承诺不在约定地域外行使特许权，从而也就限制了受许人的经营自主权。这种条款限制了相同品牌产品销售者之间的竞争。

但是，特许经营的区域限制对竞争的影响也要辨证看待。欧盟委员会认为，区域限制尽管限制了同一品牌之间的竞争，但促进了不同品牌之间的竞争，而且解决了搭便车的问题；其积极效果显然超过消极效果。因此，在EC2790/1999号法规中规定，特许经营合同中规定的有限区域保护可以得到集体豁免。但是，为了维护消费者的合法利益，同时规定，特许人可以限制受许人向约定区域外或其他受许人的专有客户群主动销售；但是不得限制受许人向区域外或这种专有客户群进行被动销售。

(4) 回授条款

回授是指技术受方对技术供方所提供的技术作出改进时，技术供方要求受方将改进的技术向供方通报、转让或许可其使用。

回授损害了受方改进技术的积极性，但完全禁止回授也会损害技术供方的积极性。因此，各国一般都不将回授本身视为违法，只有在规定技术供方无需给予受方任何补偿或承担非互惠义务即单方回授时，回授才构成违法。

特许协议允许回授条款的合理性在于：特许经营是一种基于许多企业合作的集成式结构，特许体系的每一个成员都应有平等机会利用体系的技术革新，同时，这也是保持特许体系统一形象的要求。如果一方对特许体系的改进不能及时传递给其他各方，特许体系的整体价值就会下降。毕竟受许人进行技术改进，需要付出财力、人力，所以有偿回授是公平合理的。

(5) 拒绝交易行为

特许人或与其现有的受许人合谋，拒绝向其他申请加盟的申请人出售特许权，其目的或效果是阻碍其他经营者进入特许产品或服务市场与其竞争；如果申请人没有不良记录（如犯罪记录、破产记录等），该特许人的行为就是限制竞争的拒绝交易行为。

虽然从特许经营的主要客体——知识产权来说，其本身就是一种法律赋予的独占权。但该独占权设置的目的是为了保证知识产权人能够得到一定的经济回报。经济回报的获得并不一定总是要保证知识产权人在市场上获取垄断利润，通过特许权的出售，而获得特许费和提成费，也是一条稳固可行的道路。拒绝交易会阻碍他人进行竞争，导致与垄断共生的资源配置不合理和消费者利益的损害。

(6) 价格串通行为

根据美国法律，如果两个或两个以上的同行业特许人之间，协议限定各自在受许人商店某种产品或服务的价格，或者商定以同样价格向各自的受许人出售某种商品或服务，收取同样的特许费，就构成了“横向价格串通”。如果特许人向受许人提出，商品或服务在转售时的最低或最高价格，而受许人接受这一建议，并与特许人就此签订协议，那么受许人与特许人之间就构成了“纵向价格串通”，也就是我们平时所说的转售价格限制。如果受许人之间经过协商，约定某一商品或服务的价格，并要求特许人以此价格作为建议价，那么在受许人之间就形成了“横向价格串通”，在特许人和受许人之间就形成了“纵向价格串通”。

美国《谢尔曼法》规定，认定一个行为是否是垄断行为，在于有无相互间的协议。如果特许人告知受许人，如不按照自己的建议价销售，就要停止特许合同，属于单方行为，不是垄断行为。如果特许人向受许人提出建议价，并说明此价格的合理性，要求对方以此价格销售，但不以终止特许关系为要挟，也不属于违反反垄断法的单方行为。

（五）特许经营的法律风险及其解析

1. 总店与分店的关系

从法律角度来看，特许人和受许人同属一个特许体系，但产权没有从属关系。作为分别独立的经济实体，特许人和受许人对外分别独立享有权利和承担义务。从法律关系的角度看，特许经营法律关系是一种平等主体间的民事法律关系，特许人和受许人的权利和义务由特许合同约定。特许经营法律关系的特点有以下几点。

(1) 双方当事人地位平等

从法律关系主体看，特许法律关系双方当事人地位平等，能充分体现当事人意思自治原则。特许双方没有行政上的隶属关系，也没有投资上的控股关系，法律关系主体双方是一种集中权利的许可使用关系，充分体现了民事法律关系上的平等原则。

（2）多元化和复杂化

从特许经营法律关系的客体来看，特许经营法律关系的多元化表现在它包含多种法律关系，如商标使用许可、专利使用许可、培训指导、产品配送等多种法律关系。特许经营法律关系的多元化决定了特许经营法律关系的复杂化。

2. 加盟体制常见法律问题

（1）日常经营管理中发生的违法经营、门店装饰不规范、不按经营手册执行、不接受指导和培训、宣传不合规范、超区域和范围经营等。

（2）财务管理中可能存在的欠费、提供虚假财务报表、擅自改变价格等。

（3）知识产权范畴中可能存在的恶意注册或者申请相关侵权的商标、企业名称、网址；在体系内恶意挖其他企业人才；擅自授权他人使用特许权；滥用商标和其他营业标志；泄露商业秘密；合同期满拒交资料、拒不摘牌等。

三、直营制的法律问题

（一）直营制经营模式的法律关系分析

直营制也称为直营连锁，是指通过直营店发展总公司业务的一种经营方式。

直营制具有资产一体化的特征，连锁公司均由公司总部全资或控股开设，总公司对各子公司或分公司拥有所有权、经营权、监督权，实施商品流、信息流、物流、资金流等全方位的统一管理。直营制作为大资本运作，利用连锁组织集中管理、分散销售的特点，能够充分发挥总公司的规模效应。总公司采取纵深的管理方式，直接下令掌管所有的直营店，直营店也必须完全接受总部的指挥。直营连锁的主要任务就在于拓展经营和服务渠道。

直营店是总公司直接投资和经营的子公司或分公司，表现为总公司的连锁店；由公司总部直接投资、经营和管理。直营店本质上是处于同一流通阶段，经营同类商品和提供相同服务，并在同一经营资本及同一总部集权性管理机构下，接受统一领导，实行共同经营活动的连锁店。

直营制具有统一资本、集中管理、分散销售的特点。这一特点给直营制的发展带来正方两方面的影响。其正面影响表现在：首先，可以统一调动资金，统一经营战略，统一开发和运用整体性事业，完美体现和执行公司的营销理念，维护统一的形象和品牌；其次，拥有雄厚实力，有利于同金融界和生产厂商打交道，可以充分规划企业的发展规模和速度；再次，在人才培养使用、新技术产品开发推广、信息管理现代化方面也能发挥出整体优势；最后，直营模式还能够使企业抛开中间环节直接面对消费者，能够赚取较高的营业利润。基于直营连锁具有的诸多优点，许多依靠特许加盟方式起家的快递企业在发展到一定阶段后，也纷纷开始进行企业改革，转向直营制模式。其负面在于发展速度受限，由于直营制以单一资本向市场扩散，各连锁店由总部投资兴建，因而易受到资金方面的影响，发展速度受到限制；同时，各连锁店自主权较小，利益关系不紧密，积极性、创造性和主动性会受到一定影响。

（二）直营制经营模式下的法律风险及其解析

直营制采取分公司或子公司的形式来扩大自己的快递服务网络。我国《公司法》规定，公司可以设立分公司，也可以设立子公司；但由于分公司和子公司的主体资格不同，其承担的民事责任也就不同。分公司不具有独立的法人资格，其民事责任由总公司承担。子公司具有法人资格，依法承担自己独立的民事责任。

（三）直营制与特许经营的比较

特许经营制与直营制目前是快递企业广泛采用的经营模式，具有以下不同的特点。

1. 资本所有

特许经营制和直营制的根本区别在于资本的所有形式不同。特许经营制通常有较多的投资者，其数量没有限制；每个投资者单独投资建立加盟店，各加盟店之间以及加盟店与总公司之间的资产相互独立，加盟者对其店铺拥有所有权。每个加盟店都是总公司的利润中心，有责任向总公司交纳一定费用。

直营制由总公司投资，由总公司集中统一进行网点建设。所有分公司或子公司归同一资本所有；任一网点的经营状况都与总部直接相关。

2. 管理内容

特许经营由于组织结构较为松散，其管理方式以协调为主；总部对各加盟店缺乏控制力，管理效率相对较低。由于目前快递行业加盟门槛较低，对于加盟者的选择条件也较为宽松，造成特许经营制各网点管理者的管理水平和职业素质参差不齐。直营制的各个网点，作为总公司直属的分/子公司，必须完全按总公司的意志行事；总公司发布管理指令，各网点无条件执行指令，因此管理效率较高。各网点负责人都由总公司统一选拔培训，具有较高的经营管理水平和职业道德素质。

3. 成本结算

特许经营各网点之间以及各网点与总公司之间都是相互独立的法人实体，彼此之间联系不紧密，还经常会产生利益上的冲突，导致协调成本很高。特许经营实行独立核算，加盟店与总公司都是独立核算的独立法人企业，自负盈亏。

直营制的总公司需要对各网点进行直接管理协调，覆盖范围大，有较高的管理成本，但协调容易。直营网点与总公司按照统一的结算单位进行结算，由总公司承担全部经营损失。

4. 销售渠道

特许经营制下各加盟快递公司的服务价格可以不统一，甚至产生价格竞争。由于特许经营制下各加盟快递公司之间大都实行无偿派送，影响了加盟商派送的积极性；而取件是有利益的，故取件积极性高，甚至违背加盟合约，越界到其他加盟公司的服务地域取件，造成内部冲突。

直营模式下的快递各网点服务价格统一，销售技巧呈现整体一致性，派送范围依据各地区快件量确定，网点规划相对合理。

5. 企业经营

从经营风险来看，特许经营制由于各实体之间相互独立，整体风险小；但个别加盟公司或员工的违规可能导致整体声誉风险。特许经营模式下很容易发生扣件、偷件、抢件等恶性事故。直营制的快递公司对下属公司承担所有连带责任,任何一个网点发生事故都可能影响整个快递网络的经营状况,因此经营风险相对较大,但公司信誉好。

从经营动机来看,很多特许加盟商都以短期投机目标为主,甚至会有同时加盟两个及以上品牌的情况发生;当客户资源积累到一定程度时,加盟商还可能退出加盟体系,自立门户。直营制通常不会出现类似情况,其目标是长期发展,要不断扩大网络覆盖面。直营制虽然积累较慢,但稳定性强,稳扎稳打,经营基础较好。

从竞争手段来看,特许加盟企业容易打价格战,即使在成本没有降低的情况下也会降低价格以争取市场。直营制以保证综合服务水平为首要目标,以便吸引高端客户,尽管其业务价格水平相对较高,但仍有较大赢利空间。

从企业文化和培训体系来看,特许加盟公司很少对总公司的企业文化有深入了解和认同,缺少统一的核心价值观和完善的服务培训体系;而直营制下的快递公司具有较为成熟的企业文化,总公司服务提供统一的培训。

四、相互代理制的法律问题

(一)代理制的概念

我国《民法通则》第六十三条规定,公民、法人可以通过代理人实施民事法律行为。代理人在代理权限内,以被代理人的名义实施民事法律行为。被代理人对代理人的代理行为,承担民事责任。

我国《民法通则》所规定的代理,包含三方面的法律关系:被代理人与代理人之间基于委托授权或法律规定而形成的代理关系;代理人依据代理权与第三人之间的代理行为关系;被代理人与第三人之间存在代理行为的法律后果承受关系。前一种关系为代理的内部关系,后两种关系则为代理的外部关系。代理的内外部关系之间有机联系、不可分割。在代理关系的三方面主体中,代理人的地位显得尤为突出,他既是代理权的享有者,又是代理行为的实施者,是联系代理中内外关系的桥梁。

(二)特许经营与相互代理

特许经营与代理是常被人们混淆的两个概念。它们之间有许多相似的地方,如双方缔约都以相互信赖为前提,都可以使用特许人或被代理人的商标销售产品等;另外,某些情况下特许人也要分担受许人的法律责任,这与代理人的代理行为所产生的法律后果,由被代理人承担,有相近之处。从实际效果看,受许人也往往能起到代理人的作用。有学者认为:“典型意义上的连锁经营(指特许经营)实际上蕴含了代理这种法律关系的特征及法律后果,它既依赖于民事代理制度的法律调整,又突破了这一制度本身的约束,直接反映了商事代理的基本特征”。

当然,特许经营与代理还是具有很明显的区别。

第一,特许经营的受许人要以自己的名义从事经营活动。特许经营合同中一般都会表明受许人不是特许人的代理人,没有权力代替特许人行事;而代理一般都是以被代理人的名义进行的法律行为。

第二，特许经营的受许人有义务向特许人交纳特许费；而在商事代理关系中，代理商则拥有向被代理人请求支付佣金的权利。民事代理中，代理人一般没有佣金请求权，但也无需向被代理人支付费用。

第三，营业中产生的法律责任不同。代理行为产生的法律后果，通常都由被代理人承担；而特许经营中受许人与特许经营相关的行为产生的法律责任，一般由其自己承担。

（三）快递业内代办制的法律解析

在快递行业，各地快递企业之间的相互代理行为则是一种商事代理。所谓商事代理，是指商事代理人以营利为目的、接受被代理人委托而为的、效果最终归属于被代理人的、具有法律意义的行为。

快递业内采取代办制以相互代理服务薄弱地区的快递业务。在阐述代办制之前，有必要先说明另外一种商事代理的常用方式——经办制。

经办的基础是委任。委任是指某人基于行政权力，将特定范围内处理事务的权力及代表该权力的职务，授予某一下属的行为。委任是行政行为性质，发生在具有从属关系的人员之间。委任是从上至下的单方行为，没有平等协商的过程；经办人甚至没有接受或不接受的选择权。

经办人无独立于委任人的人格，拥有代表权的经办人与第三人交易行为后果责任，当然归属于委任人。经办人与委任人之间是从属关系。对于外部第三人而言，经办人并无独立于委任人的单独人格。这是其他商事代理形式与经办的主要区别。其他商事代理中的受托人，拥有完全的独立人格。

1. 代办的定义

代办是专门机构通过专门执业人员根据法律规定，接受被代理人委托，为被代理人利益办理专门事务的商业行为。

2. 代办的特征

（1）代办是平等主体之间的单纯商事关系

不同于经办人与委任人之间的雇主与雇员关系，代办人并非被代理人的雇员，双方并不存在人身依附关系。这是代办区别于经办的最大特点。由于不存在人身依附关系。代办关系产生的基础并非雇佣关系，而是委托关系。被代理人对代理人的授权属于委托性质，而非委任性质。代办人没有义务一定要接受被代理人的委托。代办人如接受委托，则双方须签订书面协议明确双方权利义务。

（2）代办人在法律上独立于被代理人

代办人可以被代理人名义、自己名义，甚至不公开代理身份为被代理人的利益行动。分别对应的是显名代理、隐名代理和不透露被代理人身份的代理。我国合同法把后两种代办方式发生在贸易中称为行纪。而行纪也被称为经纪。而有学者认为，代办只限于显名代理。任何情况下代办人的行为的后果都并非一定由被代理人承受。

在显名代理情况下，代办人以被代理人名义活动。第三人知道代办人系为他人利益活动，但并不清楚授权范围。所以，除了委托合同，代办人尚需被代理人出具授权书以通知第三人有关授权事项、授权权限和授权期间。授权书是日后确定被代理人对代办人行为负责范围的重要依据。在通知了第三人上述授权范围的情况下，被代理人只对代办人授权范围内的行为承担商事责任。代办人丧失代办权后以及超越授权范围的所为，一概为无权处分。除非被代理人追认，一概与被代理人无涉。然而例外的情形是，如果被代理人对代办人授权超越代办人经营范围和法律规定，被代理人仍然无须对代办人行为负完全责任。因为，此时第三人属于知道和应知双方交易违法，属于自甘风险。如交易无关他人和公共利益，为不可强制执行合同，被代理人可自由选择是否履行；如关系他人和公共利益为不可执行合同。无论如何，法律对各方依据违法交易产生的一切权利不予保护。至于因上述违法行为产生的相应侵权责任，除交易之外无辜第三人，当事各方均无诉权。需要指出的是，我国尚无此规定。

隐名代理，一般适用于法律严格规定了代办范围和程序的情况，代办人只需表明系为他人利益行动，不必向第三人提交授权书。被代理人究竟应在多大范围和程度内为代办人的行为负责，并不难确定。在一方不履行义务时，代办人应否负有向交易各方披露对方身份的义务，以及应披露而拒绝披露或不能披露应承担什么责任？我国合同法只笼统规定“合同直接约束委托人和第三人”，对上述问题没有明确，处理中应视具体情况而定。在信用交易制度下，对于代办人不能或拒绝提供被代理人身份时，应视同无代理权，由代办人承担交易责任；对于代办人不能或拒绝提供第三人身份时，代办人行为为违反代理合同行为，以委托合同约定和相关法律规定处理。

在不透露被代理人身份的情况下，任何一方不履行义务时，被代理人可以行使介入权，而第三人可以行使选择权，以决定究竟向代办人还是向被代理人主张权利。在贸易活动实践中这种代办方式被称为经销。经销商只能获取差额利润，不能获取佣金。经销商分为总经销商和地区经销商。经销商必须遵从被代理人统一的定价制度，不可擅自提价或降价。售后服务统一由被代理人外包负责。

(3) 代办人自主经营，负担代办发生的一切费用

代办人与被代理人发生纠纷分别适用前述相关商事代理规则。代办人与被代理人只是合同关系。代办人只按双方约定和法律规定以及行业惯例行事，对于被代理人的不当指令可以拒绝。事实上，由于各种代办多有特别代理法专门规制，代办人还要受行业协会纪律约束。因而拒绝客户不当指令甚至成为代办人的法律义务。代办人违反规则要遭受处罚甚至会被剥夺代办资格。法律对代办人对社会公众义务的要求要比代办人对被代理人忠实义务的要求更为严格，绝不允许代办人为表示对被代理人的忠实而牺牲公众利益。因此，同是欺诈第三人和违法，法律可以原谅经办人，但不可以宽恕代办人。

代办人应由机构申请设置机构，须具备一定的经营条件。机构和机构人员均应经专门考试取得代理资格。代办人要持续经营，永久存续，必然会发生维持费用，理论上讲，这种维持费用是不能由被代理人承担的。事实上，由于代办人实力和经验的差异，不同代办人之间的营运成本是不一样的，代办人往往会把营运成本摊入佣金。这样，代办人的维持费用就会由被代理人间接负担。

(4) 代办人对被代理人承担最大诚信义务

虽然法律对代办人对被代理人的忠实义务的要求低于对经办人的要求，但也远大于

对民事代理人的要求。这是因为，代办人属于专业人员，从事行业多为风险很大的领域。代办人如果不为被代理人负责甚至欺诈被代理人，被代理人难以避免这种风险甚至难以追究代办人责任。双方地位上的不平等，必须由法律做出平衡。所以法律对代办人义务多加规定并设立弹性条款，要求代办人履行勤勉、谨慎义务以救济被代理人。

实践中，委托协议多为代办人单方制定的格式合同，缺乏协商过程，故法律规定代办人对被代理人负有特别提示义务。未经特别提示的条款对被代理人不产生法律效力。有些条款即便经特别提示，但属于免除己方义务加重对方责任的情形，仍然可以经被代理人申请而由法院撤销。协议条款解释出现争议时，应做对代办人不利的解释。这些在我国合同法中多有体现。

案例：总公司和子公司之间的合作关系①

（一）案例回顾

2009 年某快递公司总部计划接管旗下北京子公司的快递服务品牌和业务，遭到北京子公司拒绝。该公司总部于 2 月份起阻断了联系北京子公司的快递线路，停止部分省市发往北京中转的快件，导致北京子公司揽收及负责经转的 4 万余件快件无法及时处理，形成积压和延误；后经邮政管理部门和中国快递协会从中协调暂时解决；但从 3 月 19 日起，公司总部又再次阻断了通往北京子公司的正常快递业务。从 2 月到 6 月，很多快递客户质询该公司，为何北京和上海两地之间的快递无法正常收到。

2000 年年初，由××牵头的 12 人约定成立快递公司，在上海、北京、无锡、常州、杭州等 12 个城市同时开展快递业务。后因北京子公司经营不善，2001 年转手他人。

从 2005 年开始，因为国家利好政策的出台和网购市场的迅猛发展，我国快递市场呈现突飞猛进的增长。随着业务量的扩大，北京子公司的利润不断增加，公司总部计划将北京子公司降为加盟店。

北京子公司认为，当初 12 个人创立公司，形成了以上海为中心的整个服务网络体系；但各地子公司并不是总公司的附属单位，公司之间应该是合伙创造统一品牌的关系，应该依法平等享有品牌和各自经营权，不同意公司总部的改组意见。

经过公司总部和北京子公司的多次谈判，最终北京子公司同意降为加盟店。

（二）案例分析

公司之间发生利益纠纷，不应采取极端方式，更不能直接影响客户利益，要遵守我国《邮政法》和《中华人民共和国消费者权益保护法》（以下简称《消费者权益保护法》）的相关规定。

---

① 来源：千龙网．行业管理不规范“圆通之争”耗损民营快递元气[EB/OL]．大连：锦程物流网，2009．http://info.jctrans.com/news/yzkd/200947748047.shtml.

公司内部应严格按照我国《公司法》和《合同法》的相关规定办事，公司总部和旗下公司之间应认真通过合同规范和约束双方行为。公司建立之初，应该签订明确的合作合同，以免留下纠纷隐患。

案例：快递公司和加盟商的续约纠纷

（一）案例回顾

2009 年 4 月，昆山某快递企业的加盟商突然发现，其公司总部正在昆山加紧修建新的厂房，并计划于 4 月 26 日交工。该加盟商扣压并转移了公司总部发往昆山的两车快件，然后请中间人和公司总部谈条件，索要补偿；谈判无果，该加盟商“失踪”。

昆山的快递客户突然发现无法收到该快递公司的快件了。很多客户和其他地区的代理商纷纷跑到昆山，希望找到他们发往昆山的快件；其中包括一些重要的快件，有可能造成客户和其他代理商的极大损失。

快递公司总部向公安系统报警；但此次事件对客户、对快递公司以及原加盟商的影响是难以弥补的。

（二）案例分析

加盟商在加盟之初没有与公司总部签订明确的加盟合同，自认为可以续约；而公司总部也没有事先与加盟商协商，私下计划在合同终结时收回加盟商的经营权，以致出现纠纷。由此可见，依照法律签订合同是保护双方利益的根本。

思考与练习

1. 请问独资企业、合伙制企业和现代公司体制的本质区别是什么？
2. 对于快递企业而言，应该实施现代公司体制还是实施合伙制，会有哪些区别？
3. 请分别说明有限责任公司和股份有限公司设立时的基本条件？
4. 成立公司为何必须有注册资本金？注册资本金和股东股份有何联系？
5. 公司成立后，股东再投资公司建设，能否自动转换为公司股份？
6. 股东可否自主向股东之外的其他人转让股份？
7. 公司股权转让有哪几种方式？如何实施公司的股权转让？
8. 如何对公司股东身份和股权转让进行有效认定？
9. 公司股权纠纷通常有哪几种表现形式，以及解决办法？
10. 请问现代公司的组织结构及其职责划分？
11. 简述股东会和董事会的表决机制？
12. 为什么说累积投票制有利于中小股东？

13. 公司合并具体有哪几种方式？有何区别？

14. 公司分立具体有哪几种方式？有何区别？

15. 简述公司解散的四类方式？按照相应规定，公司解散后如何进行清算？

16. 请对快递企业实施直营制，进行利弊分析。

17. 请对快递企业实施特许经营制，进行利弊分析。

18. 请对快递企业实施相互代理制，进行利弊分析。

19. 请问快递企业实施直营制、特许经营制、相互代理制或混合制，可能存在的法律分险？

第四章 消费者权益相关法律解析

【内容提要】

知悉和了解国家有关消费者权益保护方面的法律知识，无论对消费者还是对快递服务企业都有重大意义。本章首先以《消费者权利保护法》为框架，介绍快递消费者权益保护的相关法律规定，以明确快递服务企业与消费者的权利与责任，对涉及快递服务企业与消费者相关的法律法规进行阐述；其次选取了快递服务企业与消费者的典型法律纠纷案件，对由于快递快件的丢失、延误、损毁而产生的法律纠纷进行详细解析；其次分析了网络购物中引发的法律纠纷，包括人身安全、财产安全、隐私安全等问题；最后对禁止寄递物品所涉及的法律法规进行了介绍，剖析了禁毒等典型性问题。

本章辑录了消费者权益保护方面的十余个案例，主要源于法院的真实判例、国家邮政局消费者申诉案例、国家邮政局工作实例编辑而成；案例真实、针对性强，为本章讲述法律法规提供了可靠的例证。

第一节　消费者的法律地位

一、消费者权益保护的立法进程

消费者权益保护问题是社会经济发展到一定阶段的产物，是生产者、经营者与消费者分离的结果。在市场经济发展的初期，生产力水平较低，市场交易面狭窄，交换方式简单，消费者权益问题尚不突出。随着市场经济的深入发展，生产力迅速提高，市场交易方式复杂化，交易面日益广泛，消费者权益的保护问题逐渐凸显。消费者权益保护过程经历了从忽视到重视的过程，消费者的地位得到了逐步的提高。

对于市场经济的发展，消费的推动力起着至关重要的作用。然而，当社会进入大规模生产和消费的时代，消费者所具备的消费知识日益贫乏，他们无法对市场上的消费品的质量、结构、性能等做出客观的评价，无法与生产经营者处于平等地位，因而，对于他们的权益应予以特别关注，以维护社会的稳定和公平。更为重要的是，由于法律制度的不完善以及司法、行政等保护措施的不健全，他们在权益受到侵害后难以及时寻求适当的救济手段，或者虽然得到救济，也与损失相去甚远。这些都极大地挫伤了消费者的积极性。因此，对消费者进行特殊的保护就成为社会发展的必然。

1984年12月，全国性的消费者组织——中国消费者协会经国务院批准成立。此后，我国保护消费者利益的运动便有组织地大规模地开展起来，消费者组织在全国各地也迅速建立起来，极大地推动了消费者权益保护工作的开展。在消费者组织的大力推动下，我国越来越重视消费者利益的保护工作，并有意识地通过法律手段体现。

1993年10月31日第八届全国人民代表大会常务委员会第四次会议通过了《消费者权益保护法》，自1994年1月1日起施行，标志着我国消费者权益保护正式纳入法制轨道。《消费者权益保护法》是我国第一部对消费者权益保护做出规定的法律，它的诞生对保护消费者的合法权益，维护社会经济健康发展都具有十分重要的现实意义。

消费者保护法律体系除了把我国《消费者权益保护法》作为通常研究对象外，还涉及民商法、经济法、刑法、行政法、程序法等几乎全部法律部门。中国的消费者保护体现全社会性，因此，从责任的角度，不仅政府有责任，而且立法保护、司法保护、行政保护、社会团体保护、企业的自律保护都是法定的义务。从消费者保护的广泛性与社会性来说，消费者保护法律体系是一个涉及广泛的、大概念上的“法律体系”。

目前，我国已初步形成了一个以基本法律《消费者权益保护法》为核心，以《中华人民共和国产品质量法》（以下简称《产品质量法》）、《商标法》、《中华人民共和国食品卫生法》（以下简称《食品卫生法》）、《中华人民共和国药品管理法》（以下简称《药品管理法》）、《中华人民共和国计量法》（以下简称《计量法》）、《中华人民共和国标准化法》（以下简称《标准化法》）、《中华人民共和国广告管理条例》（以下简称《广告管理条例》）、《中华人民共和国价格管理条例》（以下简称《价格管理条例》）等配套法律构成的保护消费者权益法律体系。这个体系还包括省、自治区、直辖市制定的地方《消费者权益保护法》实施办法；国务院以及各有关部门制定的有关法规、规章和规范性文件等。这样，我国消费者权益保护法从无到有，日趋完备。

二、快递消费者权益的保护体系

快递服务是新经济形势下的产物，在整个国民经济中起到的作用与日俱增。随着对快递服务消费增多，广大消费者的维权意识也逐渐增强。然而，在快递服务业中，消费者权益及其保护刚刚起步，相关的法律法规有待完善。《消费者权益保护法》的制定没有细化快递消费者的特殊权益，快递消费者权益受到侵犯时需要借鉴相关的法律法规进行保障与维护。

（一）国家对快递消费者合法权益的保护

根据《消费者权益保护法》的规定，我国的政府组成部门中，不仅有消费者熟悉的工商机关，还有其他一些行政部门也承担维护消费者权益的工作，主要有以下机构：

1. 国家邮政部门。根据国家有关邮政体制改革文件的规定，邮政实行了政企分开，快递业务纳入邮政系统的管理范畴，依法监管快递服务是国家邮政局的主要职责之一。

国家邮政管理部门负责全国快递市场的监督管理。各省、自治区、直辖市邮政管理部门负责本行政区域快递市场的监督管理。消费者可以拨打当地的12305邮政业申诉电话,向当地的邮政管理部门进行申诉。国家发展和改革委员会的内部设有价格司和价格监督检查司,管理地方各级物价局。但快递服务的价格不属于其管理范畴,《邮政法》中对此进行了规定。

2. 工商行政管理部门。工商行政管理部门专设消费者权益保护机构,研究拟定保护消费者权益的规章制度及具体措施、办法并组织实施;组织查处严重侵犯消费者合法权益的案件;组织监督流通领域的商品质量,查处假冒伪劣等违法行为。当快递消费者权益受到侵害时可寻求当地工商行政管理部门的援助。

根据《消费者权益保护法》的规定,包括国务院在内的中央人民政府和地方各级人民政府必须加强领导、组织、协调督促有关行政部门做好保护消费者合法权益的工作。如2008年奥运期间,邮政管理、国家安全、公安、交通运输、商务等部门加大了对寄递服务市场和各寄递服务企业的监管力度,保护合法、纠正违规、打击违法、取缔非法。凡发现企业收寄、投递禁寄物品,或未提交安全运营承诺书擅自从事涉及奥运赛区城市寄递业务的,国家有关部门依法要求企业整改并对企业和有关人员给予行政处罚。发现利用寄递渠道从事危害国家安全、公共安全和社会政治稳定等违法活动的,国家安全机关和公安机关将依法对企业负责人和直接责任人予以行政处罚,并根据有关规定,提请工商行政管理机关依法吊销企业营业执照;构成犯罪的,依法追究刑事责任。随着快递服务的发展,快递消费者权益的保护体系将更广泛,如卫生监督部门、质量监督检验检疫部门等。

(二)社会对快递消费者合法权益的保护

从《消费者权益保护法》对消费者组织的规定来看,消费者组织有以下四个特征:

1. 消费者组织是依法成立的社会团体。消费者协会(以下简称消协)一般由工商行政管理、技术监督、进出口商品检验、物价、卫生等行政部门及工会、妇联、共青团等组织共同发起,经同级人民政府批准建立,办事机构挂靠在同级工商行政管理局。消协属于半官方的群众性组织团体,而其他消费者组织则基本上属于民间社会组织。

2. 消费者组织的任务是对商品和服务进行社会监督。消费者组织对商品和服务进行社会监督的形式和方式是多种多样的,如受理消费者的投诉,提高商品和服务的信息,对商品和服务进行监督、检查,对损害消费者权益的行为予以揭露、批评等。

3. 消费者组织的宗旨和直接目的是保护消费者的合法权益。消费者组织的一切活动都是围绕着保护消费者合法权益的目的进行的。

4. 消费者组织不得从事经营活动和营利性服务,不得以牟利为目的向社会推荐商品和服务。消费者组织必须给消费者提供真实、可靠的信息,使消费者在选择商品或服务时免受劣质商品和服务的侵害,从而维护消费者的合法权益。当快递消费者在购买快递服务遇到问题、产生纠纷时均可以向消协反映,消协将利用自身职能为消费者解决。消协是依法成立的对商品和服务进行社会监督的保护消费者合法权益的社会团体。《消费者权益保护法》第三十二条规定消协的七项基本职能,明确了消费者行使权力的范围。

三、《消费者权益保护法》解析

（一）消费者概念界定

消费者是消费的主体，是消费者权益保护理论中最为重要的概念。界定消费者，是消费者保护理论研究的起点。唯有对消费者的内涵有准确的把握，才能有效地保护消费者的权利，实现消费者权益保护法的价值。

我国《消费者权益保护法》对于消费者并无明确定义，只是在该法第二条规定："消费者为生活消费需要购买、使用商品或接受服务，其权益受到本法保护；本法未作规定的，受其他有关法律、法规的保护。" 按此规定，消费者是指为生活消费需要购买、使用商品或者接受服务的个人，通常情况下只为自然人。我国的《消费者权益保护法》主要调整的是经营者和消费者之间的关系。因为消费者往往处于弱者的地位，因此，我国通过立法的形式来保护经营者和消费者在市场交易中的平等法律地位。快递服务的个人消费者符合该法的调整范围。

实践经营过程中，快递企业除了个人客户之外还拥有大量的企业客户。为了维护与企业客户的长期稳定的合作关系，快递经营者在价格、支付方式、支付周期甚至是赔偿金额上都做出了让步。尽管如此，当快递公司与企业客户发生业务矛盾时，快递公司往往处于劣势地位，时常面临损失应收账款的困境，甚者遭到企业用户的辱骂和围攻。

尽管《消费者权益保护法》第二条没有具体规定消费者为自然人还是法人，但是却指明了消费者为生活消费进行的消费行为才为法律所保护。但事实上，相对于个体社会成员而言，单位消费者并不一定处于弱势地位，有时甚至是强势，无法体现《消费者权益保护法》保护弱者的立法宗旨。在一些地方消费者保护条例中，单位（企事业单位、其他组织体，以及政府等）也被列为消费者。在这种情况下，快递公司如与其企业客户出现纠纷，双方均可通过合同主张权利，应当受《合同法》保护。

（二）消费者的权利

我国的《消费者权益保护法》在广泛借鉴世界各国及国际组织立法关于消费者权利规定的基础上，结合我国国情，确定了我国消费者享有九项权利，即消费安全权、知情权、自主选择权、公平交易权、损害赔偿权、结社权、接受教育权、受尊重权和监督权。快递消费者权利应当是消费者在购买、使用快递服务产品过程中所应当享有的权利。

1. 消费者的知情权与受尊重权

《消费者权益保护法》第八条中明确规定了消费者享有知悉其购买、使用的商品或者接受的服务的真实情况的权利。消费者为满足生活需要而购买商品或者接受服务，因而，商品或服务只有在能够满足消费者某种需求的情况下才会被消费者购买。而某种商品或服务是否能够满足其需求，只有在对该商品进行适当了解的基础上才能知晓。因而对消费者来说，了解商品或服务的消费方式及特殊的需求，对充分发挥商品服务的效用、防止损害消费者安全的事故发生都是非常必要的。如快递服务企业必须向消费者提供背书提示，消费者有权对交寄的快件在交寄之日起一年内进行查询等信息。经营者可能在利益驱使下,剥夺了消费者的知情权,促使消费者较快地或较多地购买自己的产品或服务。在经营者做出虚假陈述的情况下,或者其宣传足以使任何一般人相信其陈述并以此做出购买商品或者服务决定。当消费者发现自己权益受到损害时,可援引法律保护自己的合法权益不受侵犯。

消费者张先生是第一次使用快递公司发送物品,因此,当业务员上门取件时,张先生详细地询问了快件到达的时间、快件安全以及不同业务类型的收费标准等。由于张先生咨询各方面情况的时间较长,业务员有些不耐烦了,对张先生说:"想要最好的服务,就得多花钱,舍不得花钱,就不要挑三拣四。"尽管,张先生当时对业务员的态度不太满意,但考虑到该快递公司提供的服务都符合自己的要求,最终还是购买了该快递公司提供的服务,并再三提醒业务员要按照服务条款提供服务,业务员一再承诺可以满足其要求。但快件投递之后,张先生发现快递公司提供的服务无论是投递时限、物品安全等方面均与业务员承诺的存在很大的差距。最后,张先生打电话到12315对该快递公司进行投诉。

当地的12315受理中心工作人员接到投诉后,对相关情况进行了调查了解,认定该快递公司的业务员为达到销售目的进行虚假宣传,误导消费者使用其快递服务,损害了消费者的知悉真情权。根据《消费者权益保护法》第十九条第一款的规定,经营者应当向消费者提供有关商品或者服务的真实信息,不得作引人误解的虚假宣传,该快递公司业务员的行为已经侵犯了消费者的合法权益。本案中,张先生根据快递公司业务员对产品的宣传介绍购买了快递服务,但事实上享受的服务和所介绍的大不相同。张先生在购买此产品的过程中没有获取该商品的真实信息,快递公司业务员的这种行为损害了消费者的知悉真情权,因此,快递公司应该给张先生一个满意的解决方法。此外,本案还涉及消费者人格尊严受尊重权。本案中,主要涉及三个法律问题:第一,消费者张先生是否因为咨询项目多、时间长就构成过错?第二,快递公司业务员违反了哪些法律规定?第三,处罚快递公司业务员的依据是什么?

首先,张先生向快递公司业务员询问关于快递业务的价格和时间、安全性等方面的问题,应属于消费者知情权的行使,如实向消费者提供所售商品和服务的真实情况也应是经营者的义务。根据《消费者权益保护法》第十三条第一款的规定,消费者享有获得有关消费和消费者权益保护方面的知识的权利。

其次,本案中,快递公司业务员没有使用规范的服务语言,引发了消费者张先生的不满。向消费者提供高质量的专业服务是快递企业的义务,消费者享有相应的权利。

此外,根据《消费者权益保护法》第十四条的规定,消费者在购买、使用商品和接受服务时,享有其人格尊严、民族风俗习惯得到尊重的权利。因此,消费者在消费过程中的人格尊严应得到保护。

本案中,消费者张先生的询问符合法律规定,解答问题是快递公司的正常经营内容。因此,消费者张先生本身并无过错,在这种情况下,经营者的责任明确。所以本案中,工商行政管理部门依据《消费者权益保护法》责令经营者改正,并对其处以相应的罚款完全符合《消费者权益保护法》的规定。

2. 消费者的自主选择权与公平交易权

《消费者权益保护法》第九条的规定消费者享有自主选择商品或者服务的权利。消费者有权自主选择提供商品或者服务的经营者，自主选择商品品种或者服务方式，自主决定购买或者不购买任何一种商品、接受或者不接受任何一项服务。消费者在自主选择商品或者服务时，有权进行比较、鉴别和挑选。选择快递服务的消费者，他们可以自由选择快递企业，自由选择快递产品，自由选择是否报价。

《消费者权益保护法》第十条规定消费者享有公平交易的权利。消费者在购买商品或者接受服务时，有权获得质量保障、价格合理、计量正确等公平交易条件，有权拒绝经营者的强制交易行为。如快递服务企业称量快件使用的器具必须符合国家规定，准确计量，公平交易。

消费者王先生打算发一份快件到外地，某快递公司业务员上门收件时提出快件超出派送范围需要加收快递费。王先生对此表示质疑，想另换一家快递公司提供服务。该快递公司业务员态度强硬，表示既然已经上门取件就不能空手而归，坚持让王先生购买自己的服务。两人就此发生了一番争执。王先生的行为实质上是一种消费行为，适用《消费者权益保护法》。

本案涉及消费者的自主选择权问题。法律赋予了消费者广泛的选择权，但对消费者来讲还存在一个如何使用、如何实现的问题。消费者选择权的实现，既有赖于其本身的消费知识，又有赖于其对选择权的灵活、充分运用。在本案中，消费者王先生认为快递公司提供的服务不符合他的期望，他选择行使拒绝权。拒绝购买某种商品或者接受某种服务，是消费者选择权的一种行使方式。消费者可能在经营者不耐烦地催促之下与之成交，也可能在经营者的花言巧语下与之成交。对消费者来讲，他有权拒绝自己不需要或认为不适合的产品。消费者对商品或服务进行挑选，无论是从消费心理还是从法律角度，都是正当的，完全可以理直气壮地进行。就经营者来讲，尽管消费者的挑选会给自己带来一些麻烦，但也应给予应有的尊重。事实上，多给消费者以挑选，也会给经营者带来更多的交易机会。

3. 快递消费者的损害赔偿权

消费者的索赔权，又称为消费者要求赔偿权、消费者求偿权等，主要指消费者在因购买、使用产品或者接受服务过程中，收到人身、财产损害而依法要求并获得赔偿的权利。消费者的求偿权直接来源于《消费者权益保护法》第十一条的规定。此外，该法的第三十五条至第三十九条的规定是对消费者求偿权的细化。也就是说，消费者在使用购买的商品的过程中，其合法权益受到损害的，可以向销售者要求赔偿。消费者在接受服务时，其合法权益受到损害的，可以向服务者要求赔偿。快递企业在寄递快件过程中发生的丢失、损毁、延误、内件不符而导致消费者的快件所有权受到损害，快递企业应依法赔偿消费者的损失。消费者万先生近日在某快递公司办理了快递业务，委托快递公司托运价值共2 080元的两部 Nokia 151 手机，到期对方去领取货物时，被告之货物丢失。由于万先生在委托快递托运时没有进行保价，当万先生要求赔偿时，该公司以消费者未保价的理由只愿赔偿双倍邮费，即最多只认赔 20 元。万先生与该快递公司协商多次未果，无奈之下向本市消费者权益保护委员会投诉。工作人员对此事进行了调查。认定快递公司在为消费者提供服务过程中，造成了消费者的损失，认为快递工作人员，未尽到提醒消费者快递贵重物品必须保价的义务，从而造成消费者邮件丢失的经济损失，该公司工作人员负有不可推卸的责任，该公司不能以任何借口进行推脱，拒绝消费者的赔偿要求。执法人员进行耐心调解。最终，该公司给消费者赔偿货款 1 700 元。

我国《消费者权益保护法》第三十五条还规定，销售者赔偿后，属于生产者的责任或者属于向销售者提供商品的其他销售者的责任的，销售者有权向生产者或者其他销售者追偿。消费者或者其他受害人因商品缺陷造成人身、财产损害的，可以向销售者要求赔偿，也可以向生产者要求赔偿。属于生产者责任的，销售者赔偿后，有权向生产者追偿。属于销售者责任的，生产者赔偿后，有权向销售者追偿。

例 1：大学生范某在网上购买了一部诺基亚 N73 手机，卖家称是原装正品，标价 1 030 元(包含邮递费的话是 1 050 元)。范某将货款及邮费交给快递公司派送员时，派送员不允许其验货后再签收。当范某回到宿舍打开手机才发现这部手机是假冒产品，手机内的软件均为国产，而且按键手感极差，屏幕显示效果较真品 N73 有非常大的差距，应该是"山寨机"(高仿机)，价格不过三四百元。

例 2：消费者郭先生接到电话说该公司现正在搞活动，可以用手机以旧换新。郭先生以诺基亚手机一部外加 600 元，置换新诺基亚 5300 手机、VIP 卡和蓝牙耳机一副。快递人员送货时一再强调需先付款后验货，郭先生犹豫一下后还是同意先付款，但开包后发现货不对版，立即找快递公司请求与销售公司联系，却被一再拖延。郭先生又打电话给快递公司要求赶快查封账款，快递公司不同意。

以上两个案例都涉及一个关键的问题：快递公司对假冒伪劣产品是否知情？在以上两个案例中销售商(生产商)的手机确实是假冒产品，其欺诈行为成立。但消费者在接受服务时，其合法权利受到损害，可以向服务者提出。因此快递公司对产品是否知情成为案件的关键。如果不知情，主观上没有欺诈消费者的故意，他们也是受害者。如果快递公司知情而为之，那么其应该向消费者赔偿。

快递公司代收货款业务目前还存在一些漏洞。不少快递公司规定消费者必须付款后才能打开邮包，但是消费者一旦打开包裹发现物品和自己订购不符时，就已经被骗了，快递公司违反了签收原则，损害了消费者的利益。根据《消费者权益保护法》的相关规定①，快递公司应该重视代收货款业务中存在的问题，坚持先验收后付款的原则，明确销售者(生产者)和快递服务的权利与义务，防止更多用户受害。

4. 快递消费者权益争议的解决途径

当消费者与经营者发生了权益争议时，可以通过《消费者权益保护法》第三十四条的规定中的五种途径来解决：(1)与经营者协商和解；(2)请求消费者协会调解；(3)向有关行

---

① 《消费者权益保护法》第三十五条　消费者在购买、使用商品时，其合法权益受到损害的，可以向销售者要求赔偿。销售者赔偿后，属于生产者的责任或者属于向销售者提供商品的其他销售者的责任的，销售者有权向生产者或者其他销售者追偿。消费者或者其他受害人因商品缺陷造成人身、财产损害的，可以向销售者要求赔偿，也可以向生产者要求赔偿。属于生产者责任的，销售者赔偿后，有权向生产者追偿。属于销售者责任的，生产者赔偿后，有权向销售者追偿。消费者在接受服务时，其合法权益受到损害的，可以向服务者要求赔偿。

第三十六条　消费者在购买、使用商品或者接受服务时，其合法权益受到损害，因原企业分立、合并的，可以向变更后承受其权利义务的企业要求赔偿。

第三十七条　使用他人营业执照的违法经营者提供商品或者服务，损害消费者合法权益，消费者可以向其要求赔偿，也可以向营业执照的持有人要求赔偿。

政部门申诉;(4)根据与经营者达成的协议提请仲裁机构仲裁;(5)向人民法院提起诉讼。

消费者与快递企业就服务质量问题发生争执,首先可以向快递企业提出自己的要求,并通过自行协商使问题得以解决。如双方未能达成一致,当事双方,即快递服务的经营者与消费者,都有权请求消费者协会进行协调。《快递市场管理办法》第七条明确规定,国家邮政管理部门负责全国快递市场的监督管理。各省、自治区、直辖市邮政管理部门负责本行政区域快递市场的监督管理。一旦发生快递方面的纠纷,消费者可以先向快递企业进行投诉,在投诉无效后,可以拨打当地的12305邮政业申诉电话,向当地的邮政管理部门进行申诉。邮政管理部门接到相关的申诉后,可以进行调查。发现快递企业存在违反《快递市场管理办法》的行为的,责令其整改,按照《中华人民共和国行政处罚法》(以下简称《行政处罚法》)的程序对其予以处罚。邮政管理部门还可以对快递企业与用户之间的民事纠纷进行调解,对调解结果不满意的,争议双方可向人民法院提起诉讼。同时,工商管理部门也依法解决消费者投诉,依法对扰乱市场秩序,损害消费者利益的行为进行处理。如果消费者对行政管理部门处理结果不满意时,还可以向仲裁机构提出仲裁申请,对行政部门和仲裁机构的处理和仲裁不服时,可向人民法院提出最后诉讼。

2009年5月,消费者李先生的投诉称:2009年4月12日因其朋友出差到外地,急需使用电脑,于是李先生到某快递公司办理了一台于2008年8月花6 800多元购买的宏基牌电脑的托运手续,并购买了2 000元的货物保全费。4月15日该电脑运到目的地,签收后,开箱发现所托运的电脑外壳损毁,电池脱落,致使电脑不能使用。当事人当场摄像并通知了快递公司,此后多次与该公司联系,要求赔偿其维修费用1 700元,都遭到快递公司拒绝。该快递公司负责人认为,消费者是签收后发现的货物损毁,与公司无关,只同意退还托运费95元。消费者李先生不接受,于是到消协投诉,要求调解。消协工作人员接到投诉后,立即进行调查,通过调查了解到消费者投诉属实,经消协多次调解,该快递公司赔偿消费者现金900元,损毁电脑由消费者自行维修。

本案涉及争议解决途径的问题。本案中,李先生在寄递物品丢失之后,积极想办法维护自己的权益,他在与快递公司(经营者)协商无果的情况下,选择了向当地消协进行举报,较好地维护了自己的权益。

(三) 经营者的义务

1. 经营者义务的界定

我国《消费者权益保护法》第三条规定,经营者是向消费者提供其生产、销售的商品或者提供服务的公民、法人或其他经济组织,是以营利为目的从事生产经营活动并与消费者相对应的另一方当事人。在我国,经营者包括生产者、销售者和服务者。经营者提供商品或服务是以营利为目的,也就是说经营者向消费者提供的商品和服务是有偿的,以无偿方式提供商品和服务的单位和个人不是经营者。这里的营利并非指在经营上一定有盈余,只要是有偿提供商品和服务,不论其结果是否盈利,都是以营利为目的的经营活动。

在消费法律关系中,经营者是与消费者相对应的主体。消费者所享有的权利,从一定意义上讲也就是经营者的义务,因为消费者的权利在一定程度上主要是通过经营者的义务来实现的。

2009年消费者周先生投诉，反映其委托某物流公司快递货物至福州老家，快递费用600元，约定送货上门。然而该公司将货物运至当地分公司后就迟迟不肯送货上门。周先生就此询问物流公司原因，对方竟告知其支付的快递费是“点到点”的，送货上门需另行支付费用。周先生无法接受此说法，投诉至消费者权益保护委员会要求物流公司遵照约定送货上门。经消费者权益保护委员会调解，物流公司最终同意不再加收任何费用，将消费者的快递货物送上门。周先生对此结果表示满意，投诉就此解决。

“门到门”、“点到点”是物流公司根据运送货物的路径长短而定义的两种服务项目，同为快递货物但服务内容与价格均有差异。在本案中，消费者权益保护委员会认为物流公司若在签订协议时承诺消费者送货上门，应按照约定履行义务。若按照该公司的解释则未将服务的内容及收费项目明确告知消费者，侵犯了消费者的知情权，同样应当承担相应责任。消费者周先生在签订协议时书面确认快递物品是“门到门”，快递公司不遵守约定并半途提价，应承担违约责任。

本案涉及的相关法律法规：《消费者权益保护法》第十六条规定，履行约定是经营者的首项义务，经营者与消费者有约定的，应当按照约定履行义务。《合同法》第一百零七条规定，当事人一方不履行合同义务或者履行合同义务不符合约定的，应当承担继续履行、采取补救措施或者赔偿损失等违约责任。

2. 快递服务经营者的义务

《快递市场管理办法》第二条规定，从事快递经营活动应当遵守本办法。不管这个企业名字叫什么，名称里有没有快递这个词，只要他从事快递经营活动，都应该遵守这个办法。比如，很多注册成某某物流公司的企业都经营快递业务，这些公司名称里虽然没有快递字眼，但它经营快递业务，同样应遵守《快递市场管理办法》，这是根据行为来确定的。

《快递市场管理办法》规范快递市场主要是遵循公开、公平、公正的原则，促进快递市场的统一开放、竞争有序，满足经济社会发展需要。围绕这一基本原则，《快递市场管理办法》建立了两项规范和五项制度。两项规范包括：(1)服务规范。针对目前快递服务中的延误、丢损和投诉热点问题，从规范服务的角度出发，规定快递企业应执行《快递服务》邮政行业标准，公布并遵守服务承诺、合理制定格式合同、建立与用户沟通渠道和制度等。(2)行为规范。《快递市场管理办法》从维护安全、保护用户权益、促进良性竞争的角度出发，对快递企业及快递从业人员制定了禁止性的行为规范，比如，不得操纵市场价格，扰乱市场秩序等。五项制度包括：(1)快递从业人员培训制度；(2)统计报告制度；(3)收寄验视制度；(4)应急保障制度；(5)服务质量公告制度。

消费者杜先生曾向国家邮政局投诉自己邮寄的物品被老鼠毁坏而给自己和家人带来伤害。消费者杜先生的母亲给杜某通过快递寄送了食品，杜先生在收到包裹数日后发现包裹中多个食物包装及内装食物被老鼠啃食。但由于发现不及时，杜某的孩子和家人已经误食了邮寄来的食品。杜先生随后发现包裹外包装上两个被老鼠啃破的大洞被用尼龙绳缝好并用胶带缠上，掩饰得极好。杜先生打电话投诉后，工作人员主动联系了杜先生，但没有就此问题进行解释和道歉，反而强调杜先生的投诉会使他受到单位200元的处罚。此后，其他工作人员也提出包裹的赔偿方案，但杜先生认为自己合法权益没有得到应有的保护，他认为工作人员对工作失误的蓄意隐瞒，造成其家人误食被老鼠污染的食物的后果，给他和家人的健康和心理造成极大的伤害，尤其是对他的孩子。仅仅赔偿损毁的包裹，不能弥补此事对自己带来的损失。在本案中，快递公司严重违反了《快递市场管理办法》，用户的权益没有得到保护。当物品出现损毁的情况时，没能及时与用户进行有效的沟通，获得用户的谅解。该公司业务员的职业道德与职业素养急需改进，这是快递经营者为社会提供服务产品的基本保障，也是快递企业的社会义务。

为了完善快递管理体制和市场机制，增强政府与企业、企业与企业、企业与消费者的沟通交流，我国成立了快递协会。中国快递协会旨在加强行业自律，维护行业利益和企业合法权利。协会通过建立快递行业自律性管理约束机制，提高行业职业道德水准，推动行业诚信建设，引导企业进一步完善理赔制度，维护消费者的合法权益。

四、快递企业与消费者的法律关系

（一）国际快递法律关系的认定

在快递运输中，其全过程由各种关系人组成，特别是国际多式联运，法律关系更为复杂。其中主要关系人有多式联运经营人与发货人或其代理人之间的代理关系、承揽关系、侵权行为关系等。而他们之间的权利、义务又各不相同。多式联运不仅要调整多式联运经营人与发货人之间的法律关系，同时也确定了与其他关系人之间的法律关系。

《海关规则》是在集装箱运输之前制定的，自然没有多式联运经营人这一概念。因此，《海关规则》仅根据自己为履行单一运输方式而进行该合同下的货物运输业务，只有承运人这一概念。《海关规则》对承运人所作的规定是："承运人包括与货物托运人订有运输合同的船舶所有人和租船人。"虽然租船人并非系船舶所有人，但在租船期间承运第三者的货物，并由他签发提单，收取运费，也应认为是承运人。

货物在运输过程中一旦发生货损事故，货物受损人提出的索赔对象应是承运人。但在联运方式下，除了与货物托运人订有运输合同的承运人外，由于出现了实际参加运输的承运人，此时，货物受损人提出的索赔对象又应是谁呢？根据这一运输方式，1978 年通过的《汉堡规则》提出了契约承运人与实际承运人的概念。前者系指本人或以他的名义与货物托运人订有运输合同的人，而后者系指受契约承运人的委托完成全部成部分运输的人。运输过程一旦发生货损，契约承运人对全程运输负责，实际承运人对自己运输区段负责，这种规定不会影响契约承运人与实际承运人之间的任何赔偿权利。

《多式联运公约》规定，多式联运经营人系指本人或通过其代表订立多式联运合同的任何人，他是事主，而不是发货人的代理人或代表，或参加多式联运的承运人的代理人或代表。发货人系指本人或以其名义或代表本人与多式联运经营人订立多式联运合同的任何人，或指其本人或以其名义，或代表其本人根据多式联运合同将货物实际交给多式联运经营人的任何人。

（二）国内快递法律关系的认定

我国《合同法》第九条规定，当事人订立合同，应当具有相应的民事权利能力和民事行为能力。当事人依法可以委托代理人订立合同。第十条规定，当事人订立合同，有书面形式、口头形式和其他形式。法律、行政法规规定采用书面形式的，应当采用书面形式。当事人约定采用书面形式的，应当采用书面形式。第十一条规定，书面形式是指合同书、信件和数据电文（包括电报、电传、传真、电子数据交换和电子邮件）等可以有形地表现所载内容的形式。第十二条合同的内容由当事人约定，一般包括以下条款：1. 当事人的名称或者姓名和住所；2. 标的；3. 数量；4. 质量；5. 价款或者报酬；6. 履行期限、地点和方式；7. 违约责任；8. 解决争议的方法。

快递服务企业在给消费者提供服务时，为了明确双方的权利与义务，必须签订服务合同。快递企业在订立快递合同时，通常提供的是可以反复使用的格式合同。这些格式合同的条款往往是仿照中国邮政 EMS 条款设计，将国家对国有邮政企业的保护性政策自行纳入快递合同当中，这些格式条款是否有效不能一概而论，而要根据《合同法》的相关规定进行具体分析。

快递详情单（俗称面单）即为快递企业与托运人之间的格式条款。面单的背面印有《国内快递服务协议》，主要包括以下条款：①

1. 快递详情单是本协议的组成部分。本协议自寄件人、快递服务组织收寄人员在快递详情单上签字或盖章后成立。

2. 快递服务组织依法收寄快件，对信件以外的快件按照国家有关规定当场验视，对禁寄物品和拒绝验视的物品不予收寄。向寄件人提供自快件交寄之日起一年内的查询服务。

3. 寄件人不得交寄国家禁止寄递的物品，不得隐瞒交寄快件的内件状况，应当依照相关规定出示有效证件，准确、工整地填写快递详情单。

4. 快递服务组织在服务过程中造成快件延误、毁损、丢失的，应当承担赔偿责任。双方没有约定赔偿标准的，可按照相关法律规定执行。既无约定也无相关法律规定的，从《快递服务标准》规定。快递服务组织有偿代为封装的，承担因封装不善造成的延误、毁损、丢失责任。

5. 寄件人违规交寄或填单有误，造成快件延误、无法送达或无法退还，或因封装不善造成快件延误、毁损、丢失的，由寄件人承担责任。

6. 快递服务组织可以与寄件人约定送达时间，没有约定的从《快递服务标准》规定。快递服务组织将快件送达收件人，登记收件人有效证件号，经收件人签章，视为送达。收件人是单位的，由单位收件人员签章，加盖该单位收发章，视为送达。

7. 免责事由从法律法规规定，未尽事宜可由协议双方另行商定。

（三）格式条款对消费者权益的影响

格式条款是现代社会大量重复生产和交易的产物，对经营者来讲格式条款的影响是积极的。它可以使营业过程简单化，降低交易成本，提高交易的效率。但对于交易的相对方，特别是消费合同中的广大消费者来说，其影响既有积极的一面，也有消极的一面。

格式条款对消费者权益的积极影响包括：

1. 简化订约手续、节约交易费用。内容固定、形式标准的格式条款合同，简化了订约

① 目前国内主要的快递企业的格式条款基本相似，但在个别细节上存在一些差异。

的手续，避免了人力、物力的浪费，从而也节约了经营者和消费者的交易成本和交易费用。

2. 保障交易的安全与稳定。格式条款内容固定、形式标准，确保了不同消费者面对同样的法律条款，维护了消费者条款的公平权。格式条款都是书面条款，可有效地避免口头形式难以查证、举证的弊端，在保障交易安全的同时也有利各界对格式条款的监督，防止提供者利用格式条款侵害消费者利益。格式条款预先分配商业风险和确定、预测潜在的法律责任，消费者在订立合同时即明确未来的风险和法律责任，可促使双方谨慎、恰当地履行合同，减少未来诉讼争议，保障了交易的稳定。

3. 格式条款可以弥补法律规定的不足，促进新型交易的发展。如快递服务业的快速发展得益于电子商务的出现，滞后的法律法规难以为新兴的交易模式提供相应的规则，利用格式条款确定合同的内容，明确双方的权利义务，弥补现有法律的缺失，促进快递服务业发展。

格式条款对消费者权益存在以下几方面的消极影响：

1. 消费者的合同自由受限。格式条款的内容是由经营者预先拟定的，消费者面对经营者没有选择权，只能被动接受。

2. 经营者利用格式条款谋求利益。条款提供者往往规定有利于自己的内容，以减轻或免除自己的责任。

3. 加重消费者的责任，削弱消费者权利。例如：①限制消费者的权利，如消费者的某些权利只能在得到经营者的许可的情况下才能行使或者部分行使；②就契约无关的事项限制消费者的权利，如为了达到对市场的垄断与控制，条款提供者规定消费者必须与自己进行交易；③要求消费者放弃某些权利，即要求消费者放弃对瑕疵商品的求偿权；④限制消费者寻求法律救济的手段，如在合同中规定，遇到纠纷只能与卖方协商，不得提起诉讼与仲裁等。

（四）行业惯例对消费者权益的影响

所谓行业惯例，是指某一地域、某一行业或某一类经济流转关系中普遍采用的做法、方法或规则。其特点有：

第一，行业惯例是约定俗成的交易习惯。行业惯例的形成是一个多年的自发的过程，它不是某一经营者制定出来的，而是约定俗成经多年使用而成的习惯规则。

第二，行业惯例已为人们普遍接受、遵守。行业惯例作为交易过程中逐渐形成的习惯规则，该惯例能够反映交易的特点，或明确双方的权利义务，为一般公众所熟知且乐意接受与遵守。

第三，行业惯例不得违背法律的强制性规定。行业惯例也不得违背民法的基本原则，如违背公平、诚实信用原则的行业惯例应无效。

第四，行业惯例不能违背公共秩序和善良风俗。公序良俗作为民法的基本原则之一，在行业惯例中也应适用。公共秩序是国家和社会生活的共同要求。善良风俗是人们的一般伦理与道德观念，包括文化传统、生活方式及民间习俗等。交易作为人们生活中经常进行的行为，必须遵守这一时期的公共秩序与善良风俗，凡是与之相违背的行业习惯应无效。

消费者许先生在收取某快递公司托运来的茶几时发现，茶几的玻璃面板有明显裂纹，要求托运部赔偿。而该快递公司按照其内部规定“包丢不包损”的条款，拒绝承担相应的赔偿责任，双方由此发生争执。许某无奈，投诉到当地消协。消协工作人员受理投诉后，与许先生一同去该快递公司核实，经调查了解投诉属实。消协认为，该快递公司所谓的内部规定属于不平等格式条款，根据《消费者权益保护法》第二十四条规定，经营者不得以格式合同、通知、声明、店堂告示等方式做出对消费者不公平、不合理的规定，或者减轻，免除其损害消费者合法权益应当承担的民事责任。格式合同、通知、声明、店堂告示等含有前款所列内容的，其内容无效。消协工作人员向经营者耐心讲解有关法律、法规，经调解，该快递公司同意按发票原价赔偿许先生的损失。

经常有消费者指出快递服务业中的有些格式条款为霸王条款，严重地侵害了自己的合法权益，并通过多种渠道对此问题进行投诉。谈到格式条款对消费者的影响，就不可避免地要探讨行业惯例(以格式条款形式纳入合同)的效力问题。

行业惯例以格式条款的形式纳入到合同中去，必须遵循格式条款订入合同的规则。即向消费者提示该行业惯例，对行业惯例作必要的说明，消费者同意将行业惯例订入合同等。如果经营者没有提示行业惯例，而在履行合同过程中，或者在事后解决纠纷的过程中主张适用某行业惯例，则不得援引。

至于行业惯例是否当然具有法律效力，实践中存在争议。有人认为行业惯例作为约定俗成的交易习惯，具有习惯法上的效力。还有人认为，凡是以格式条款形式纳入到合同中的行业惯例，其效力的判断上应和一般格式条款的效力判断一样，即以《民法通则》、《合同法》与《消费者权益保护法》为依据，凡是违背上述法律的强制性规定的即为无效，而不管该条款内容是否含有行业惯例。现实中，那些不违反法律规定的行业惯例，由于它本身即是合同的内容，双方当事人应予遵守。违背法律对格式条款的限制性规定，应为无效，经营者关于其为行业惯例的抗辩也不能得到支持。此外，国际惯例纳入合同，成为格式条款必须符合中国的法律规定。

（五）依法提供快递服务

在中华人民共和国境内从事快递服务应该遵守相关的法律。公民的通信自由和通信秘密权是快递行业应该遵守的基础法律依据。为维护公民的通信自由和通信秘密权，我国相关法律进行了具体规定，包括《宪法》、《刑法》、《刑事诉讼法》、《中华人民共和国和治安管理处罚法》(以下简称《治安管理处罚法》)和《邮政法》。

1. 侵犯通信自由罪的法律判定

《宪法》第四十条明确规定公民的通信自由和通信秘密受法律保护。除因国家安全或者追查刑事犯罪的需要，由公安机关或者检察机关依照法律规定的程序对通信进行检查外，任何组织或者个人不得以任何理由侵犯公民的通信自由和通信秘密。《邮政法》规定，公民的通信自由和通信秘密受法律保护。2009 年 10 月颁布的修订后《邮政法》，明确了邮政普遍服务的承担主体、业务范围以及服务和资费规定，强化了邮政普遍服务的支持保障机制，加大了对邮政和快递服务的监管力度，完善了通信安全和用户权益保护制度。

我国《刑法》第二百五十二条规定，隐匿、毁弃或者非法开拆他人信件，侵犯公民通信自由权利，情节严重的，构成侵犯通信自由罪，处一年以下有期徒刑或者拘役。

根据《刑事诉讼法》第一百一十六条规定，侦查人员认为需要扣押犯罪嫌疑人的邮件、电报的时候，经公安机关或者人民检察院批准，即可通知邮电机关将有关的邮件、电报检交扣押。不需要继续扣押的时候，应当立即通知邮电机关。因此，侦查人员对犯罪嫌疑人的邮件、电报进行扣押属于职务行为，不构成侵犯通信自由罪。

侵犯通信自由罪的构成要件如表 4-1 所示。

表 4-1　侵犯通信自由罪的构成要件表

客体	本罪的客体为公民的通信自由和通信秘密的权利。通信自由指与他人进行正当通信的自由。通信秘密指为自己信件保守秘密，不受非法干涉和侵犯的权利。	侵犯的对象是公民的信件，可以包括电报、信函等文字邮件，但不包括汇款、包裹、书籍纸包等邮件。 作为犯罪对象的信件，不仅包括私人间的信件，而且包括国家机关、企事业单位、社会团体、组织发给公民个人的信函。 非法隐匿、毁弃、开拆国家机关、企业、事业单位、社会团体、组织之间来往函件的，不构成本罪。
客观方面	本罪的客观方面表现为隐匿、毁弃或者非法开拆他人信件的行为。 隐匿是指把被害人的信件扣留，在一定的地点加以隐藏，不交给被害人的行为。 毁弃，是指故意丢弃、撕毁、焚毁信件的行为。① 非法开拆是指擅自开拆他人信件，偷看他人信件内容的行为。②	只要实施上述一种行为，情节严重的，就构成侵犯通信自由罪。 情节严重主要是指隐匿、毁弃、非法开拆他人信件，次数较多，数量较大的；致使他人工作、生活受到严重妨害，或者身体、精神受到严重损害以及家庭不睦、夫妻离异等严重后果的，非法开拆他人信件，涂改信中的内容，侮辱他人人格的，等等。
主体	本罪主体为一般主体。凡达到刑事责任年龄，具备刑事责任能力的自然人均成为本罪主体。	
主观方面	本罪主观方面表现为故意，过失不构成本罪。	

2．侵犯通信自由罪的法律判定案例

随着信息技术的发展，侵犯通信自由罪的犯罪对象的范围也在不断发展。如我国首例盗卖 QQ 号码侵犯通信自由案。该案被告人曾某于 2005 年 3 月初通过购买 QQ 号在网上与被告人杨某认识，二被告人遂合谋通过窃取他人 QQ 号出售获利。2005 年 3 月至 7 月间，由被告人杨某将随机选定的他人的 QQ 号通过互联网发给被告人曾某。被告人曾某本人并无查询 QQ 用户密码保护资料的权限，但其私下破解了腾讯公司离职员工柳某使用过但尚未注销的账号的密码（该账号拥有查看 QQ 用户原始注册信息，包括证件号码、邮箱等信息的权限）。被告人曾某利用该账号进入本公司的计算机后台系统，根据被告人杨某提供的 QQ 号查询该号码的密码保护资料，然后将查询到的资料发回给被告人杨某，由被告人杨某将 QQ 号密码保护问题答案破解，并将 QQ 号的原密码更改后将 QQ

① 隐匿和毁弃行为的结果，都是使收信人无法收到信件，因此，行为人侵犯了公民的通信自由权利。

② 非法开拆他人信件，拆信人并不阅看信中内容的，使他人信件内容处于公开暴露状态，是侵犯公民通信秘密的行为。

号出售给他人，造成QQ用户无法使用原注册的QQ号。经查，二被告人共计修改密码并卖出QQ号约130个，获利61 650元，其中，被告人曾某分得39 100元，被告人杨某分得22 550元。

深圳市南山区人民法院依据相关规定判决被告人曾某犯侵犯通信自由罪，判处拘役六个月；被告人杨某犯侵犯通信自由罪，判处拘役六个月。并追缴被告人曾某的违法所得39 100元、被告人杨某的违法所得22 550元，予以没收，上缴国库。[①]

3. 私自开拆、隐匿、毁弃邮件、电报罪的法律判定

《刑法》第二百五十三条规定，邮政工作人员私自开拆或者隐匿、毁弃邮件、电报的，处二年以下有期徒刑或者拘役。犯私自开拆、隐匿、毁弃邮件、电报罪而窃取财物的，依照《刑法》第二百六十四条[②]的规定定罪从重处罚。私自开拆、隐匿、毁弃邮件、电报罪的构成要件如表4-2所示。第二百二十五条违反国家规定，有下列非法经营行为之一，扰乱市场秩序，情节严重的，处五年以下有期徒刑或者拘役，并处或者单处违法所得一倍以上五倍以下罚金；情节特别严重的，处五年以上有期徒刑，并处违法所得一倍以上五倍以下罚金或者没收财产。

《治安管理处罚法》第四十八条规定，冒领、隐匿、毁弃、私自开拆或者非法检查他人邮件的，处五日以下拘留或者五百元以下罚款。《治安管理处罚法》对冒领、隐匿、毁弃、私自开拆或者非法检查他人邮件行为的处罚，属于行政处罚，当事人对行政处罚不服的，可以申请行政复议或者提起行政诉讼。《邮政法》第三十五条规定，任何单位和个人不得私自开拆、隐匿、毁弃他人邮件。除法律另有规定外，邮政企业及其从业人员不得向任何单位或者个人泄露用户使用邮政服务的信息。

另外，《快递市场管理办法》第六条规定，通信自由和通信秘密受法律保护。除因国家安全或者追查刑事犯罪的需要，由公安机关、国家安全机关或者检察机关依照法律规定的程序对通信进行检查外，任何组织或者个人不得以任何理由侵犯他人的通信自由和通信秘密。

第十五条规定，快递企业不得实施下列行为：违法扣留用户快件；违法泄露在从事快递服务过程中知悉的用户信息；法律法规禁止的其他行为。

---

① http://bmla.chinalawinfo.com/newlaw2002/slc/slc.asp? db=fnl&gid=117526782。

② 《刑法》第二百六十四条　盗窃公私财物，数额较大或者多次盗窃的，处三年以下有期徒刑、拘役或者管制，并处或者单处罚金；数额巨大或者有其他严重情节的，处三年以上十年以下有期徒刑，并处罚金；数额特别巨大或者有其他特别严重情节的，处十年以上有期徒刑或者无期徒刑，并处罚金或者没收财产；有下列情形之一的，处无期徒刑或者死刑，并处没收财产：

（一）盗窃金融机构，数额特别巨大的；

（二）盗窃珍贵文物，情节严重的。

根据《最高人民法院关于审理盗窃案件具体应用法律若干问题的解释》，盗窃公私财物“数额较大”、“数额巨大”、“数额特别巨大”的标准如下：

（一）个人盗窃公私财物价值人民币五百元至二千元以上的，为“数额较大”。

（二）个人盗窃公私财物价值人民币五千元至二万元以上的，为“数额巨大”。

（三）个人盗窃公私财物价值人民币三万元至十万元以上的，为“数额特别巨大”。

各省、自治区、直辖市高级人民法院可根据本地区经济发展状况，并考虑社会治安状况，在前款规定的数额幅度内，分别确定本地区执行的“数额较大”、“数额巨大”、“数额特别巨大”的标准。

表 4-2　私自开拆、隐匿、毁弃邮件、电报罪的构成要件

客体	本罪的客体为复杂客体，既侵害了公民的通信自由和通信秘密权，也侵害了国家邮电部门的正常活动及信誉。	本罪侵犯的对象是邮件和电报。
客观方面	本罪客观方面表现为邮政工作人员利用职务上的便利，私自开拆、隐匿、毁弃邮件、电报的行为。	构成本罪并不要求行为人同时具备私拆、隐匿、毁弃三种形式，只要实施其中之一者，即可构成。如果两种或三种行为形式兼而有之，仍以本罪一罪论处，不实行数罪并罚。 利用职务之便，是指邮电工作人员利用营业、分拣、接发、押运、投递等职务所赋予的职责条件，进行违背职责的犯罪活动。
主体	特殊主体，即邮政工作人员。	《邮政法》第八条规定，信件和其他具有信件性质的物品的寄递业务由邮政企业专营，但是国务院另有规定的除外。邮政企业根据需要可以委托其他单位或者个人代办邮政企业专营的业务。代办人员办理邮政业务时，适用《邮政法》关于邮政工作人员的规定。
主观方面	本罪的主观方面为故意，过失不构成本罪。	

私自开拆、隐匿、毁弃邮件电报罪与侵犯通信自由罪在主观方面上，都是由行为人的故意构成的，客观方面都实施了私拆、隐匿、毁弃信件的行为。其区别在于：

(1) 犯罪的主体不同。私自开拆、隐匿、毁弃邮件电报罪是特殊主体，必须由邮电工作人员构成；而侵犯公民通信自由罪是一般主体，凡是达到刑事责任年龄具有责任能力的人均可构成。

(2) 犯罪的客体不同。私自开拆、隐匿、毁弃邮件电报罪侵犯的客体是复杂客体，即侵犯了公民的通信自由和通信秘密，也侵犯了国家邮电部门的正常活动；而侵犯公民通信自由罪侵犯的客体是公民通信自由和通信秘密的权利。此外，侵害的对象也不完全一样。私自开拆、隐匿、毁弃邮件电报罪侵害的对象是邮件和电报，而侵犯公民通信自由罪侵害的对象仅限于信件。

(3) 客观要件不同。私自开拆、隐匿、毁弃邮件电报罪以利用职务之便为要件，属于渎职性质的犯罪；侵犯公民通信自由罪的成立则与行为人的职务无关。

在《刑法》中还明确规定非法经营罪、拖欠投递罪。第二百二十五条违反国家规定，有下列非法经营行为之一，扰乱市场秩序，情节严重的，处五年以下有期徒刑或者拘役，并处或者单处违法所得一倍以上五倍以下罚金；情节特别严重的，处五年以上有期徒刑，并处违法所得一倍以上五倍以下罚金或者没收财产：(一)未经许可经营法律、行政法规规定的专营、专卖物品或者其他限制买卖的物品的；(二)买卖进出口许可证、进出口原产地证明以及其他法律、行政法规规定的经营许可证或者批准文件的；(三)其他严重扰乱市场秩序的非法经营行为。

第三百零四条规定，邮政工作人员严重不负责任，故意延误投递邮件，致使公共财产、

国家和人民利益遭受重大损失的，处二年以下有期徒刑或者拘役。

4. 私自开拆、隐匿、毁弃邮件的判定案例

2007 年，刘先生在网上先后订购了几次邮票，但卖家以平信寄出后，刘先生并没有收到。考虑到平信容易丢失，刘先生也没有深究。

2008 年 3 月，刘先生在集邮爱好者网站上看中了几张邮票，便与卖家陈某约定到平江府路邮币市场当面进行交易。在交易现场，陈某又拿出了另外几张邮票让刘先生挑选。刘先生仔细看了这几张邮票后，发现与他去年在网上订购后又没收到的邮票一模一样。

刘先生立即偷偷联系了在邮局工作的好友白先生来到邮币市场。白先生告诉刘先生，这个邮票的卖家陈某就是负责投递刘先生家信件的邮递员。刘先生随即报警。

经查，陈某手中持有的邮票，就是他私拆刘先生的信件取得的。据陈某供述，他发现刘先生经常订阅一些关于集邮的书籍和杂志，便猜到刘先生可能做邮票生意，其来往的信件中肯定也会有值钱的邮票。2007 年 10 月，他第一次私拆了刘先生的信件，发现信里有几张从未使用过的外国邮票，便据为已有。半年来，陈某靠私拆刘先生的信件，获取邮票 56 张。此外，陈某还私拆了其他 3 名业主的信件。

法院受理此案后，委托了物价部门对邮票进行价格认定。但物价部门回复，邮票属于特殊商品，应按收藏价值，而不是面值认定价格，但收藏价格没有统一标准，很难认定，且陈某所盗邮票大多数是外国邮票，也没有市场价可供参考。物价部门建议法院委托相关专家进行鉴定。法院又找到省集邮协会，集邮协会的专家认为被盗邮票价值 2 500 元左右。但该名专家表示，这只是其个人估价意见，并不能代表这些邮票的实际价值。由于该名专家的估价没有参考依据，法院没有采信。最终，法院以私自开拆、毁弃邮件罪判处陈某有期徒刑 1 年，缓刑 1 年。①

案例：消费者的失误②

（一）案例回顾

朱小姐是一名刚刚毕业的学生，在南京市某公司从事前台工作，她的工作之一就是负责公司快件的收发工作。2005 年 6 月 1 日上午，销售部经理张小姐拿出一份已经封装并完成运单填写的快件给朱小姐，再三叮嘱她一定要在当天发出，因为这是一份投标文件，6 月 2 日 17 点就截止投标了，如果不能在当天发出就无法在截止日期前送到。当时，朱小姐正在整理公司的一堆历史资料，她一边答应着，一边把快件放在一边，准备处理完资料后再打电话呼叫快递公司来取件。在接到朱小姐取件电话后的半小时左右，递送员到了公司，朱小姐将公司的所有快件交给了他，却偏偏漏了张小姐的那一份快件。

次日，朱小姐将整理好的历史资料归档时，发现张小姐的文件竟然夹在这堆历史资料中，她当时感到非常害怕，因为她还在试用期，如果由于她的失误导致公司失去了投

---

① http://www.js.xinhuanet.com/peace/2009—04/13/content_16240525.htm.

② 徐勇.中国民营快递现状与发展趋势解析[M].上海:学林出版社,2006.

标机会，肯定会被开除的。于是她立即叫来快递公司递送员，请他取走了快件。由于递送员每天都要处理大量快件，根本没有顾及到检查运单的发件日期和潜在的隐患，就将快件取走。

6月3日，该快递公司客服部接到了张小姐的投诉电话，她非常愤怒，一定要求公司赔偿其全部损失。该快件是从南京至无锡，而且这两天并未发现异常现象，也没有滞留的快件，因此客服人员不相信是由于公司的原因导致延误，于是她着手进行了调查，最终通过业务系统和各种交接单据查出事实的真相。

在与客户再三交涉的过程中，客户也进行了自查，前台朱小姐因为心虚而承认了自己的失误，最终真相大白，一个由于客户工作失误引起的赔偿案件让快递公司得以清白。

（二）案例点评

本案例是针对消费者权益问题来探讨消费者的义务的。我国《消费者权益保护法》中明确了消费的九项基本权利。由此对应的是规定了经营者的基本义务。但是，消费者在有效利用法律武器保护自己权利的同时必须遵守其他法律规定。朱小姐因为自己的工作失职，恶意将其责任转嫁给快递公司，这是非常不道德的行为。消费者在维护自身权益时，不能侵犯经营者的合法利益，消费者的权益与责任并重。消费者的权益的法律保护的是合法交易中的消费者的正当权益，对违反法律规定的行为不予支持，情节严重的可援用其他法律法规对消费者进行处罚。

案例：快递公司的发票

（一）案例回顾

消费者陈女士向某出版社邮购了一本书，但收到后发现出版社寄错了书。与出版社协商后，出版社同意陈女士把寄错的书邮回并报销邮寄费用。陈女士到邮局寄快递，邮局给她开了收据。次日，出版社收到了退回的书和邮寄费用收据，但拒绝报销快递费用，说邮局开的是收据不是发票，根据公司的财务规定无法办理报销。陈女士询问邮局，邮局表示只能开具收据，没有开发票的义务。

消费者张女士收到快递公司送来一份到付快递件，她付了60元之后索要发票，送件员说没有带发票，下次带过来。当时张女士担心他忘记，让他立了字据为证。3个月过去了，仍然没有拿到发票。张女士打电话去快递公司的总部、分部等，得到的答复都是财务人员不在，开不出发票等之类的推脱词。

消费者刘先生委托某快递公司寄送快件，付款后，刘先生向快递公司索要发票，快递公司揽收员说："考虑到您是我们的大客户，我们已经在价格上给予了一定的优惠，如果您需要开具发票，应额外支付8%的税款。"刘先生认为这很没有道理，拒绝另付税款，并对该快递公司进行了投诉。

（二）案例点评

以上三个小案例均涉及快递服务企业出具单据义务。

我国实行的是价内税，消费者在购买商品或者服务时，其所看到的经营者的价格表示应当包含税款。根据《价格管理条例》第六条规定，商品价格构成包括生产商品的社会平均成本、税金、利润以及正常的流通费用。同时，《价格管理条例》第五条规定本条例所指的价格包括：1. 各类商品的价格；2. 各种经营性服务的收费标准（以下简称收费标准）。

根据《消费者权益保护法》的规定，消费者有权获得发票等购物凭证。根据《消费者权益保护法》第二十一条的规定，经营者提供商品或者服务，应当按照国家有关规定或者商业惯例向消费者出具购货凭证或者服务单据；消费者索要购货凭证或者服务单据的，经营者必须出具。为保障消费者取得票据的权利，国家工商行政管理总局出台了专门的规定——《关于处理侵害消费者权益行为的若干规定》，其中第四条规定消费者接受经营者提供的商品或者服务后，向经营者索要发票、收据、购货卡、服务卡、保修证等购货凭证或者服务单据时，经营者必须出具相应票据，并不得加收任何费用。如果消费者索要发票，经营者不得以收据、购货卡、服务卡、保修证等代替。有正当理由不能即时出具的，经营者应当按照与消费者协商的时间、地点送交或者约定消费者到指定地点索取。经营者约定消费者到指定地点索取的，应当向消费者支付合理的交通费用，对经营者不履行前款规定的义务的行为，工商行政管理部门应当责令其改正，并在市场主体信用监管信息中予以记载。

《价格管理条例》也对擅自收取价外税的行为做出处罚规定。《价格管理条例》第二十九条明确规定下列行为属于价格违法行为：“……2. 违反国家指导价的定价原则，制定、调整商品价格或者收费标准的……11. 不按规定明码标价的。”第三十条规定，对有以上违法行为之一的，物价检查机构应当根据情节按照下列规定处罚：1. 通报批评；2. 责令将非法所得退还购买者或者用户；3. 不能退还的非法所得由物价检查机构予以没收；4. 罚款；5. 提请工商行政管理机关吊销营业执照；6. 对企业、事业单位的直接责任人员和主管人员处以罚款，并可以建议有关部门给予处分。以上处罚，可以并处。

根据国家的这些法律法规的规定，我们可以看出，邮局与快递公司必须给消费者开具发票，他们具有提供发票的义务，拒绝与拖延均侵害了消费者的合法权益。快递公司揽收员对于刘先生提出开具发票的要求另加税金的行为明显违反了我国法律法规的相关规定，是不合理的。目前，社会上存在经营者和消费者之间通过协商，压低价格、不开发票以逃避税收管理的情况。例如，经常有经营者在报价时，推出开发票价和不开发票价的不同价格，如果消费者不开发票则可以少付货款。从本质上讲，消费者的这种行为也是违法行为，属于双方恶意磋商损害国家利益的行为。

如果消费者在购买快递服务的过程中，遇有不开发票或是加收价外税时，可以依据《关于处理侵害消费者权益行为的若干规定》和《价格管理条例》的规定，向工商部门或物价主管部门举报。

案例:快递服务赔偿的格式合同①

(一)案例回顾

马先生2006年11月20日,他在某快递公司邮寄了一款价值200元的MP3到张家港,发生丢失。之后,马先生多次打电话与该快递公司联系,希望能尽快赔偿,但是一直持续到今年1月份才拿到120元的赔偿金。

2006年5月16日,钟先生快递9万元发票给客户,被某快递公司遗失。快递公司只答应赔偿钟先生300元,并称是公司规定。

2006年8月23日,小龚通过某航空快递公司给朋友寄出一箱衣物,朋友却收到药水,快递公司对此拒绝赔偿。

2006年10月11日,黄小姐通过某快递公司邮寄出一箱价值千元的化妆品样品,客户一直没有收到货。原来该快递公司停止经营,很多货被个别员工哄抢。

2006年,吴先生的外甥从浙江通过快递公司给他寄来一台笔记本电脑,却收到几块被海绵包着的红砖。

消费者指出,快递公司的快运单字迹很小,看起来费力。在这份合同里标明了快运公司的诸多免责条款:承运人无法控制的各种情况所造成的物品运送延误、遗失、毁灭或没收均不承担任何责任;对未保价递送物品的丢失、损毁、或短少,按实际损失的价值赔偿,但最高不超过人民币五百元。当消费者提出这种赔偿规定不合理时,快递企业称这是行业规定。对此,有律师认为,这种单方面制定免责条款规避责任的规定,属于典型的霸王条款。如果消费者碰到这种存在显失公平的条款,即使在货运单上签了字,也不代表对于契约的内容全部接受。快递公司所定的契约,很多都是违背现行法律的。比如很多公司规定,货物丢失必须在两个星期内书面通知快递公司,否则不予赔偿。这与法律中规定的诉讼时效明显抵触,没有法律效力。

(二)案例点评

格式条款给消费者带来高效、便捷、节约、安全等便利的同时,对消费者权益也会带来一些消极的影响。常见的有:不合理分配风险,如规定商品"一经出售,概不负责"。赋予自己任意解除合同的权利,如电信公司任意终止电话磁卡业务等。更有甚者,条款提供者还常利用所提供的条款内容冗长、字体细小、文意艰涩、不易阅读来减轻或免除自己的责任。如在有的条款中规定自己仅就故意或重大过失的行为负责,而对其他情况下的责任避而不谈,从而达到减轻或免除自己责任的目的。快递公司的格式合同——面单显然存在以上弊端。

快递面单被消费者指责为霸王条款,主要因为涉及以格式条款形式纳入合同的行业惯例的效力问题。

① 来源:根据江南都市报 http://www.jxnews.com.cn 2007年1月25日相关报道整理而成。

快递纠纷产生时消费者首先要看清自己签署的快递面单，了解自己的权益。经营者在收到客户投诉时更要以客户利益为先。无论是消费者还是经营者，都应以法律为基准，理性对待问题。

第二节　快件延误、丢失、损毁适用法律与解析

一、快件延误适用法律与解析

（一）快件延误概述

快件的延误一直以来都是消费者申诉的重点，从国家邮政局邮政业消费者申诉情况通告的统计结果来看，2009 年 1—6 月邮件延误都位居榜首，将近占总申诉量的一半。快件没有在承运商承诺的时间范围内到达收件客户手中，称为延误。由于各快递公司路由设计和服务能力的不同，对相同地方的到达时间也存在不同，因此，对快件是否延误的判定是以承运商承诺的到达时间范围内为标准，从现实许多公司的承诺看，其服务时限的产品日趋趋同。

快件产生延误的原因主要有客观原因和主观原因两种。

1. 客观原因

（1）天气原因。如大雾、大雪等恶劣天气导致的交通工具行使不畅，如航班列车晚点、行车缓慢等造成快件的延误。

（2）交通意外。交通对快件运输带来的影响主要有两个方面：一个是交通事故，另一个是交通管制。从事国内快递运输的交通工具包括城际间和当地运输工具，城际间运输工具包括飞机、火车、货车等，当地运输工具包括自行车、摩托车、面包车等。当这些运输工具发生交通意外时，为处理事故往往会耽误快件送达的时间。交通管制：由于某些特殊情况，交通部门会对某些路段实行交通管制，即在某个时间段内关闭某些通行路段。交通管制后，车辆只得绕道行驶或暂停行驶，从而导致快件的延误。比如，北京在 2008 年奥运会与 2009 年国庆 60 周年阅兵期间实行的交通管制所导致的快递延误。

（3）客户责任。通常把由于客户责任所产生延误的行为分为故意行为和过失行为。

（4）第三方责任。第三方责任指除快递公司和客户外的供应商所引起的快件缺失责任。通常情况下主要是航空公司、铁路部门、汽运公司等负责直接运输的单位。

2. 主观原因

（1）企业管理不善。

（2）操作错误，由于工作人员操作失误而导致的延误。

（3）包装材料不合格或未按照标准操作包装。

（4）承运不当物品，如承运违禁物品等。

（5）综合原因，包括野蛮操作等。

（二）快件延误法律问题解析

解决因快件延误而产生的法律纠纷，主要是依据我国《消费者权益保护法》的相关规定，如第十六条规定履行约定是经营者的首项义务，经营者与消费者有约定的，应当按照约定履行义务。

《合同法》第一百零七条规定，当事人一方不履行合同义务或者履行合同义务不符合约定的，应当承担继续履行、采取补救措施或者赔偿损失等违约责任。当事人订立合同，一般采取要约、承诺的方式。我国《合同法》第二十一条规定，承诺是受要约人同意要约的意思表示。做出承诺的为受要约人，称为承诺人。承诺一旦产生，将导致合同成立。双方当事人就受合同规定的权利和义务的约束。《合同法》第二十二条直接对承诺的方式进行规制：承诺应当以通知的方式做出，但根据交易习惯或者要约表明可以通过行为做出承诺的除外。根据《合同法》的规定，我们可以理解为承诺原则上应采取通知方式，但根据交易习惯或者要约表明可以通过行为作为承诺的除外。这就是说，承诺的法律形式是通知，通知的方式是指受要约人以明示的方式做出承诺，包括采用对话、信件、电报、电传明确地表达承诺人的承诺意思，因为只有采用通知的方式才能使要约人准确地了解承诺人的意图，确定承诺人是否已经做出了有效的承诺。

《快递服务》邮政行业标准也是判断法律责任的行业标准。《快递服务》邮政行业标准规定了投递时间，快递服务组织的投递时间应不超出向顾客承诺的服务时限或按照约定的时间投递。服务时限的承诺：包括组织提供的各类服务的服务时限，如同城快件为 3 个日历天；国内异地快件为 7 个日历天；港澳快件为 7 个日历天；台湾快件为 10 个日历天；国际快件为 10 个日历天。有关赔偿的承诺：包括索赔因素、赔偿原则以及受理索赔期限；投诉处理承诺，包括投诉受理程序以及投诉处理时限；附加服务的承诺。明确的法律法规为解决相关的法律纠纷提供了清晰的依据。

《快递市场管理办法》第九条规定，快递企业提供快递服务应当遵守其公开的服务承诺，符合《快递服务》邮政行业标准。第十条规定，快递企业应当在营业场所公示或以其他方式向社会公布其服务种类、服务价格、营业时间、运递时限等服务承诺，并在规定时间内向省级邮政管理部门备案。第十一条规定，快递企业应当以书面形式明确快递企业与用户双方的权利和义务，其格式合同条款应当做到公平合理、准确全面，并向省级邮政管理部门备案。

《刑法》第三百零四条规定，邮政工作人员严重不负责任，故意延误投递邮件，致使公共财产、国家和人民利益遭受重大损失的，处两年以下有期徒刑或者拘役。

1. 行业惯例法律效力案例解析

合肥某公司有一份文件需要送至厦门，前台工作人员张女士拿起上次递送员送快递时递交的名片，拨打了上面的电话，请快递公司来取件。张女士办事严谨，她是第一次使用快递，在业务员取件时向其询问了很多问题，并着重询问了详细的送达时间。快递公司业务员回答说，一般情况下次日下午可以送达。张女士一再追问邮件到达的具体时间，快递业务员只好说了到达的保守时间是次日下午三点到五点。张女士于是一边口头叮嘱下午五点前一定要送到，一边在运单上写上“6 月 9 日 17 点前必须到达，逾时赔偿”。该快递公司业务员一天的取派件量很大，为了赶时间，他很少去注意运单上的内容，即使他注意了，由于缺乏法律意识，也并不一定能够引起重视。他接过文件后，习惯性地签上自己的名字，将运单的发件人联交给张女士后就离开了。但该快件于6月10日9点才送到。快件没有准时到达，张女士认为快递公司没有履行其承诺，于是凭借那张有递送员签名的承诺书向该公司提出了赔偿要求。①

根据我国《合同法》第二十一条的规定，承诺一旦产生，将导致合同成立。双方当事人就受合同规定的权利和义务的约束。本案中张女士与快递公司员工签订了运单，即签订了快运契约合同，两者之间的法律关系确定。本案的焦点就在于，经营者的工作人员与消费者口头约定的承诺是否有效。

《合同法》第二十二条直接对承诺的方式进行规制，承诺应当以通知的方式做出，但根据交易习惯或者要约表明可以通过行为做出承诺的除外。承诺的法律形式是通知，通知的方式是指受要约人以明示的方式做出承诺，包括采用对话、信件、电报、电传明确地表达承诺人的承诺意思，因为只有采用通知的方式才能使要约人准确地了解承诺人的意图，确定承诺人是否已经做出了有效的承诺。承诺的方式是否应作为有效承诺的一种要件，主要取决于要约的内容是否对承诺方式做出了明确规定。如果要约没有对承诺方式做出特别规定，是否需要从要约的方式中确定要约人关于要约方式的意思，对此需要作具体分析，如果根据当事人双方的交易习惯能够确定要约人关于承诺方式的意图，则承诺人也应当按照该方式承诺。受要约人可以采用如下方式来表示承诺：(1)以口头或书面的方式表示承诺，这种方式是在实践中经常采用的。一般来说，如果法律或要约中没有明确规定必须用书面形式承诺，则当事人可以用口头形式表示承诺。(2)以行为方式表示承诺。这就是说要约人尽管没有通过书面或口头方式明确表达其意思，但是通过实施一定的行为做出了承诺。本案中，快递公司员工通过口头以及书面方式进行与张女士约定"6月9日17点前必须到达，逾时赔偿"符合法律规定，因而合法有效。尽管本案没有超出《快递服务》邮政行业标准中"向顾客承诺的国内异地快件为7个日历天"服务时限，但没能按照约定的时间投递，快件延误，快递公司应该予以赔偿。

运单就是快递公司与客户签署的合同，客户在运单正面签下了名字，也就是表明对合同内容的认可，这是快递行业默认的行业惯例。该快递公司的运单上契约条款中有这样一条："本公司按正常标准合理、快速派送货物，但对交通受阻或者意外事故、自然灾害、不可抗力及本公司不能控制的因素而引起的延误除外。"本案中快递公司的延误是由于客观原因(天气异常)所导致，依照行规条例及运单背书条款，快递公司对延误不负赔偿责任。因此，本案也涉及以格式条款形式纳入合同的行业惯例的效力问题。

2. 索赔案例解析

消费者钱先生向当地消费者权益保护委员会投诉，称其在2009年4月5日，通过邮局的快递邮寄一份资料到日本，对方承诺三天可以送到，但结果是直到4月13日才将资料送到收件人手中，用了9天时间。消费者钱先生认为选择快递就是享受快捷便利及时的服务，现在反而延误时间，造成资料失去时效，给自己造成了巨大的经济损失。因此，要求经营者补偿快递变成普通投递的邮资差价，以及由于未能及时送达，产生的长途电话询

① 徐勇.中国民营快递现状与发展趋势解析[M].上海：学林出版社，2006.

问费用和资料失效造成的直接损失。当地消费者权益保护委员会的工作人员根据上述规定和投诉事实为争议双方多次联系沟通，在反复协商的基础上，最后成功促使双方达成一致，经营者同意一次性补偿消费者 1 000 元，消费者对此表示满意。

《消费者权益保护法》第四十四条规定，经营者提供商品或者服务，造成消费者财产损害的，应当按照消费者的要求，以修理、重作、更换、退货、补足商品数量、退还货款和服务费用或者赔偿损失等方式承担民事责任。消费者与经营者另有约定的，按照约定履行。本案中就是依据此法条进行处理的。

《快递服务》邮政行业标准中规定，彻底延误时限是指从快递服务组织承诺的服务时限到达之时算起，到顾客可以将快件视为丢失的时间间隔。根据快递服务的类型，国际快件彻底延误时限为 10 个日历天。索赔因素中也规定，快件延误是指快件的投递时间超出快递服务组织承诺的服务时限但尚未超出彻底延误时限。在本案中，邮局没有满足工作人员提出的"三天可以送到"的承诺，但未超出规定的承诺时限 10 天，经营者可以不承担相应的赔偿。另外《快递服务》邮政行业标准中也规定，由于延误导致内件直接价值丧失，应按照快件丢失或损毁进行赔偿。本案中，由于延误导致了钱先生文件价值的失效，并给其带来较大的经济损失。如果按照"快递丢失或损毁进行赔偿"的话，钱先生应获得"最高赔偿金额按照运价的 5 倍赔付"。

3. 快件代签案例解析

消费者汪女士向国家邮政局投诉，其在 4 月 24 日在网上购物，直至 5 月 4 日货物一直未收到，与卖家联系被告知其本人已经签收，但她并未收到所购买的物品。汪女士以为是门卫代其签收，后经查并没有任何人签收，最后经查显示本人所在地快件已妥投。汪女士反复确认门卫收发室人员没有任何人签收，她怀疑包裹被错投到别处。经当地邮政管理局申诉中心调查发现，汪女士快件延误是由单位其他人员误拿所致。本案中所涉及的快件延误的主要责任是快递公司在代签收过程存在管理缺陷，快递公司应该得到收件人本人的同意与认可之后才能找人代收物品。本案中，如果汪女士最终未能收到快件，快递公司应承担相应的责任。

案例：超规格货物引发的赔偿①

（一）案例回顾

张先生欲寄递一台大型设备至沈阳，该货物的长宽高分别是 1.85 m×1.45 m×1.3 m，因为是工程中急用的设备，时限要求特别急，所以联系了某快递公司。接下这笔业务的销售员许某是公司的新员工，他从来没有从事过相关行业，对运输知识不是很了解，刚进公司的时候也只是经过了简单的培训就上岗了。他没有想到，像这样大型的货物一般都不会采用空运模式，别说它过不了安检机，若遇到小型飞机，恐怕连舱门都进不去。

发件人张先生在支付高额运费时提出，"收件人必须在起运之日起的次日签收货物，否则快递公司将补偿一半的运费，若第三天仍未送达，则赔偿全部运费"并将此条款列于

① 徐勇.中国民营快递现状与发展趋势解析[M].上海：学林出版社，2006.

运单上。为保险起见,许某再次查询了航班情况:郑州至沈阳,一日两班。这批货物当天下午就可以起运,就算遇到什么意外情况,次日仍有两班。许某认为已经万无一失了,答应了客户的要求(因为是第一笔业务,而且情况特殊,许某便随收派员一起去取件,并亲自签署了此条款)。

货物进机场后,安检人员要求开箱查验,于是许某就跟客户联系,发件人张先生说,此设备封箱十分复杂,需要一定的技术,一旦开箱很难还原,不允许开箱。许某在操作人员建议下改为火车运输。

岂料,车站货运处运力紧张,不承运这种超大货物。最后,他们只得找到汽车货运处。汽运的时间无法保证,最快也要在第四天早上才能到达沈阳。

许某无奈向客户进行解释。虽然张先生对此情况表示理解,但由于许某的承诺,张先生答应了客户送货的时间,如果延误两天,他将承担全部的运费,因此要求快递公司承担相应的损失。

(二) 案例分析

本案中,该快递公司与张先生签订的《国内快递服务协议》第四条规定,快递服务组织在服务过程中造成快递延误、损毁、丢失的,应承担赔偿责任。双方没有约定赔偿标准的,可以按照相关法律法规执行。既无约定也无相关法律法规的,服从快递服务标准规定。快递服务组织有偿封装的,承担因封装不善造成的延误、损毁、丢失责任。该快递公司的许某与张先生在此基础上,进行了新约定,即"收件人必须在起运之日起的次日签收货物,否则快递公司将补偿一半的运费,若第三天仍未送达,则赔偿全部运费",并将此条款列于运单上。该约定符合《合同法》之规定,属于有效条款,快递公司必须以此约定进行赔偿。

快递公司误解的运输受制于很多因素,途中的变化难以预料,再加上快递公司只是运输代理单位,不能掌握运输的全过程,若将时限纳入合同,并附加赔偿条件,必将承担非常大的风险,所以"不对延误进行赔偿"几乎已经成了运输代理行业不成文的规定。一旦消费者与经营者签订了格式合同,消费者的权利就得到相关法律法规的保护,在没有特殊约定的情况下,快件的时限、赔偿等法律纠纷主要参照《邮政法》、《快递服务》邮政行业标准等行业法规执行。

该案例特殊之处是,消费者张先生在和多个快递公司进行沟通之后与许某签订委托合同。张先生"知其不可而为之"的做法主要是希望解决运输难题,但他没有将自己所了解的事实告知快递公司许某,以增加许某对此事的判断,加之许某工作经验缺乏,最终导致案件的发生。许某的过失源于自身素质较低,法律知识薄弱,法律意识不强。因此,快递公司员工素质、员工培训等方面还欠薄弱,阻碍企业的长远发展。

案例:缓慢的环球快递[1]

(一) 案例回顾

2006年12月9日,吴先生在某快递收件处办理了环球文件快递业务,将一份文件寄

---

① 陈瑛、金恒,环球快递成"慢递",新民晚报,http://news.sina.com.cn/s//2006-12-18/14281080277ls.shtml

给美国芝加哥近郊小镇的朋友。由于吴先生的朋友20日就要离开美国，快递必须在18日前送达。吴先生再三询问是否能准时送达，工作人员爽快答应："2天后就能送到。"

12月12日，吴先生的朋友没有如约收到快递。吴先生在该快递公司中国区网页上搜索邮件追踪信息，结果显示邮件在9日晚11时25分从中国发件地出口，此后就没有更新的信息。直到北京时间15日中午，才有了新的追踪报告："快件到达美国洛杉矶运转地"。吴先生对于邮件6天才到美国非常气愤。事情还没结束，北京时间17日凌晨，吴先生看到快件仍处于"待派送"状态。吴先生致电某快递公司客服热线，工作人员说："双休日美国人休息，快件要等到周一上午(当地时间12月18日)才能派送。"

该快递公司客服热线的工作人员称，一般来说寄往美国的环球快递文件只需2个工作日，如果目的地是小城市的话，可能会耽误1～2天。12月10日航班因舱位不够出现了拉舱(卸货)，吴先生的邮件是在稍晚才运出去的。不过，在此之后，邮件的"行踪"确实不明朗，具体延误原因有待查明。

寄快递到美国，快递公司承诺2个工作日完成"门到门"服务(即将快递送到收件人手中)，可是等了近10天，收件人还未拿到邮件。吴先生寄出的是大学入学申请书，要赶在18日前送到朋友手中，时间紧迫，吴先生现在只希望快递公司能抓紧时间，兑现承诺，让朋友能顺利收到邮件。"快递变成了慢递，承诺不是成了一句空话吗?"

(二) 案例点评

本案中吴先生的快件延误来自客观和主观两方面的原因。首先，12月10日航班因舱位不够出现了拉舱(卸货)，导致吴先生的邮件投递延误。这种情况属于第三方的责任。第三方责任指除快递公司和客户外的供应商所引起的快件缺失责任。通常情况下主要是航空公司、铁路部门、汽运公司等负责直接运输的单位。拉舱是指定航班(飞机)、班列(火车)、班次(汽车)舱位不够的情况下，承运公司将装不下的(即落下的)货物拖出的情况，也叫落舱。一般情况下，承运公司会将落舱货物配载到下一个有空余舱位的航班、班列、班次上。货物落舱后，由于没有在指定时间及时运输而导致快件延误。

就其客观原因而言，我国《消费者权益保护法》第三十五条规定了消费者的索赔权力。也就是说，消费者在使用购买的商品的过程中，其合法权益受到损害的，可以向销售者要求赔偿。至于销售者与生产者或其他提供商之间的约定，则对消费者无效。也就是说，如果该责任属于生产者的责任或者属于向销售者提供商品的其他销售者的责任的，销售者赔偿后，销售者可以向生产者或者其他销售者追偿，但这并不影响消费者直接向销售者要求赔偿。消费者或者其他受害人因商品缺陷造成人身、财产损害的，可以向销售者要求赔偿，也可以向生产者要求赔偿。还可以同时向两者要求赔偿，但究竟由谁赔偿给消费者，则由消费者根据具体情况决定。

若是属于生产者责任的，消费者选择由销售者赔偿的，销售者赔偿后，销售者有权向生产者追偿；反之，若是属于销售者责任的，消费者选择由生产者赔偿的，生产者赔偿后，生产者有权向销售者追偿。此外，消费者在接受服务时，其合法权益受到损害的，可以向服务者要求赔偿。消费者购买快递公司的服务受到此条款的保护。

本案中由于航空公司原因导致快件在第一阶段出现延误，消费者吴先生就此可以直接向该快递公司进行索赔或投诉航空公司。但是，快递公司的运单上契约都有第三方责任的免责条款，因此，本案也涉及以格式条款形式纳入合同的行业惯例的效力问题。

不过，在此之后，邮件的“行踪”不明朗，具体延误原因有待查明，则属于快递公司的主观原因，快递公司应该按照快件延误的相关规定对消费者吴先生进行合理的赔偿。

二、快件丢失、损毁法律问题解析

（一）快件丢失、损毁概述

快件丢失分为完全丢失和部分丢失。完全丢失是指整票货物完全丢失，无法送达收件人；部分丢失是指一票快件货物的部分快件发生了丢失。快件丢失给消费者与经营者均带来巨大的损失，所以快件丢失往往是快递服务中最严重的服务失误。快件丢失产生的主要原因包括：快件包装存在缺陷；快件代签收错误；快件交接环节存在缺陷；快递业务员派送时人货分离；快递运输装车存在缺陷等。

快件损毁分为两种：外包装破损和内物损毁。外包装破损是指货物的外包装因撞击、拖拉、撕毁等原因造成的损伤，或因天气、存放条件等原因引起的潮湿、腐蚀等原因造成的损伤。内物损毁是指快件货物因受到外力的撞击、抛摔、拖拉等原因造成的破裂、变形、损伤，或因天气、存放条件等原因引起的潮湿、腐蚀、变质等原因造成的破裂、变形和损伤。

（二）快件丢失、损毁法律问题解析

1. 快件赔偿案例解析

《消费者权益保护法》第四十四条规定，经营者提供商品或者服务，造成消费者财产损害的，应当按照消费者的要求，以修理、重作、更换、退货、补足商品数量、退还货款和服务费用或者赔偿损失等方式承担民事责任。消费者与经营者另有约定的，按照约定履行。

消费者季先生投诉，其于2009年3月8日向深圳邮寄一台PSP 2006游戏机和配件。发货的时候称重量为0.9千克，到上海总站的时候还是0.9千克，可是从上海发深圳的时候却变成0.4千克。收货人收到货以后要当着快递员打开包裹验货，但遭到拒绝，被告知需签收后方能打开。收货人只能先签收，回家打开却看到里面只剩下盒子，物品已经没有了。季先生马上联系当地的快递公司，当地快递公司向上海总站高级物品申诉办公室联系之后，要求季先生提供邮寄物品的发票。季先生是在香港通过非正规渠道购买的产品，所获发票并非正规发票，遭到快递公司的质疑。因此，季先生物品丢失问题一直没能得到解决。在国家邮政局的协调下，该快递公司向消费者季先生赔付2 000元人民币。

本案的焦点问题是丢失快件的价值如何确定？快递经营者如何给予消费者赔偿？消费者季先生与快递公司签订了运单，属于消费者与经营者另有约定，按照约定履行。该快递公司的运单的第七条中写明：“在托寄过程中，因本公司的疏忽导致货物出现任何损毁、遗失或者被盗等情况，且托运人未进行平均保价的，本公司对遗失货物进行赔偿，赔偿金额最高限额按照运价5倍赔付……”根据快递公司与消费者的约定，季先生应获得按照运费进行的赔偿，而不是依据托运物品价值的赔偿。

有人认为，根据《合同法》第四十条的规定，如果提供格式条款一方免除自己责任、加

重对方责任或排除对方主要权利，则该条款无效。因此，快递赔偿限额的格式条款应该认定为无效。快递过程中毁损、丢失货物时，快递公司必须照价赔偿。快递合同中的赔偿限额条款属于限制己方责任的条款，而非免除己方责任的条款，应适用《合同法》第三十九条第一款的规定，采用格式条款订立合同的，提供格式条款的一方应当遵守公平原则确定当事人之间的权利和义务，并采取合理的方式提请对方注意免除或者限制其责任的条款，按照对方的要求，对该条款予以说明。如果被告在订立快递合同时，明确告知原告赔偿限额及保价的相关格式条款内容，原告在明知自身权利义务的情况下选择不保价，发生货物毁损、丢失等情形时，应当适用赔偿限额的格式条款。但是值得注意的一点就是，快递公司在告知托运人赔偿限额及保价等格式条款内容时，采用的方式应当是明示的。根据以上观点，季先生在没有购买保险的情况下，快递公司应承担未明确告知消费者所带来的责任。

邮政企业是全民所有制的经营邮政业务的公用企业，其机构设置和业务活动受《邮政法》调整。基于邮政企业的特殊地位和邮政事业的长远发展，国家相关部门通常会设置一定的政策，如《邮政法》第三十三条第四项规定，非保价邮包，按照邮包实际损失价值赔偿，但是最高不超过国务院邮政主管部门规定的限额；《国内邮件处理规则》第三百四十九条第一款第四项规定，未保价邮件发生丢失、毁损、短少时，应按实际损失赔偿，但最高赔偿额不超过所付运费的二倍。但是民营快递企业在遇到相同情形时，不能直接适用这些规范性文件，相关的权利义务由合同当事人进行约定。因此，该快递公司给季先生的赔付金额并非直接采用邮政法的规定，而是与消费者协商后的金额。

2. 快件价值确定案例解析

消费者贾先生向国家邮政局申诉，他在 2009 年 3 月 29 日通过某快递公司将一台全新全配的诺基亚 N96 手机从南京发往沈阳，发货时，是在收货员要求当场验货的情况下重新包装的，同时收货员自己在快递单托寄物内容栏内填上手机，并注明价值 3 000 元，该款机器的实际价值是 3 750 元。3 月 31 日，贾先生查到收件方拒签了货物，为了查明原因贾先生当天开始就联系该快递公司客服。4 月 7 日南京该快递再次看到退回的快件，提出其所发货已经全部被掉包。贾先生认为，他的货物是在快递公司收货员当场验货的情况下带走的，收件方是当着该快递公司派件员验货的，出现这种情况只能说明快递公司存在着故意或重大过失，理应负全部责任，应该全额赔偿其损失。

本案中，贾先生在快递业务员验视下托运了物品，并且在托运单上写明了物品价格，但未购买保险。寄运的物品被退回后，贾先生主张自己的原装货物丢失，取而代之的是假冒产品，因而与快递公司产生法律纠纷。在本案中，寄递货物价值由已托运人本人确定，快递公司业务员没有表示疑义且未告知贾先生赔偿金额及保险相关条款的情况下接受的委托货物。快递公司业务存在明显的过失错误，应承担相应的后果。但贾先生托运的快件并未购买保险，应参照未购买保险快件的相关规定进行赔偿。

本案经国家邮政局进行调查发现，该件于 3 月 29 日由某快递公司南京分公司的业务员陆某验视确认内件为手机后收寄的。该件在 3 月 31 日被运抵沈阳后，收件人以内件为模型手机为由拒绝签收而被退回南京。该件被退回南京后，某快递公司迫于贾先生要求该公司承担手机丢失责任的压力，又找到当初收寄该手机的业务员陆某再次对内件进行确认。经过仔细辨认，陆某认为退回的模型手机与其当初收寄为同一快件。对此，贾先生认为该业务员当初收寄手机的品牌是诺基亚，而被退回的手机模型的品牌却是三星的，因此坚持要求该快递公司承担内件丢失责任。而快递公司则认为既然该件的内件原本就是手机模型，公司就不应该承担内件丢失责任。经协商后，该公司同意给予贾先生快件运费6倍的补偿。但贾先生对此表示不满。

调查结果显示贾先生的申诉存在质疑。在现实中，由消费者主观故意导致的快件丢失、损毁的案例并非鲜见。有些消费者利用调包、故意损坏等手法恶意敲诈快递公司。这种情况的发生，除了部分别有用心的消费者故意行为之外，快递公司业务员的工作流程不规范，法律意识淡薄也是引发此类案件的原因。在本案中，该快递公司业务员不具备识别物品真伪的基本知识，加之缺乏丰富的工作经验，即使在验视的情况下也给自己的工作留下了隐患，给快递公司带来了损失。为了避免不必要的法律纠纷与经济损失，快递公司应该严格规范工作流程，强化必要的操作环节，增加员工的法律意识，提高员工的工作素养，从企业内部管理上来降低企业的法律风险，维护快递行业健康有序的发展。

3. 快件代签案例解析

消费者赵先生投诉，由某快递公司投递并经保安部代转的货物发生了丢失，共丢失了4根Sony 16G超高速记忆棒，要求快递公司予以赔偿。经当地消协调查得知，该快件是由某快递公司业务员袁某周六派送到单位的，但赵先生不在收件处，袁某便请保安帮忙代签收。周一，当赵先生收到货物后就发现，原订的10根Sony 16G超高速记忆棒丢失了4根。

经调查，运单上没有记忆棒的数量，无法说明该快件中原本装的就是10根。另外，没有保安部盗窃货物的证据。该货物的外包装箱经过数次的使用后，封口处的胶带至少有三层，除了第一次使用的是某快递公司的封胶带外，其他两次都是透明胶带，所以，即使是撕掉最后一层再重新封装，也是看不出来的，因此无法得知快件是否被人打开过，在这两个前提下，快递公司无法对保安部提出赔偿要求。本案中，赵先生与快递公司签订的服务协议中写明："寄件人确认交寄的快件价值不超过壹万元人民币。是否保价由寄件人自愿选择。如需保价，保价费为保价金额的3%；保价快件丢失、损毁、或短少，按实际损失价值赔偿，但最高不超过快件的保价金额；未保价的快件赔偿为资费的三倍。双方另有商定的除外。"寄给赵先生的快件按照3 000元的价值购买了保险，而且考虑到收件客户也是公司的大客户，快递公司按照丢失快件的原价进行了赔偿。

该快递公司业务员袁某在派送时没有找到赵先生，到楼下保安室询问得知，周六日赵先生休息，周一才来上班。袁某为了缓解周一的工作压力，另外，考虑到这个写字楼档次较高、治安良好，再加上货物的外包装只是个旧纸箱，根本看不出是贵重物品，货物在安全上一定没有问题。于是，委托保安人员代签快件。开始保安人员也不同意，因为保安部并没有帮业主代收邮件的义务，但经过袁某的再三请求，保安还是答应了。这票货物是一箱记忆棒，货值比较高。该快递公司内部有规定：高值货物不能让别人代签收，特别是外部单位，如收发室、保安部等。然而业务员为了个人方便，忽略了工作规定，让他人代签物件。在货物已经签收并且没有第三方运输单位提供遗失证明的条件下，即使是保价快件快递公司也无法获得保险公司的赔偿，工作失误不仅给袁某本人带来了经济损失，也给快递公司带来不良的社会影响。

本案中出现的部分损毁产生的主要原因有三个：第一，该快递公司收件人没有严格执行验视制度，确认邮寄快件的数量；第二，该快递公司的派送人员违反公司规定，请人代签收高值货物；第三，该快递公司员工法律意识淡薄，在快递收取、派送中都没能做到依法行事。递送货物时，快递公司一般不主张代签收的行为，特别是在跨团体或机构的情况下，这样很容易造成货物的延误和丢失，以及被消费者投诉侵权或泄露个人或公司机密等不良后果。如果情况需要，代签收必须获得收件人的授权，得到应允后才能进行。快递公司为了维护自身的利益，还必须注意以下几点：(1)代收单位必须是正规公司或机构；(2)尽量让代收单位盖上公司收发章或相关印章；(3)让代收人签上全名，若其认为盖了章不愿意签名，也一定要询问或打听到他/她的姓名；(4)若同属一个单位或办公室，则尽量请其出示身份证并抄写在运单上；(5)留意并在一段时间内记住代收人的外貌特征。

4. 快件包装案例解析

消费者华先生寄发一副助听器至其北京供应商进行返修。由于体积小，消费者直接将助听器塞到硬纸质的文件封内，填好运单后交给了收派员。收派员肖某在收到货物时，看到文件封中间部位明显突出，便询问内装何物，消费者告知其内容后，肖某没有提出任何疑义，签收了华先生的快件。助听器到达北京时已经完全碎了，收件人拒绝签收，发件人提出了赔偿要求。发件人华先生提出，快递公司的员工是专业人员，货物出现问题时，应该及时提醒客户。收派员肖某事先就知道了包装存在危险性，在这种情况下仍没有告知，如询问有无缓冲材料，需不需要保险等，也没有要求华先生更换包装，应由快递公司承担主要责任。

快件在运输过程中，货物经过的操作环节以及涉及的工作人员繁多，物品破损、丢失的可能性极大，这就对包装提出了非常严格的要求，运单上一般都注有正确包装的相关条款，如："托运人负责货物包装，包装应满足运输和装修的合理要求。因包装不当的损失，本公司概不负责；由此而引起本公司损失的，托运人应承担损害赔偿责任"或"快递公司承担因封装不善造成的延误、损毁、丢失责任，寄件人因封装不善造成快件延误、损毁、丢失的，由寄件人承担"。以上条款，明确了包装不善责任。对于消费者而言，使用正确的、符合要求的包装材料，正确的使用填充物等包装要求不仅是一种需要，而且是必须做到的，一票货物破损所造成的损失极有可能远远高于消费者在包装材料上节省出的所有费用。

本案中，快递公司业务员认为，如果要求消费者更换大一些的包装材料，公司会要求按照体积重量计费并支付包装费，消费者一定不愿意为此支付多余的费用。因此对消费者包装可能带来的隐患只字不提，最终导致物品损毁，快递公司应承担全部的责任。快递中经常出现的包装不善的问题，消费者与快递经营者都应关注，避免不必要的损失。

5. 野蛮操作案例解析

野蛮操作行为不断在新闻与媒体中曝光，消费者对此极其不满，大大降低了消费者对快递服务企业的信任度。快递快件寄递过程中有不少问题是因为快递企业野蛮操作导致的。

野蛮操作分为两种情况，一种是无意野蛮操作行为，另一种是故意野蛮操作行为。快递公司所承运的货物一般以文件和包裹为主，为降低成本，有些快递公司没有购买叉车等装卸工具，加上运输知识缺乏，以错误方式装卸特殊物品，以致快件损毁为无意野蛮操作行为。如果因为缺乏服务和质量意识,人为进行拖货和摔货等现象,则属于故意野蛮操作行为。野蛮操作行为同时存在于快递公司内部与第三方承运公司,如航空公司、铁路货运部门等,一般都是为了降低成本,或为了缩短操作时间,或者由于责任心不强造成的。无论是无意野蛮操作还是故意野蛮操作都属于企业的过失,所出现任何损失快递公司都应承担相应的责任,积极补救。快递企业及第三方运输单位应该通过规范自身操作行为,减少类似事件的发生,提升企业形象。

案例:快件丢失[①]

2006 年 1 月 9 日,原告将 3 箱韩国品牌 EXR 的服装、鞋、袜子等共计 225 件交付被告承运发往上海。原告方的工作人员在被告提供的格式托运单上签了字,托运单的正面有货物保价一栏,原告没有填写保价额;托运单的背面粘贴一张纸,其上印有格式契约条款,其中第四条规:"遗失、损坏、延误和被盗未保价的货物,最高赔偿金额为 200 元人民币(含退回的运费)。"被告方的工作人员在原告提供的货物清单上签了字。原告支付被告运费 368 元。被告将货物运抵上海后,收件人发现其中一个箱子破损,丢失了 19 双袜子,由于被告方的送货人拒绝出具丢失货物证明,收件人拒绝收货。后原、被告双方经交涉未能协商解决。故原告向法院上诉。被告称货物已全部丢失。

原审法院认为,原告将货物交付被告承运,双方形成了货运合同,因被告将货物丢失,履行合同已不可能,应解除双方合同。被告在承运过程中将原告的货物丢失,应负赔偿责任,并应退还运费。被告提供的托运单背面的格式契约条款对货物遗失、损坏、延误和被盗进行了规定,但被告并未履行向原告就该条款加以说明的义务;且原告在托运货物时,被告方的工作人员在货物清单上签了字,原告提供的货物价格表证明了托运货物的价值为 38 661 元,被告有异议,但未提供反驳证据,应按原告提供的货物价格表认定丢失货物的价值;综上,被告提供的格式契约条款规定的对遗失、损坏、延误和被盗未保价的货物最高赔偿金额为 200 元人民币显失公平,且被告没有履行向原告就该条款加以说明的义务,故被告应按货物的实际价值赔偿原告损失。依照《合同法》第九十四条第四项、第九十七条、第三百一十一条之规定,判决如下:(一)解除原、被告双方的货运合同。(二)被告于判决生效后十日内退还原告运费 368 元。(三)被告于判决生效后十日内赔偿原告丢失货物的损失 38 661 元。案件受理费 1 080 元,由被告负担。

宣判后,被告××快递服务有限公司提出上诉,请求二审法院依法撤销一审判决,改判:(一)依据"契约条款"上诉人应当向被上诉人赔偿 200 元;(二)案件受理费由被上诉人承担。其主要理由是:(一)上诉人与被上诉人之间有长期的委托快递业务关系,双方用上诉人制定的递运单确定双方在每一笔业务中权利义务。递运单虽为上诉人单方预先制定,但被上诉人对递运单内容明知并接受,故递运单的有关内容对被上诉人、上诉人同样具有法律约束力。递运单载明的"契约条款"关于赔偿的规定为"遗失、损坏、延误和被盗未保价的快件,最高赔偿金额为 200 元人民币(含退回的运费)"。(二)原审判决上诉人返

① http://bmla.chinalawinfo.com/newlaw2002/slc/slc.asp?db=fnl&gid=117600135.

还被上诉人运费368元，不符合要求，2006年12月12日，被上诉人委托上诉人快递的运费96元＋88元＋40元合计224元。（三）被上诉人称2006年1月9日通过上诉人快递快件，经查实，上诉人2006年1月9日未给被上诉人提供快递服务。

原告答辩称，上诉人上诉的事实和理由无根据，在法律上无依据，应驳回其上诉，维持原判。

原判决对被上诉人填写递运单的事实及递运单的形式认定事实清楚。另查明，被上诉人提供两张货物价格的明细单，一张盖有××商贸有限公司北京公司营业部专用章出库明细单，写明货物价值是28 901元，是按照被上诉人的进货价格计算的；另一张盖有××百货有限公司章的明细单，写明货物价值是38 661元，是按照被上诉人销售货物的价格计算的。上诉人对被上诉人提供的货物价格的证据均不予认可，但并未提供反驳证据。

法院认为，双方当事人之间签订的货运合同是有效合同，上诉人收取运费后已按照合同约定将货物运输到约定地点上海，不存在解除合同的情形。上诉人在收货人对货物数量提出异议并拒收货物后，负有妥善保管货物的义务。上诉人未尽到妥善保管义务致使货物丢失，应承担损害赔偿责任。上诉人应赔偿被上诉人的实际损失，不适用递运单上格式条款的约定，所以上诉人提出赔偿被上诉人200元损失的上诉主张，本院不予支持。因被上诉人托运的货物是退回上海总公司的，并未实际销售，货物的实际损失应按被上诉人进货价格认定，上诉人应赔偿被上诉人的货物损失为28 901元，返还被上诉人运费224元。

综上所述，原审判决认定事实不清，适用法律不当，应予以纠正。依照《合同法》第四十四条第一款、第六十条、第一百零七条、第二百八十八条、《民事诉讼法》第一百五十三条第一款第二、第三项的规定判决如下：

（一）撤销××区人民法院初字第××号民事判决；

（二）上诉人于本判决生效后十日内退还被上诉人运费224元；

（三）上诉人于本判决生效后十日内赔偿被上诉人丢失货物的损失28 901元；

（四）二审案件受理费共计2 160元，上诉人承担1 512元，被上诉人承担648元。

案例：快件损毁纠纷①

上海某贸易有限公司于2007年11月28日，委托被上海某快递公司托运一台施乐1250打印/复印一体机及服务器至深圳市，双方同时签订了由被告提供的格式运输合同，原告在合同中对此货物进行了保价，金额为人民币（以下币种相同）2万元。后该托运的货物在运输过程中遭受严重损坏。同年12月19日，物流公司对货物损坏情况进行了确认，同时双方协商确认由原告自行修理，被告赔偿维修所需费用。同年12月底，上海某贸易有限公司对货物进行了修理，费用为18 500元，同时将发票复印件交给了上海某快递公司，然而物流公司至今拒绝支付此款，为此贸易公司诉至法院，要求物流公司赔偿上述修理费用18 500元，支付逾期付款的利息，按同期银行贷款利率，自2007年12月31日起暂算至起诉日为506.44元，实际要求计算至清偿日止。诉讼费由物流公司承担。

---

① http://bmla.chinalawinfo.com/NewLaw2002/SLC/SLC.asp? Db=fnl&Gid=117606606.

上海某快递公司提出：委托人主张货物损坏无事实根据，争议的货物实际在运输中并未发生损坏，这从原告提供的“木框包装未损坏”的证据可以看出。委托人主张的维修费无相关依据，维修也未经被告确认和评估，委托人自行维修产生的费用不足以认定本案争议的事实。原告托运货物2件，保价2万元，委托人主张其中1件损坏，即使存在货损，被告赔款也不应超过1万元。因双方对货损事实、货物赔偿等仍存在争议，双方也未约定利息支付，因此委托人要求支付利息无相关依据。

委托人为支持自己的诉讼请求，向法院提供了以下证据：（一）运输合同1份，证明双方之间的运输合同关系，以及合同约定保价2万元的事实。（二）2007年12月19日的货运损坏索赔说明1份及照片复印件8份等。

法庭认为：本案的争议焦点有二个：（一）原、被告之间的运输合同关系是否成立；（二）原告诉称的事实依据是否成立。

关于争议（一），运输合同上的托运人确实写了陈某，对此原告及原告提请的证人许某某已做出说明，陈某是原告曾经的员工许某某叫来帮忙的朋友，许某某委托被告托运复印机是原告的业务行为，而且被告在庭审中也称曾收到过原告开具的维修费发票，当时对该发票的主体也未提出异议，只是被告认为无此损害需维修的事实而已，因而不作处理，根据庭审，本院认为虽然陈某在运输合同的托运人一栏中签名，但实际办理本案涉讼复印机托运事务的应是原告的员工许某某，被告始终强调因托运人是陈某，因此否认原告是托运主体的观点，与事实不符，本院确认本案涉讼的运输合同关系确实是本案的原告与被告之间发生的，该合同关系是双方当事人的真实意思表示，于法不悖，本院确认有效，对双方均有法律效力。

关于争议（二），原告在诉讼中明确本案是依据与被告的运输合同关系，因被告的违约行为而产生的损害赔偿纠纷。根据《最高人民法院关于民事诉讼证据的若干规定》第二条的规定，作为当事人的原告，对自己提出的诉讼请求所依据的事实有责任提供证据加以证明。没有证据或者证据不足以证明当事人的事实主张的，由负有举证责任的当事人承担不利后果。现本案中，原告首先要提供证据证明委托被告托运的复印机到了深圳后，在运输途中货物遭受严重损坏，其次要提供证据证明该损坏结果已与被告协商一致，确认由原告自行修理，产生的修理费由被告承担。然本案中原告提供的一份货运损坏索赔说明并无被告人员的签字或盖章，对于其中出现的手写部分，原告称是被告深圳办事处人员所写，但原告又无法举证予以证明，至于录音材料，并不能直接反映原告已就机器的损坏赔偿一事与被告协商一致，被告应向原告支付赔偿款18 500元的事实，因此从原告提供的证明机器在运输中已损坏，证明被告已确认机器的损坏程度的两部分主要证据开来看，原告的证据不足以证明原告主张的事实成立，作为原告应承担对其不利的法律后果。对于原告提供的其他证据，均无法达到原告证明的目的。诉讼中，被告曾提出愿意以两倍运费的金额作补偿，以解决本案的争议，但原告不予同意，因此调解无法进行。综上所述，本院认为原告的证据不能证明原告主张的赔偿事实的成立，因此对原告提出的诉讼请求，法院难以支持。据此，依照《最高人民法院关于民事诉讼证据的若干规定》第二条的规定，判决如下：

（一）驳回原告上海某贸易有限公司要求被告上海某快递公司赔偿维修所花费用

18 500元的诉讼请求；

（二）驳回原告要求被告支付逾期付款利息的诉讼请求；

（三）案件受理费275.16元，由原告负担。

案例：快件丢失纠纷[①]

某快递公司业务员李某接收货物后，在详情单上签字，并注明运费为人民币120元。之后，李某将货物交给被告业务经理钱某，钱某将货物过秤，确定其重量为18千克，并告知李某将运费调整为人民币145元。其后，货物在运输途中丢失。原告向被告要求赔偿未果，以致涉讼。

本案中，原、被告双方主要存在以下争议：（一）原告交给被告运输的货物的品名、数量及价值；（二）货物丢失后的赔偿金额，包括运输合同是否成立、被告单方制作的（不透露具体公司名）快运详情单中的限额赔偿条款和保价条款的效力、该条款对原告是否具有约束力及被告对货物的丢失是否具有重大过失；（三）被告应否赔偿原告因取证发生的公证费人民币1 000元及原告因起诉而发生的公认证费用港币6 000元。

关于原告交给被告运输的货物的品名、数量及价值。原告认为：货物为××MP3播放器，数量为608台，单价为44美元，总价值为26 752美元。该批货物是英国某公司于2005年10月26日快递给原告返修的MP3播放器，原告收到后，又将上述货物交给被告快递给原告在深圳的工厂进行返修。为此，原告向法院提供了某快运详情单、英国某某公司开具的发票、快递单、原告自己制作的发货单、××MP3播放器样品等证据材料，以及被告业务员李某2005年11月18日出具的证明，该证明称："××公司所有在我公司发运的货物均为我经手收件，平时发运货物均为MP3播放器。2005年11月11日下午5点左右，我接到××公司电话后上门收件，那天所收货物，是我本人在××公司包装，重量近20千克，物品为MP3播放器，数量有好几百台，当时××公司告诉我有600多台，价值20多万元。"原告在庭审中将10台××MP3播放器过秤，其重量为275克。原告以此证明608台××MP3播放器的总重量与其在2005年11月11日交给被告快递的货物重量相符。

被告认为：原告是将已经包装好的货物交给被告运输，但没有告诉被告业务员运输的货物为MP3播放器。原告交给被告签收的某快运详情单也没有记载运输货物的品名、数量及价值，故被告对货物详情并不清楚。同时，原告也未提供直接证据证明托运货物为608台××MP3播放器。英国某公司出具的发票、快递单及原告自己制作的发货单均不具有关联性，无法证明原告交给被告运输的是英国某公司返修的MP3播放器。

被告业务员李某曾因盗窃公司快递货物被公司教育过，故其于2005年11月18日出具的证词不能采信；且李某于2006年1月10日又出具了内容相反的证明，确认其只收到原告交运的已经包装好的箱子，并不清楚原告交运的是什么货物。被告对原告庭审中过秤的10台××MP3播放器的重量为275克不持异议。被告向本院提供了李某于2006

---

① http://bmla.chinalawinfo.com/newlaw2002/slc/slc.asp? db=fnl&gid=117540959.

年1月10日出具的证明及被告经理钱某的证词。

原告对被告提供的证据发表质证意见如下：李某于2006年1月10日出具的证明，是李某在被告经理钱某威胁下所出具的。该证明除了签名和手印是李某所为外，其余内容均为钱某所书写，不是李某的真实意思表示。被告经理钱某与本案的处理结果具有利害关系，其证词不能采信。

原审法院认为：运输行业用于证明托运货物品名、数量及价值的直接证据应为承运人出具的运输单或快递单，但本案所涉的某快运详情单中未记载货物的品名、数量及价值，故原告未能提供直接证据证明其所托运货物的情况。为此，原告向该院提供了被告业务员李某于2005年11月18日出具的证明，李某作为原告方的证人亦在庭审中陈述了货物的交接情况。对此，该院认为，李某作为被告承接该笔快递业务的业务员，其于2005年11月18日所作的证明与其代表被告承接该笔业务的时间相隔仅为7天，且此时李某还是被告的业务员，通常情况下李某所作的陈述不应对被告不利，故该证明是可信的。虽然被告向该院提供了一份李某于2006年1月10日出具的内容完全相反的证明，但该证明的出具时间与该笔业务发生的时间相距有两个月，同时李某在庭审中亦表示，其是在钱某威胁下才出具了上述证明。该陈述与2006年1月10日证明的内容由钱某书写的事实相吻合。因此，该院认为被告称李某所作陈述前后不一，其证词不足采信的主张不能成立，认定李某于2005年11月18日所出具的证明及其在庭审中所作的陈述属实，推定被告为原告快递的货物为××MP3播放器。关于该批MP3播放器的数量和价值，原告向该院提供了英国某公司出具的发票、快递单及原告自己制作的发货单，该院认为，上述证据虽然不是直接证据，但该批货物的数量和价值与证人李某的陈述大致吻合；且根据原告庭审时过秤的MP3的重量乘以原告所称的MP3的数量，其结果亦与货物的重量18千克基本一致。因此，该院认为原告提供的间接证据已能组成完整的证据链，可推定货物与英国某公司退回返修的货物系同一批货物，MP3的数量为608台、原告出售给英国某公司的价格为26 752美元。

关于货物丢失后的赔偿金额，包括运输合同是否成立、被告单方制作的某快运详情单中的限额赔偿条款和保价条款的效力、该条款对原告是否具有约束力及被告对货物的丢失是否具有重大过失。原告认为：某快运详情单系被告单方面制作的快运单据，详情单正面还印有以下条款："某快运的理赔限额为每票人民币500元，有关详情见背面相关契约；使用前请务必仔细阅读本单底联及第三联背后的契约条款，您的签名意味着您已经阅读并接受背书条款。"而本案涉及的某快运详情单上仅有被告业务员李某的签字，没有发件人原告的签名，故原告并没有接受详情单背面被告单方制作的"某快运契约"。因此，原、被告间没有书面的运输合同，某快运详情单仅是被告接收原告货物的收据，该收据背面被告单方制作的格式化"某快运契约"对原告没有约束力。

同时，根据被告的举证，被告在货物运抵深圳后使用无牌无证的摩托车运送货物，对货物的丢失具有重大过失，故被告应全额赔偿货物损失。为此，原告向法院提供了2005年11月11日的某快运详情单及以前几笔快递业务所涉及的多份某快运详情单。被告认为：原告向法院递交的2005年11月11日的某快运详情单就是原、被告双方签署的运输服务合同，虽然原告没有在详情单中的"发件人签名"一栏中签字，但不影响运输服务合同的效力。原告自己填写详情单并将货物交给被告业务员快递的行为，足以证明双方签署了运输服务合同，并就详情单中的运输条款达成了一致意见。同时，该详情单正面有明确的提示，即“某快运的理赔限额为每票人民币500元，有关详情见背面相关契约；使用前请务必仔细阅读本单底联及第三联背后的契约条款，您的签名意味着您已经阅读并接受背书条款”。原告不会对上述提示条款有任何阅读障碍，其在填写详情单时也不可能忽视该提示内容。因此，被告已通过书面的方式就有关的限额赔偿条款和贵重物品的保价条款履行了提示和告知义务。

此外，被告对货物的丢失没有任何故意或过失，货物是被告运输途中丢失所致，被告已经向公安机关报案。被告除了向法院提供某快运详情单外，还提供了一份深圳市公安局共乐派出所出具的国内外遗失财物(证件)证明表复印件及被告制作的遗失件处理结果通知书。原告对某快运详情单的真实性不持异议，但对证明表和遗失件处理结果通知书的真实性持有异议，认为该证明表和通知书无法证明被告对货物的丢失没有任何故意或过失。该院认为：关于双方是否签署运输合同及合同是否成立的问题，原告虽然未在货物的某快运详情单“发件人签名”一栏中签字，但原告在被告提供的空白某快运详情单中填写相关信息并将货物交由被告签收和运输的行为，可以证明原、被告双方已就运输合同达成了一致意见，原告未在“发件人签名”一栏中签字并不影响运输合同的成立。同时，根据原告另行提供的其他委托被告运输货物的某快运详情单来看，原告有不在“发件人签名”一栏中签字的交易习惯，而详情单背面的某快运契约亦印有如下条款：“此契约经托运人与承运人双方签字生效，如托运人未签字，但契约已经履行也生效。”因此，该院认定原、被告双方对签署和履行该运输合同的意思表示一致，合同依法成立并生效。

关于被告单方制作某快运详情单中的限额赔偿条款和保价条款的效力及该条款对原告是否具有约束力的问题，该院认为：虽然上述条款是被告为了重复使用而预先拟定并在订立合同时未与原告协商的格式条款，但鉴于原告作为公司法人，并不是处于弱势地位的普通消费者，而被告作为普通的快运公司，也不具有垄断或优势地位，双方地位平等，条款也是被告根据运输行业的交易惯例为维护其本身的利益所制定，法律亦允许当事人可就运输合同中的货物保价、货物毁损或丢失后的限额赔偿问题进行约定，故条款本身并非无效条款。依据《合同法》第三十九条的规定，采用格式条款订立合同的，提供格式条款的一方应采取合理的方式提请对方注意免除或者限制其责任的条款，按照对方的要求，对该条款予以说明。本案中，被告在其制作的某快运详情单正面对限额赔偿的金额及背面的契约条款均作了相应的提示，且原、被告双方存在着长期的业务合作，原告一直保留有被告制作的空白某快运详情单，被告还曾因丢失货物向原告作过赔偿，故本院有理由相信被告已经就格式条款尽到了提示和说明义务，原告对格式条款内容是明知的。有鉴于此，可以认定原、被告双方就包括限额赔偿和保价条款在内的格式条款进行了特别约定，条款一经双方签署，对签约双方均具有约束力。

关于被告对货物丢失是否存在故意或重大过失的问题，该院认为：被告作为承运人，掌握货物运输的情况，对货物丢失的具体原因及自己对货物的丢失是否具有故意或重大过失负有举证义务。本案中，被告仅向该院提供了国内外遗失财物证明表的复印件和自己制作的遗失件处理结果通知书，以证明被告对货物的丢失不存在故意或重大过失。对此，该院认为：首先，国内外遗失财物证明表是复印件，对该证据的真实性无法确认；其次，即使该证明表属实，也只能证明被告将货物绑在一辆无牌无证的二轮摩托车车尾进行运输，货物连同摩托车一同丢失。对此，被告无法解释摩托车和货物丢失的具体原因是被盗还是不可抗力。同时，被告直至本案庭审时，仍无法回答该院关于公安机关是否立案及立案后的最终处理结果的提问，对货物的丢失持放任的态度。最后，遗失件处理结果通知书是被告单方面做出的赔偿决定，对原告不具有约束力，同样无法证明被告对货物的丢失不具有故意或重大过失。因此，该院认定被告作为承运人在货物运输过程中没有尽到合理的保管义务，对货物丢失具有重大过失。根据《合同法》第五十三条的规定，因故意或者重大过失造成对方财产损失的免责条款无效。免责条款既包括免除责任的条款，又包括限制责任的条款。本案中，某快运详情单上的保价条款和限额赔偿条款属于限制责任条款，该条款不应包含因重大过失造成对方财产损失的免责或限制赔偿责任的意思表示，否则条款亦应无效。综上，该院认为，在被告存在重大过失的情况下，被告不能援引约定的保价条款和限额赔偿条款来对抗原告，被告应向原告赔偿货物损失。鉴于原告所称丢失的MP3系返修产品，其价值不能完全以原告出售该产品的价格来计算；同时，原告在运输合同的签订过程中也具有一定的过错，没有就贵重物品的运输向被告要求进行保价运输并支付相应的保价费，原告也应就货物的损失承担一定的责任，故该院认定被告应酌情赔偿原告人民币 14 万元。

第三节　网购活动中交易安全适用法律与解析

一、网络交易概述

20 世纪 90 年代以来，电子商务的迅速发展，为人类提供了一种全新的商业交易方式——网络交易。作为一种全新的商业模式，网络交易无疑具有传统交易形式无法比拟的巨大优势。线下的物流体系是网络交易的实现手段，快递服务连接着网购的两端：网络卖家与网络买家。新型的消费方式在给消费者带来便利与效率的同时，也引发了一系列的消费争端。网购中的消费者与快递服务企业的法律关系既具独特性又具挑战性。

（一）电子商务与网络交易

计算机网络技术的飞速发展带来了一场商业运行模式的革命，形成了以网络为载体的商务活动即电子商务（Electronic-Commerce 或 Electronic-Business）。电子商务其实是一种交易方式的描述，它主要通过电信和电脑网络进行商品交换，电子商务从根本改变了传统商业活动的模式。

国际经济合作与发展组织（OECD）对电子商务的定义是：发生在因特网上，包含企业之间（B2B）、企业与消费者（B2C）之间的商业交易。一般而言，电子商务其实就是一种区别于传统商务的利用数位的电子信号，传递交易信息从而实现商品和服务交易，以及交易管理等活动的全过程无纸化，并达到高效率、低成本、数字化、网络化、全球化等目的的一种新型的交易方式。

网络交易(Internet Trade 或 Online Trade)指的是利用计算机网络技术与互联网从事交易或服务活动的一种新型交易方式。与电子商务的概念相比,网络交易的概念较为简单,特征也很明显,其技术载体也是互联网,其外延与电子商务略有不同,包括交易活动或服务活动。电子商务与网络交易就其本质而言,均是一种利用互联网开展的新型商业活动,它们最大的区别在于"商务"和"交易"的外延不同。广义的电子商务是网络交易与企业内部电子商务的总和。网络交易是狭义的电子商务,是企业外部电子商务。网络交易只包括不同主体间通过互联网完成的商务活动,所有这些商务活动的共同特征在于它们是一种交易,都需要订立合同或契约。

网络交易模式有许多种。根据交易对象的不同,则可分为 B2B 模式,即企业对企业的交易模式;B2C 模式,即企业对消费者的交易模式;C2C 模式,即消费者对消费者的交易模式以及 B2G 模式,即企业与政府之间的交易模式等。电子商务的本质是信息的沟通与物质的传递,电子商务只有与快递物流密切合作才能真正发挥信息流、资金流、实物流"三流合一"的优势,实现企业、网商、消费者的"三赢"效应。随着电子商务的发展,快递服务与电子商务合作日趋密切,范围不断拓展。一方面,电子商务依托快递实现了跨越式发展,在消费流通领域的作用日益突出。另一方面,电子商务配送已成为拉动快递服务增长的重要力量。电子商务发展对于快递提升服务质量,调整产品结构,加快向现代服务业转型具有重要促进作用。二者相互促进、共赢发展的前景十分广阔。

(二)网购交易中的快递消费者

中国互联网信息中心 2008 年 1 月发布的《中国互联网络发展状况统计报告》显示:截止到 2007 年 12 月,中国网民网络购物比例是 22.1%,购物人数规模达到 4 640 万。平均一个网络购物网民最近半年网上购物金额是 466 元。随着我国网民的数量不断地增加,越来越多的普通消费者将尝试、并习惯于网络购物。

对消费者而言,网购最基本的优势是价格相对便宜、方便快捷,省去了逛街的时间精力。特别是在经济危机蔓延的时期,消费会相对压缩,网购可以节省开支和精力。2008 年中国个人间网上购物销售额达到 1 320 亿元,约占社会商品零售额的 1%。仅淘宝网的日交易规模就达到 300 万笔,其中 75%的交易商品需要通过实物递送。2008 年,中国电子商务带动的包裹量达到 5 亿件,中国快递服务 1/3 的业务量是电子商务牵动完成的。这个数据还在以每年接近 100%的速度增长,可见,电子商务和快递服务协同发展的潜力巨大。

对企业而言,网络渠道性价比高,在金融危机的环境中,既可以节省传统的渠道、店面及人员成本,又可以借助互联网渗透更多的二、三线城市,已成为各类企业争相布局的渠道。在以上因素的推动下,通过网络购物平台销售的产品范围不断扩大,产品种类从手机、电脑等高端产品,延伸到低端的服装、化妆品、居家用品等范围,销售规模迅速扩大,目前中国网络购物已经进入了高速增长期。

据国内咨询公司统计,2007 年网络购物交易额为 560 亿元,同比增长达 117%,2008 全年交易额为 1 200 亿元(《2008 年度网购市场发展报告》,艾瑞咨询和零售淘宝网联合发布)。

国内最大网购公司淘宝网2008年交易额接近1 000亿元,日均交易额突破200万笔。

网购是互联网、银行、现代物流业发展的产物,消费者通过Internet的购物网站购买自己需要的商品或者服务。网络交易消费者则指通过网络购买商品、使用商品或接受服务的人。网络交易消费者与消费者之间没有本质区别,只不过是两者购买商品、使用商品或接受服务的方式不同,因此在网络交易中发生消费纠纷,合法权益受到侵害的消费者可以援用《消费者权益保护法》所主张的权利。但是网上交易的特殊性决定了必须存在一些特殊规则。网上交易是非面对面交易,消费者不能看货订购,只能通过描述、图片等广告或宣传订立合同,既没有直接感官认识,更没有机会验货。在经营者没有充分公开信息时,往往导致消费者误解,甚至受欺诈。因此,网络交易的经营者与消费者出现的法律问题日趋增多。

(三)快递服务在网络购物商业生态系统中的作用

快递已成为网络购物生态系统最为重要的组成部分,快递物流已成为支撑电子商务新型业态模式发展的关键环节和重要基础。根据阿里巴巴的调查,91%网商认为,快递公司提供的服务会影响到客户对自己商品或店铺的满意度,网商已经与快递公司形成了相对固定的合作关系,70%的网商不会轻易更换快递公司。

网购中的快递服务有两种主要的形式:第一种是买家在网购中支付快递服务费,卖家自行选择快递服务企业为买家提供服务(买卖双方也可以协商指定具体的快递公司提供服务,由买方支付邮费溢价);第二种是卖家承担运费,自行选择快递公司提供快递服务(买卖双方也可以协商指定具体的快递公司提供服务,由买方支付邮费溢价)。网购中卖家与买家都可能是快递服务的消费者,由于快递服务在网购过程中的特殊性,对快递服务满意的评价完全超出了传统物品投寄的范畴。买家在收到卖家的物品时,快递服务的延误、破损、服务态度等因素不仅影响买家对快递公司本身的评价,可能会直接影响其对卖家的购买行为。当网购物品出现问题时,也不仅是卖家与买家之间的纠纷,快递服务企业寄递环节有可能同时损害两类消费者的共同利益。

网络购物的发展为快递提供了重要的市场机遇,同时要求快递企业大力提升网络有效覆盖,提高时限准时率,降低破损率、丢失率、投诉率,提升服务质量,创新服务品种,有效承接网购的配送需求。目前快递服务存在一些衔接不顺畅、发展不协调的问题。如在协调机制、运营衔接、服务质量、互惠互利等方面。构建和谐生态链,需要完善网商与快递企业间的利益分配,做到利益均沾,共同成长,树立共赢发展的理念。

本章中,我们仅关注快递服务企业在网购背景下与消费者的法律争端,与网络交易的经营企业无关。快递服务在网购活动中的"交"与"接"联系的都是消费者,因此涉及快递服务企业与网购中消费者的法律问题时,C2C模式中的卖家、B2C及C2C模式中的买家都定义为快递服务的消费者。

二、网购消费者的交易安全权

安全,究其具体含义就是指没有危险、不受威胁、不出事故的状态,是消费者在整个购物过程中的一种最基本的心理要求。对于消费者来说,其安全权具体包括人身安全、财产安全、隐私安全三个方面。在网络交易中，与传统商务相比，消费者的人身安全和财产安全都发生了巨大的变化。完成一桩网购交易活动，不仅是卖方与买方的简单关系，其中往往牵涉许多与交易有关的其他经营者。例如，提供交易场所的大型购物中心和拍卖网站、与付款有关的结算机构、物流系统、广告等，各种各样的关联服务，向消费者提供便利性的同时也担负着网络商业信用的危机等，从而使电子商务的责任关系复杂化，给消费者带来了潜在的危机。本章关注的是在网购背景下，快递服务企业在消费者交易安全中的责任与义务。

（一）人身安全

人身安全是指网购物品的危险性导致买家人身受到损害，情况严重时，可能危及快递服务人员的生命安全及社会人员的生命安全。

危及人身安全的网购物品包括以下两种类型：1. 假冒伪劣产品。我国法律规定：消费者享有知悉其购买、使用的商品或者接受的有偿服务的真实情况的权利。消费者有权根据商品或服务的不同情况，要求经营者提供商品的价格、产地、生产者、用途、性能、规格等级、主要成份、生产日期、有效期限、检验合格证明、使用方法说明书、售后服务、或者服务的内容、规格、费用等情况。而在电子商务中，消费者与商家都是在虚拟化的网络环境中进行交易，通过网络远距离订货，通过电子银行结算，通过配送公司送货上门。不良商家往往通过在网络上提供不完整的商品信息甚至虚假信息及发布虚假广告，侵犯消费者的知情权。2. 禁止寄递物品。指国家法律、法规禁止寄递的物品中危及人身安全物品。如武器、爆炸性物品、化学试剂、毒药等。这些物品在运输过程对，对经营者的安全产生隐患，可能导致工作人员受伤、工作场所损毁、生产设备破坏等后果。此外，收件人收到上述物品后，将直接导致身体伤害。

假冒伪劣产品导致的人身安全问题，主要是网购中买卖双方的法律纠纷。快递服务企业只是承担了物品配送过程，对产品质量并无直接责任。当然由于运输过程中，导致的物品破损、污染、变质等，快递公司应承担相应的法律责任。严格控制禁止寄递物品危及人身安全则是快递服务企业必须承担的义务，消费者的权益受到相应法律法规的保护。

（二）财产安全

在传统消费模式中，如果消费者财产受到损害，消费者可以直接找到提供商品或服务的一方，请求赔偿。网络交易中的有形商品传输主要通过物流配送系统来完成。与传统商场购物相比较，网络交易中的物流配送一般由专门的商业组织来完成，这一方面增加了商品运输的中间环节而带来更多的货物安全风险，另一方面在发生纠纷之后更带来责任承担的复杂化，导致物流组织经常和商品提供者相互推诿扯皮。

涉及快递服务企业的消费者财产安全主要是网购物品的丢失、损毁、调包、延误。由于网购物品在寄递过程中出现了丢失与损毁，一般而言都会给网络交易中的卖家带来一定的经济损失。网购中，买家通常采用支付宝进行支付，货到且验收后才付款，当物品出现丢失与损毁买家可拒绝交易，卖家将承担交易风险。此外，在责任认定清晰的情况下，卖家可向快递服务企业提出索赔，即使获得全额赔偿，也要投入一定时间与精力，影响卖家的正常经营活动。网购物品延误可能影响买家的正常使用,从而带来经济损失。此外,买家也可能因为物品延误,拒绝与卖家交易,或者影响后续的交易行为,给卖家带来商业损失。

(三) 隐私安全

隐私权作为一种基本人格权利,是指公民享有的私人生活安宁与私人信息依法受到保护,不被他人非法侵扰、知悉、搜集、利用和公开的一种人格权。一般认为,隐私权的主体只能是自然人,其内容具有真实性和隐秘性,主要包括个人生活安宁权、私人信息保密权、个人通信秘密权及个人隐私利用权等。隐私权是公民的人格权利中最基本、最重要的内容之一,伴随着人类对自身的尊严、权利、价值的认识而产生。

所谓个人数据,是指用来标识个人基本情况的一组数据资料。具体而言,个人数据主要包括:标识个人基本情况、标识个人生活与工作经历和社会情况等与网络有关的个人信息。与网络有关的信息包括以下四个方面:1.个人登录的身份、健康状况。网络用户在申请上网开户、个人主页、免费邮箱以及申请服务商提供的其他服务(购物、医疗、交友等)时,服务商往往要求用户登录姓名、年龄、住址、居民身份证编号、工作单位等身份和健康状况,服务商有义务和责任保守个人秘密,未经授权不得泄露。2.个人的信用和财产状况,包括信用卡、电子消费卡、上网卡、上网账号和密码、交易账号和密码等。个人在上网、网上消费、交易时,登录和使用的各种信用卡、帐号均属个人隐私,不得泄露。3.邮箱地址。邮箱地址同样是个人隐私,用户大多数不愿将之公开。掌握、搜集用户的邮箱并将之公开或提供给他人,致使用户收到大量的广告邮件、垃圾邮件或遭受攻击而不能正常使用,使用户受到干扰,显然也侵犯了用户的隐私权。4.网络活动踪迹。个人在网上的活动踪迹,如IP地址、浏览踪迹、活动内容,均属个人的隐私。

传统商场购货经营者一般很少要求消费者提供诸如个人电话、住址、性别、年龄、收入、爱好等涉及个人隐私的信息。即使要求消费者提供这些隐私信息,其一需经消费者同意,其二由于传统经营者的信息存储、传输、编辑整理能力的不足,消费者的这些个人隐私信息被不当利用的可能性和风险也不会很大。但在网络交易中,消费者经常被迫要求提供以上个人隐私信息(在一些格式合同中,不提供这些信息甚至不能进行下一步的交易)。不仅如此,由于网络交易中网上经营者的信息处理能力空前提高,这些消费者个人隐私信息被不当使用的可能性和风险也相应地极大提高,消费者因此而遭受到的隐私安全威胁也便成为网络交易中一个非常引人注目的问题。

在网络交易完成以后,卖家往往是通过邮寄的方式将商品送至买家,因此这就需要消费者提供自己的姓名、住址、电话以及其他个人信息。快递企业在寄递快件的过程中,将消费者的相关信息逐一录入数据库,以便消费者实时查询快件投递进程。随着信息技术的发展,快递服务企业将可以快速、高效地储存、分析、整理庞大的消费者信息数据库。消费者个人信息无论对于消费者本人还是经营者或者是整个社会,都是一种有价值的无形资源。对于消费者来说,这种价值体现在能够使其充分享受经营者提供的更为便捷的服务。对于经营者来说,这种价值体现在能够使其做出正确的经营决策,从而在竞争中取得优势。对于整个社会而言,这种价值体现在使整个社会的资源得到优化配置,从而使整个社会的交易成本降低。

但是，快递服务企业利用获得买卖双方信息之便，侵犯消费者隐私权，将对消费者造成巨大的伤害。网购消费者的信息可能遭遇到以下几种情况：第一，快递企业过度收集消费者信息。收集超出快递企业办理业务的需要，收集大量非必要或完全无关的个人信息；比如，消费者网购的物品、网购的频率、网购的商家、网购商家每月的发件量、网购商家的消费者分布等。第二，快递企业擅自保留信息。快递企业实时更新消费者数据库，保持消费者信息准确，而不是在规定的期限内对消费者信息进行删除。第三，擅自提供消费者信息。有关机构在未经法律授权或者本人同意的情况下，将所掌握的个人信息提供给其他机构。比如，银行、保险公司、航空公司等机构之间未经客户授权或者超出授权范围共享客户信息。第四，非法倒卖消费者信息。将消费者信息卖给网店的经营者或其他商务机构，或将网店经营者信息卖给竞争对手，扰乱市场正常竞争秩序。

三、网购活动法律关系分析

网购活动中人身安全的法律关系分析将在本章的第四节进行详细地论述，在此仅分析网购活动中的财产安全与隐私安全的法律关系。

（一）财产安全的法律关系分析

我国《消费者权益保护法》第十一条规定，消费者因购买、使用商品或接受服务受到人身、财产损害时，享有依法获得赔偿的权利。在我国的立法中，对于电子商务中消费者权益的法律保护，可援引作为依据的法律法规有《民法通则》、《合同法》、《消费者权益保护法》、《产品质量法》、《反不正当竞争法》的相关规定。

根据我国《消费者权益保护法》的规定，消费者享有的合法权益包括：人身及财产安全权、知情权、自主选择权、公平交易权、依法获得赔偿权、依法成立维护自身合法权益的社会团体权、获得有关消费和消费者权益保护方面的知识权、人格尊严、民族风俗习惯得到尊重权等。因此，只要是涉及消费者以上权益的，都属于与消费者权益有关的争端。因此，只要满足了以上条件，C2C 和 B2C 争议也可以纳入电子商务消费者争议的范畴。

随着电子商务的发展，快递企业不断丰富产品线，推出限时快递、代收货款（COD，Cash of Delivery），大货配送，回单返还，开箱验货等业务。这就对快递企业服务多样化、精细化提出了更高的要求，网络覆盖只是一个方面，同时还要求有更高的质量，提升准时率、降低破损率和丢失率，提升客户满意度。

1. 网购快件延误对消费者的影响

2009 年 11 月 21 日晚，海南一位淘友在淘宝某网店购买了一件棉衣。店主于 22 日通过某快递公司发件，买家 5 天后（26 日）与卖家联系说没有收到所购货物。店主查询该快递网站快件跟踪信息显示该货 25 日就已到达海南省海口市。于是店主告诉买家当天或者次日应该可以收到物品了。但 27 日，买家又联系店主表示自己仍没有收到所购货物。店主再次登录快递公司网站查询发现，该货还在海南三亚。店主无奈只能与买家进行解释与协商。买家表示难以接受，11 月 30 日 9 点左右申请了退款，终止了本次交易。

26 日晚上一位上海的魏先生在一个浙江网店购买了一个永结同心礼盒，送给江苏连云港的朋友做生日礼物。店主承诺货物从浙江到江苏两天能送到。29 日晚上魏先生给店主打电话说，他朋友今天生日但还没有收到物品。店主查询快件跟踪记录发现，所寄物品 29 日中午 1 点已到达目的地，正在派送中。在店主的再三催促下，收件人于 30 日中午收到该件。魏先生以延误为由，向网店店主提出索赔，经协商店主向买家赔偿了 10 元长途电话费。

本案中，由于快递的延误导致网络交易的卖家交易失败，造成买卖双方的经济损失。快递延误导致的交易失败，在网购活动中屡见不鲜，消费者抱怨颇多。电子商务交易中，快递服务质量也是评价卖家信任度的指标之一，不少商家因为快递的服务失败而获得差评，影响商家在消费者中的声誉。电子商务的发展依托成熟的物流配送，快递成了联系买卖双方的纽带，快递服务质量的高低直接影响交易的满意度。为了避免快递成为业务发展的瓶颈，网店经营者开始寻求新的出路。如选择服务质量稳定的快递公司；及时追踪，主动解决问题，提升客户响应速度；有的网店在主页上注明："不要因为快递服务而给我们差评"；也有的网店自建递送系统，以彻底解决外部不可控环节。

2. 网购快件丢失、损毁对消费者的影响

消费者汪女士在淘宝网上买的两件衣服被某快递公司派送到单位，在收到包裹时她觉得包裹有点小，就问派送员："就这一个包吗？"派送员说是的。因为汪女士一直用该快递公司的服务，与派送员也非常熟悉，加上她之前也买过手机、MP4 等大件都没有出现什么问题，所以没有更多的怀疑，看了一眼后就签收。随即派送员离开。开封后，汪女士大吃一惊，这根本不是她购买的衣服！汪女士随即与卖家联系，并把衣服照片和快递单据一并发给了卖家。卖家表示这不是自己的衣服，怀疑中途有人调包，让汪女士仔细检查包裹是否完好。汪女士拿起包裹细看后，果然发现包裹后面有一条口子，看似用刀片划开的，然后又用透明胶带粘上了。

买家耿女士在淘宝网上买了一部手机，收到时却发现是个二手的，与卖家联系后，而卖家说自己发的的确是新手机，肯定是中途有人调包，不愿意再发货。最后，双方都与快递公司发生了争执。快递公司拒绝赔偿，理由是买家与卖家都有换货嫌疑。快递公司举证，卖家在发货的时候是有盒子的，收寄员当时没有打开包装进行验视，不能确定手机的新旧。而买家也没有当着派送员的面拆包检查、且拆包时现场没有证人，因此，买卖双方都有可能调换货物。

网购物品被调包的现象屡有发生，以上的两个案件中买家没有先验货再签收，导致货物调包责任难以界定的问题出现。为了避免类似问题的发生，卖家应该坚持快递员验视后再签收，最好能确保包装的完整性，比如验封后的物品加盖卖家的公章或者使用带有公司 LOGO 的胶带等。买家在收货时，一定要仔细检查包裹的外包装，如果发现包裹有有意破坏的痕迹，可以拒签。快递服务公司完善揽收、派送的工作流程，遵守验视制度，避免不法商家转嫁责任。此外，快递服务公司应加强内部管理，防止违规员工有机可乘。在与第三方进行物品交接时，规范操作流程，严防他人偷盗。

目前在客户投诉中，反映快件破损问题的比较突出。快递企业可以提供符合质量要求的包装物，并按标准进行包装，相关费用由买家承担。该种模式，可解决 80%的破损问题，将极大地提升交易成功率，提升用户满意度，对网商和买家都有好处。快递企业、网商间需要协议，达成共识，共同推动实施。

3. 快递服务失误对消费者的影响

网购消费者陈女士前几天在网上买了一件衣服，好几天没收到。陈女士与卖家反映后，卖家当时联系快递公司，说货已到达本地，在派送中。一天后，卖家再次联系，快递公司的说马上派送，当时已经接近下午 4 点。当天 4 点半左右，快递公司业务员给陈女士打电话询问具体地点，随后快递公司业务员多次打电话询问送件路线。业务员到达目的地后，又给陈女士打电话，通知她下楼取件。陈女士对此表示不满，坚持让业务员送件上门。该业务员表示，自己今天很忙，如果陈女士自己不来取，他只能改日再送了。陈女士无奈只能妥协，出门取件。陈女士见到业务员时说："我经常收发快递，都是门对门服务，没有一个让我们下楼取的，怎么你们这么牛啊?"业务员立刻回复道："今天就不应该给你送！我不是专门送快递的，负责送的人今天有事，我替跑一趟。"陈女士说："那是你们公司内部事情啊，我能理解，但是你不能这种态度啊?"该业务员说："今天可以不送的。"陈女士听后非常生气说："不送，你就拿回去吧！"该业务员立即一把抢过单子，拿着包裹转身就走了。陈女士经历了此次不快的事情之后，严重影响了其网购心情，于是她找到网购的卖家坚持要求退货，放弃该交易。

本案中，快递服务企业的服务态度给消费者陈女士造成极大的心理伤害，给网络卖家造成了一定的经济损失。传统的交易成本主要取决于买卖双方的意愿，而网络交易的成败已不局限于买卖双方，快递服务成为影响网购满意度的重要环节。某些情况下，网购交易过程的顺畅超出了交易物品的价值本身。

（二）隐私安全的法律关系分析

1. 个人信息权的内容

知情权、支配权和请求权构成了消费者个人信息保护权的基本内容。

首先是消费者的知情权。所谓知情权就是消费者明确了解各种针对自身信息的处理活动的权利。无论在消费前还是消费后，经营者都应将信息被处理的过程告知消费者。

其次是消费者的支配权。消费者个人信息支配权是指消费者对于自己的个人信息有权按照自己的意愿进行隐瞒、利用、维护和控制。隐瞒就是不为人所知的权利。利用就是指消费者利用个人信息满足自己精神和物质等方面的需要的权利。维护就是消费者保护其个人信息不受侵犯，并确保个人信息得到更新并准确无误的权利。控制是指自己公开个人信息或授权他人处理个人信息的权利。一般情况下，消费者个人信息可能经过的处理过程有：收集、保存、分析、更新、披露、利用以及销毁等过程。而侵犯消费者个人信息权的主要问题大都存在于收集和分析两个环节上，并突出表现为对消费者个人信息的过度收集和非法分析匹配，从而导致消费者个人信息非法交易泛滥。

最后是消费者的请求权。当消费者个人信息权被侵害时，对权利进行救济的请求权就成为消费者个人信息保护权的又一重要基本内容。

2. 隐私权的立法现状

美国政府出台了多项法律保护个人信息。如《隐私权法》、《信息保护和安全法》、《防止身份盗用法》、《网上隐私保护法》、《消费者隐私保护法》、《反网络欺诈法》和《社会安全号码保护法》等。触犯信息保护法的制裁是严厉的。比如根据2004年生效的《身份盗用惩罚措施法》,盗窃他人信件将被罚款2 000美元和最高5年的监禁;冒用他人身份申请信用卡,可罚款1 000美元和最高5年的监禁,如果身份盗窃涉及金融机构,罚款可高达100万美元,并判处最高30年的监禁。

法国强调个人信息权。个人的隐私、信息、资料历来受到法律的保护,任何人不得侵犯。法律保障个人信息优先的权利,禁止在未经许可的情况下采集和利用私人资料,其中包括诸如个人姓名、身份、电话、住址等相关信息。如果利用行业之便掌握了他人信息,在未经本人同意的情况下,将隐私信息泄露出去,按照法国《刑法》第226-13条,可判处一年监禁和15 000欧元罚款。因透露隐私信息对他人声誉或其他方面造成严重损害者,可最高判5年监禁和30万欧元的罚款。从民事角度来说,执法机关对侵犯他人信息的相关方可采取包括扣押、查封等措施,以阻止或终止这种不法行为。当然,受害者还可以要求赔偿。

目前我国尚无关于消费者个人信息权的立法,只有关于隐私的一般规定以及涉及消费者隐私的相关规定。2006年1月,中国社会科学院公布了《中华人民共和国个人信息保护法》(以下简称《个人信息保护法》)专家建议稿,近期有望出台,其中有法律保护公民个人信息、个人私生活秘密不受侵犯等内容。《个人信息保护法》一旦正式出台,侵害他人信息,可能会承担行政责任、民事责任或是刑事责任。

3. 我国相关的法律法规

我国的一些部门规章,针对消费者隐私权保护出台了相应的指导性意见。一些地方性法规,针对消费者隐私权,制定了相应的条款。这些法律文件是一种有益的尝试,对我们今后进行立法保护消费者个人信息有借鉴作用,但这些法律规定比较笼统简单,适用范围有限。例如:

《商务部关于网上交易的指导意见(暂行)》中规定:网上交易服务提供者应提供规范化的网上交易服务,建立和完善各项规章制度,其中包括隐私权与商业秘密保护制度。网上交易服务提供者应采取合理措施保护用户的注册信息、隐私和商业秘密。交易各方发生争议时,应依照法律和约定协商解决或交付有关部门处理。

《国务院办公厅关于加快电子商务发展的若干意见》中规定:认真贯彻实施《中华人民共和国电子签名法》,抓紧研究电子交易、信用管理、安全认证、在线支付、税收、市场准入、隐私权保护、信息资源管理等方面的法律法规问题,尽快提出制定相关法律法规的意见。

《上海市消费者权益保护条例》第十四条规定:消费者在购买、使用商品或者接受服务时,其生命健康权、姓名权、肖像权、名誉权、荣誉权和个人隐私等人身权受到损害的,有权要求经营者依法予以赔偿。

《福建省实施〈中华人民共和国消费者权益保护法〉办法》第十条规定:消费者因购买、使用商品或者接受服务,致使其生命健康权、姓名权、肖像权、名誉权、荣誉权、隐私权等人身权及财产权受到损害的,有权要求经营者依法赔偿或者承担其他民事责任。第五十九条第五款规定:经营者侵犯消费者个人隐私的,应当停止侵害、恢复名誉、消除影响、赔礼道歉;情节严重的,并给予五千元以上的赔偿。

在网购活动中,卖家侵犯买家的隐私权,在互联网上发布买家的个人信息的案例已经出现，第三方公司收集买家的个人数据销售给网店竞争对手的现象在网购活动中日益活跃。尽管，快递服务企业至今还未涉及侵犯买卖双方的个人隐私权，但是，鉴于快递服务企业在网购中获取买卖双方数据的便利性，可能会引发相关的法律问题。快递服务企业应增进对个人数据、个人隐私方面的法律认知，防范于未然。

案例：送件纠纷

（一）案例回顾

淘宝网买家邱女士因为有事错过了某快递公司业务员的电话，联系到快递员后，快递业务员责怪消费者不接电话，并表示不可能再给消费者送货，要么消费者去他们公司取件要么将快件退回。消费者邱女士听后非常气愤，当即表示退回快递。后来经过卖家和快递公司协商，快递公司同意第二天再送来。第二天中午该快递员给邱女士电话让其下楼去拿，消费者当时不方便，而快递员也以放置其他快件在楼下不安全为由坚持不肯送件上门。双方僵持不下，最后邱女士下楼取件，快递员对她说："以后你不要用我们公司的快递了，再用的话我让你的东西没有一件是完好的，我不怕你投诉。"

（二）案例分析

该案例的关键是该快递公司的业务员的话："以后你不要用我们公司的快递了，再用的话我让你的东西没有一件是完好的！"如果该快递公司的业务员，在今后的服务中，蓄意毁弃该消费者的快件，他将违反《快递市场管理办法》第十六条第一款，并依照第三十六条的规定进行处罚，情节严重的依法追究刑事责任。①

第二百五十三条规定，邮政工作人员私自开拆或者隐匿、毁弃邮件、电报的，处二年以下有期徒刑或者拘役。犯前款罪而窃取财物的，依照本法第二百六十四条的规定定罪处罚。刑法的这些规定是对《宪法》第四十条中的"通信秘密"的深化，是对侵犯公民隐私权利的惩罚手段。

从《宪法》、《刑法》到行业相关的法律法规都体现法律对消费者隐私权及消费者通信权的保护。快递企业应该深刻地认识到，通信隐私权的重要性，提高法律意识，保护消费者合法的权益，也是保障自身的利益。随着电子商务发展，通信手段的变化，未来快递行业所面对的信息及消费者隐私问题将更加复杂和多样。这种变化将给立法机构、监管机构、快递企业、消费者带来新的问题，面对更多的挑战。

---

① 我国《快递市场管理办法》第十六条　快递从业人员不得实施下列行为：

（一）私自开拆、隐匿、毁弃、扣留、倒卖、盗窃快件；

（二）违法泄露在从事快递服务过程中知悉的用户信息；

（三）法律法规禁止的其他行为。

第三十六条　违反本办法第十六条规定的，由邮政管理部门对快递企业处以5 000元以上，30 000元以下罚款；对直接责任人员处以1 000元以上，5 000元以下的罚款；构成犯罪的，依法追究刑事责任。

案例：代收货款引发纠纷

(一) 案例回顾

消费者吴先生网购一部手机，由某快递公司代收货款。该快递公司规定消费者必须付款后才能打开邮包，当时要先付款498元才能拆包。但是消费者打开包裹发现物品和自己订购不符时，才知道被骗了。

(二) 案例分析

以上案例为快递企业代收货款所引发的消费者侵权纠纷。《快递市场管理办法》第二十条规定，快递企业接受网络购物、电视购物和邮购等经营者委托提供快递服务的，应当与委托方签订安全保障协议，并报省级邮政管理部门备案。快递企业从事代收货款业务，应当遵守国家邮政管理部门的规定。第三十四条规定，违反本办法第二十条规定的，由邮政管理部门责令改正，并处以3 000元以上30 000元以下的罚款。

案件中的吴先生当时缴纳货款开拆邮件后并没有向投递员反映货不对版，于是该快递公司业务员将货款按规定上缴。次日下午，当吴先生发现货不对版后没有联系快递公司进行反映，而是直接联络商家进行投诉。在多次与商家交涉无果后，吴先生才向该快递公司反映情况。该快递公司向吴先生说明代收货款业务的相关规定、流程，并表示该快递业务仅负责运送及投递，客户与厂商形成购买合同关系，如发货不对版应联络厂商协商解决。网购与现场购物迥异，消费者要时刻警惕，谨慎从事。

该快递公司的代收业务流程上存在明显的漏洞，给不法商家提供了可趁之机。在消费者收到经济损失的同时，快递企业经营者也受到负面影响。快递企业应引以为戒，遵照相关规定，签订安全保障协议，以维护自身的权益。

案例：假期中的快递[①]

(一) 案例回顾

××是吉林一位淘宝网店的卖家，国庆节期间一位深圳的淘友要到吉林省四平市公主岭市(县级市)度假，为了防寒，他于9月30日在××网店买了两件卫衣，按照平时的经验判断，店主××告诉这位淘友10月1日或者2日就能收到货了，可以满足淘友的要求。店主××多次电话联系快递公司后得知快递公司放假3天，快件还未发出，买家5日离开公主岭时仍未收到快件。

(二) 案例分析

快递企业是联系网购中卖家与买家的桥梁，快递服务质量好坏在一定程度上影响到

① 来源：淘宝网 http://www.taobao.com 案例整理而成。

消费者网购的满意度，进而影响到买卖双方商务关系的建立与维系。在淘宝等专业的C2C电子商务网站上我们都能看到网店的店主和网购的消费者对快递公司的抱怨，本案例中所陈述的情况，基本展现出了电子商务中卖家对快递公司服务的不满，主要包括物品延误、丢失、损毁三大问题。消费者虚拟购物满意度由两个维度决定，一是网购产品质量，二是物品收取时限。在所购物品质量一定的情况下，消费者总是希望在第一时间验收实物。当两个要素都满足时，消费者会予以网店更高的评价，并产生重复购买行为。此外，网店评价越高越容易吸引新的消费者，建立良好的网络口碑，带动网店的规模化发展。当然，快递服务失误除了给网店带来隐性的品牌及客户信任度的损失，也带来了显性的服务补救成本，耗费了网店经营的人力和物力。与传统购物不同，网购的特殊性对快递服务也提出了新的挑战，无论是店家还是消费者都希望快递企业以最快的速度提供最安全的服务。

目前，淘宝电子商务平台日成交量已达到300万笔，交易额已达到社会消费品零售总额的1%，产品销售种类的5%。未来电子商务还将高速成长。当前，电子商务的物流体系、支付体系已得到了疏解和极大改善，但快递物流配送还与现实需求存在着很大的差距，更不能满足未来电子商务迅速发展的形势要求。快递物流，已成为制约电子商务发展最突出、最紧迫的环节。没有高效的快递物流，就没有电子商务未来的发展。

目前，快递企业的邮件及时跟踪系统都比较健全，电子商务的买卖双方都能查询邮件信息，快递企业与卖家的责任界定比较清晰，这就使得快递企业作为电子商务的焦点问题更加凸显。中国快递企业的产生与发展与电子商务的形成与发展息息相关，如何利用好电子商务平台把企业做大做强是中国快递企业不容回避的问题。

为适应未来电子商务的发展，快递企业要进一步完善组织模式、优化作业流程、丰富产品体系，满足网商在仓储、广告、包装等方面的新需求，提升对电子商务的支撑能力。完善网商与快递企业间的利益分配，树立共赢发展的理念构建和谐生态链。

案例：网商自建物流系统①

（一）案例回顾

××网上商城认为："物流是网购中企业与消费者能直接相互接触的少量环节之一，也是直接影响用户体验和满意度的重要环节。"正因如此，××网上商城决定成立自有物流公司。××网上商城计划将2008年年底获得的2 100万美元融资中的70%用于物流配送环节的改善，打算在14座城市建立自有配送站，最终，配送站将覆盖全国200座城市，这些城市都将由自建快递公司提供物流配送服务。2009年9月，投资达2 000万元人民币的上海××快递公司在上海正式成立，以提升××网上商城在上海及华东地区乃至全国的配送速度和服务质量。

（二）案例分析

本案例反映了B2C电子商务中，商家、物流、买家三者之间的纠纷与冲突。国内最大

① 来源：http://www.w757.com相关资料整理。

3C网络零售商××商城与几个快递公司了建立合作关系，但是对快递服务的不满成为该公司最大的难题。

金融危机背景下，消费者对价格更为敏感，使得××网上商城的价格优势以及便捷的购物模式被越来越多的消费者所认可，并迎来了高速发展。2007年，该公司营业额超过了13亿元，并连续4年保持300%以上的增长。根据艾瑞咨询报告显示，上海网购交易量在全国居于首位。而目前，××网上商城订单中40%来自上海及华东地区，位居全国订单量之首。但与此同时，高速的订单增长与物流配置不相符导致了大量订单配送延迟。国内物流水平的滞后，已经制约了电子商务行业的健康发展，并成为整个行业的瓶颈。

目前，大多数国内电子商务企业都选择将配送环节外包给专业的物流公司，但货品出库后配送环节的整个流程都掌握在物流公司，企业自身无法管控，配送不及时等满意度监管困难。此外，外包物流的配送员对配送产品的特性并不了解，由于配送途中的疏忽导致产品损坏的现象时有发生。

高效的物流是发展电子商务的坚强后盾，商家自建物流体系还是外包都取决与效率，只有高效的物流服务才能留住网购的客户。

第四节　物品涉及国家与社会安全的适用法律与解析

一、禁止寄递的物品概述

（一）邮政行业相关的法律法规

规范寄递服务行为，加强寄递物品安全管理，防止禁寄物品流入寄递渠道，能够维护国家安全和社会稳定，保障人民生命财产安全，促进寄递服务有序、健康的发展。为履行国务院赋予国家邮政局的监管职责，维护国家利益，保障人民生命财产安全，在《宪法》规定下的邮政法律法规呈现三个层次：一是法律和行政法规，即《邮政法》和《邮政法实施细则》；二是部门规章，即《邮政普遍服务监督管理办法》和《快递市场管理办法》两部部门规章，以及《禁寄物品指导目录及处理办法（试行）》、《寄递服务企业收寄物品安全规定（试行）的通知》等规范性文件；三是地方性法规和地方规章，我国各省、自治区、直辖市结合本地实际情况制定了地方性邮政法规或规章。

其中，国家邮政局2007年发布了2007152号文件《禁寄物品指导目录及处理办法（试行）》。该文件对禁寄物品做出了明确规定，要求各寄递服务企业按照“谁经营，谁负责”的原则，严格执行规定，严把收寄关，严格加强验视工作。要求各省、自治区、直辖市邮政管理局高度重视寄递服务的安全监管，重抓“源头”，完善手段，加强对各类寄递服务企业的监督检查。

禁寄物品的分类是指国家法律、法规禁止寄递的物品。禁寄物品可以分为三类：第一，危及人身安全物品。如武器、爆炸性物品、化学试剂、毒药等。这些物品在运输过程对经营者的安全产生隐患，可能导致工作人员受伤、工作场所损毁、生产设备破坏等后果的发生。此外，收件人收到上述物品后，将直接导致身体伤害。第二，危及国家及社会安全物品。各种危害国家安全和社会政治稳定以及淫秽的出版物、宣传品、印刷品等。这些物品的社会传播将扰乱社会秩序，破会社会稳定。第三，物品自身不安全、由于物品的自然属性不适合邮寄的物品，比如妨害公共卫生的物品和容易腐烂的物品，保质期较短的食品等。此类物品不适用采用普通快递，物品的自然损坏造成社会资源的浪费。对禁寄物品的限定，不仅是为国家和社会利益服务，同时也保护了快递企业的和消费者的利益，遵纪守法是每个公民应尽的义务。

（二）与禁寄物品相关行业的法律法规

与邮政行业内相关的法律法规平行的法律体系还包括与禁寄物品相关行业的法律法规，这个体系涉及面广泛，内容繁杂，包括《中华人民共和国国家安全法》（以下简称《国家安全法》）、《运输安全法》、《刑法》、《中华人民共和国禁毒法》（以下简称《禁毒法》）、《中华人民共和国突发事件应对法》等。

1.《国家安全法》

《国家安全法》于 1993 年 2 月 22 日经第七届全国人民代表大会常务委员会第三十次会议通过，并自公布之日起施行。

危害国家安全行为的定义：该法所称危害国家安全的行为，是指境外机构、组织、个人实施或者指使、资助他人实施的，或者境内组织、个人与境外机构、组织、个人相互勾结实施的危害中华人民共和国国家安全的行为。

危害中华人民共和国国家安全的行为主要表现为：(1)阴谋颠覆政府，分裂国家，推翻社会主义制度的；(2)参加间谍组织或者接受间谍组织及其代理人的任务的；(3)窃取、刺探、收买、非法提供国家秘密的；(4)策动、勾引、收买国家工作人员叛变的；(5)进行危害国家安全的其他破坏活动的。

危害国家安全的罪行及刑事责任：

(1) 为境外窃取、刺探、收买、非法提供国家秘密、情报罪。该罪是指为境外的机构、组织、人员窃取、刺探、收买、非法提供国家秘密或情报的行为。根据《刑法》的相关规定，对犯有该罪的，处五年以上十年以下有期徒刑；情节特别严重的，处十年以上有期徒刑或者无期徒刑；情节较轻的，处五年以下有期徒刑、拘役、管制或者剥夺政治权利。《刑法》第五十六条和第一百一十三条还规定，犯有本罪的，应当附加剥夺政治权利，可以并处没收财产，对国家和人民危害特别严重、情节特别恶劣的，可以判处死刑。

(2) 故意泄露国家秘密罪。该罪是指国家机关工作人员或者非国家机关工作人员违反保守国家秘密法，故意使国家秘密被不应知悉者知悉，或者故意使国家秘密超出了限定的接触范围，情节严重的行为。对犯有该罪的，处三年以下有期徒刑或者拘役；情节特别严重的，处三年以上七年以下有期徒刑。

(3)非法获取国家秘密罪。该罪是指以窃取、刺探、收买方法，非法获取国家秘密的行为。对犯有本罪的，处三年以下有期徒刑、拘役、管制或者剥夺政治权利；情节严重的，处三年以上七年以下有期徒刑。

2.《运输安全法》

运输安全法规包括道路运输安全、铁路运输安全、航空运输安全等。交通部2005年第9号令发布的《道路危险货物运输管理规定》(以下简称《危规》)所称的危险货物,是指具有爆炸、易燃、毒害、腐蚀、放射性等特性,在运输、装卸和储存过程中,容易造成人身伤亡、财产毁损和环境污染而需要特别防护的货物。具体是否为危险货物,以列入国家标准《危险货物品名表》(GB12268)的为准;未列入《危险货物品名表》的,以有关法律、行政法规的规定或者国务院有关部门公布的结果为准。危险货物的范围比《危险化学品安全管理条例》中的危险化学品的范围要广。

铁路运输中也根据《中华人民共和国铁路法》、《化学危险物品安全管理条例》和《铁路货物运输规程》等法规的基本原则,制定《铁路危险货物运输管理规则》。第二条规定,在铁路运输中,凡具有爆炸、易燃、毒害、腐蚀、放射性等特性,在运输、装卸和储存保管过程中,容易造成人身伤亡和财产毁损而需要特别防护的货物,均属危险货物。第三条规定,危险货物按其主要危险性和运输要求分为九类:第一类,爆炸品;第二类,压缩气体和液化气体;第三类,易燃液体;第四类,易燃固体、自燃物品和遇湿易燃物品;第五类,氧化剂和有机过氧化物;第六类,毒害品和感染性物品;第七类,放射性物品;第八类,腐蚀品;第九类,杂类。有些货物虽不属上述危险货物,但容易引起燃烧,在铁路运输过程中需采取防火措施,属易燃货物。

航空危险物品,是指对人体健康、飞行安全、财产或者环境能够构成危害,且在国际民航组织(ICAO)所颁布的《危险物品航空安全运输技术指令》(以下简称《技术指令》)危险物品品名表中列明或者根据《技术指令》分类的物质或者物品。按照现行有效的国际标准,即ICAO的《技术指令》和国际航协(IATA)的《危险物品规则》,航空运输活动中的危险物品根据其种类大致可以分为以下九大类:(1)爆炸品;(2)气体;(3)易燃液体和易燃固体;(4)自燃物质和遇水释放气体物质;(5)氧化剂和过氧化物;(6)有毒和传染性物质;(7)放射性物质;(8)腐蚀性物质;(9)杂项危险物品。根据危险物品的危险程度不同,危险物品可以分为客货机均可载运的危险物品、只限货机运输的危险物品、正常情况下禁止运输但在有关国家特殊豁免可以载运的危险物品,以及在任何情况下都禁止运输的危险物品。这些危险物品中既有其危险性显而易见的各类化工产品,也有日常生活中常见的公众容易忽视其危险性的物品,如香水、药品、汽车、电器,还有经过特殊手段保鲜的水产品,甚至某些动物、水果在特殊情况下也具有一定的危险性。随着社会的不断发展,危险物品的种类还在不断增加。

3. 其他相关法律法规

禁寄物品还涉及其他相关法律法规。如《刑法》和《最高人民法院关于审理非法制造、买卖、运输枪支、弹药、爆炸物等刑事案件具体应用法律若干问题的解释》中关于爆炸物品、枪支弹药和管制刀具的规定:《刑法》第一百二十五条规定,非法制造、买卖、运输、邮寄、储存枪支、弹药、爆炸物的,处三年以上十年以下有期徒刑;情节严重的,处十年以上有期徒刑、无期徒刑或者死刑。司法解释规定,个人或者单位非法制造、买卖、运输、邮寄、储存枪支、弹药、爆炸物,具有下列情形之一的,依照《刑法》第一百二十五条第一款的规定,以非法制造、买卖、运输、邮寄、储存枪支、弹药、爆炸物罪定罪处罚。

《禁毒法》第二十一条规定，国家对麻醉药品和精神药品实行管制，对麻醉药品和精神药品的实验研究、生产、经营、使用、储存、运输实行许可和查验制度。国家对易制毒化学品的生产、经营、购买、运输实行许可制度。禁止非法生产、买卖、运输、储存、提供、持有、使用麻醉药品、精神药品和易制毒化学品。

1992年国家烟草专卖局、国家邮政局联合发布的《关于恢复烟草及其制品邮寄业务的通知》规定，邮寄卷烟、雪茄烟每件以二条(400支)为限(二者合寄时亦限二条)。邮寄烟叶、烟丝每件以五千克为限(二者合寄不得超过十千克)；用户邮寄烟草及其制品，每人每次限寄一件，不准多件邮寄。邮电部门要加强收寄验视，防止一次多件或多次交寄的做法，并严格邮件封装，确保运递安全。

二、寄递禁寄物品的法律责任

(一) 验视制度

《邮政法》第二十五条规定，邮政企业应当依法建立并执行邮件收寄验视制度。对用户交寄的信件，必要时邮政企业可以要求用户开拆，进行验视，但不得检查信件内容。用户拒绝开拆的，邮政企业不予收寄。对信件以外的邮件，邮政企业收寄时应当当场验视内件。用户拒绝验视的，邮政企业不予收寄。第二十六条规定，邮政企业发现邮件内夹带禁止寄递或者限制寄递的物品的，应当按照国家有关规定处理。进出境邮件中夹带国家禁止进出境或者限制进出境的物品的，由海关依法处理。

《快递服务》邮政行业标准5.1.2.3询问与验视条款中规定，快递服务人员应询问和验视内件的性质和种类：若是法律、法规规定禁寄物品，应拒收并向寄件人说明原因；若是限寄物品，应告知寄件人处理方法及附加费用；建议寄件人，贵重物品宜购买保价或保险服务。寄件人应将交递快件的性质和种类告知快递服务人员。

《快递市场管理办法》第十九条规定，快递企业对不能确定安全性的可疑物品，应当要求用户出具相关部门的安全证明。用户不能出具安全证明的，不予收寄。

此外，国家相关法规对“哪些单位和个人可依法持有、携带管制刀具”有明令规定：“除中国人民解放军和人民警察、专业狩猎人员和地质、勘探等野外作业人员可以持有外，其他人员不得持有。”在运输安全法规里也有对此类型货物的禁令。

对以上法律，快递人员很难一一知晓，但快递业务人员必须具备较强的法律意识，坚持验视制度，只有这样才能最大可能地避免承运禁寄物品。

2008年5月1日，上海某公司业务员郭某在分拣快件时，发现从新疆某地寄来的一破损快件露出金属亮光，疑是刀具，立即向公司、公司总部报告并向所在地公安派出所报案。警方人员赶到现场，发现快件内有6把刀具，其中1把长约36厘米，1把长约30厘米，其余4把长约20厘米，宽度均在2厘米左右，非常锋利。经警方鉴定，这6把刀具属国家禁止非法制造、运输、佩带的管制刀具，警方予以扣留并进行调查处理。①

① 案例来源：《邮政业禁毒知识培训参考资料》，国家邮政局，2009年6月。

2008年5月5日，上海某公司一客户寄了2个快件，经验视，寄往本市的1个快件内是2把仿真冲锋枪，寄往杭州的1个快件内有几发子弹，分公司即向总部报告，总部向上海市邮政管理局报告。经公安部门鉴定，认定是2把气步枪，快件内还有数包气枪子弹。寄往杭州的快件内是12发仿真小口径子弹(弹壳内无火药)。此事由当地公安派出所处理。①

南京某快递公司收到一份寄往当地某监狱的快件，收件人是该监狱服刑的犯人。收派员李某到达监狱后，在监狱检查人员的监督下，他打开了快件，发现里面竟是一把刀具(属管制范围)。在打开快件之前，李某并不知道内装何物，这一幕让他觉得不知所措，就在他还没来得及反应之时，检查人员已经将他扣下了。李某在看守所待了两天后，通过公司与相关部门的沟通与协调，才得以放人。另外，李某随身携带的其他快件也被一并扣留，没有及时派送，因此同时遭到其他客户的投诉。②

以上案例中的当事人首先都是违反了验视制度，没有对所承运的物品进行检验就提供快递服务。

验视时应把握几个要点：一是寄递邮件必须符合《禁寄物品指导目录及处理办法(试行)》；二是对邮件的重量、件数、包装等项目进行检查；三是详细记录寄件人和收件人的个人信息。邮政企业、快递企业不建立或者不执行收件验视制度，或者违反法律、行政法规以及国务院和国务院有关部门关于禁止寄递或者限制寄递物品规定的，对邮政企业直接负责的主管人员和其他直接责任人员依法给予处分；对快递企业，邮政管理部门可以责令停业整顿直至吊销其快递业务经营许可证；有关责任人员构成犯罪的，依法追究刑事责任；造成人身伤害或者财产损失的，依法承担赔偿责任。邮政企业、快递企业经营国际寄递业务，以及用户交寄国际邮递物品，违反《中华人民共和国海关法》及其他有关法律、行政法规的规定，构成走私行为或者违反海关监管规定行为的，由海关依法予以处罚；构成犯罪的，依法追究刑事责任。

(二) 非法承运

《快递市场管理办法》第十五条第一款规定，快递企业不得违反国家规定，收寄禁止寄递的物品，或未按规定收寄限制寄递的物品。违反规定者，由邮政管理部门责令改正，对快递企业处以10 000元以上30 000元以下的罚款；对快递企业法定代表人或负责人以及其他直接责任人员处以1 000元以上5 000元以下的罚款。禁运品或危险用品在运输中给承运方、代理方及其他客户带来的潜在危害是不言而喻的。它们进入快递运输的第一关就是揽收员，因此，揽收员的识别能力与法律意识至关重要。快递企业应经常宣传因危险品运输，给人们、给社会所带来的危害，从思想和道德层面上树立快递员工的社会责任感。此外，对于某些消费者"明知故犯"的行为，快递业务员应明察秋毫，第一时间解决安全隐患，保护经营者和社会群众的利益。

某快递公司承运了一箱蓄电池，该箱体积较小。该快递公司在分拣时，操作人员将它与其他小包裹一起打包在编织袋内。在机场货运安检时，安检人员发现了其物质属性，当

① 案例来源:《邮政业禁毒知识培训参考资料》，国家邮政局，2009年6月。

② 徐勇.中国民营快递现状与发展趋势分析.学林出版社，2006.

场扣留了整袋货物。最后，蓄电池改用陆运，袋中的其他包裹也被延误到下个航班发出。[①] 本案中蓄电池为航班的禁运品。快递公司在知情的情况下，抱着侥幸心理，故意承运危险品。快递公司为了盈利，忽略社会责任的行为将受到法律的制裁。

（三）社会责任

《快递市场管理办法》第十七条第二款规定，任何组织和个人不得利用快递网络从事危害国家安全、社会公共利益或者他人合法权益的活动——禁止寄递各种危害国家安全和社会政治稳定以及淫秽的出版物、宣传品、印刷品等。

2008 年 4 月上旬，广东深圳某快递公司收到的一件进口邮件有禁寄物品的信息，马上向当地邮政部门报案，经检查发现邮件总包已经破损，内装的光碟都是有关达赖喇嘛的反动宣传资料，该件被暂扣，带回公安机关处理。[②]

本案中所查处的禁寄物品依据以下法条判定：《邮政法》第三十七条规定，任何单位和个人不得利用邮件寄递含有下列内容的物品：1.煽动颠覆国家政权、推翻社会主义制度或者分裂国家、破坏国家统一，危害国家安全的；2.泄露国家秘密的；3.散布谣言扰乱社会秩序，破坏社会稳定的；4.煽动民族仇恨、民族歧视，破坏民族团结的；5.宣扬邪教或者迷信的；6.散布淫秽、赌博、恐怖信息或者教唆犯罪的；7.法律、行政法规禁止的其他内容。

国庆 60 周年庆典期间，部分商品受到国家相关部门禁运限制。包括各种液体类产品（化妆品、洗发水、沐浴露类生活用品）、打火机、打火机油、手机电池、普通电池等，禁止收寄的膏状物品中还有蜂蜜，此外，凡易燃、易爆、易碎、液体、带有磁性的物品、配有遥控装置的物品，都在临时管制范围内。含禁运商品的订单将不能通过普通邮递、EMS 方式进行配送。同时由于铁路、航空部门加大安检力度，部分城市运输方式需要进行临时性调整，部分城市货物送达时间会延长 1～3 天。

根据公安部、交通运输部等联合下发的通知要求，在国庆 60 周年庆典期间，对可疑物品，必要时进行开包、开箱检查，防止禁寄物品、违禁物品、危险物品藏匿、夹带在普通货物中运输。邮政企业和各类快递企业在客户交寄物品时，要当面验视内件，确认安全后方可收寄，凡国家规定的禁寄物品，一律不予收寄；对不能确认安全的物品，如机电装置、粉末、不明金属、装有不明气体或液体的密闭装置等，或寄件人拒绝验视的，原则上不予收寄。

为了保证国庆 60 周年庆典期间的邮路安全，国家邮政局、北京市反恐办关于国庆安保工作的相关文件以及该局与市国家安全局联合成立的北京邮政监管办公室印发了《关于加强国庆期间寄递物品安全工作的通知》，明确要求快递企业进一步树立安全运营意识，认真执行国家局制定的《禁寄物品指导目录及处理办法（试行）》等安全管理规定。此外，国家邮政部门根据《突发事件应对法》制定了庆祝活动期间安全风险控制与应急准备工作方案，与已备案的快递企业（含国营、外资、民营）建立电话通讯联系机制，形成安全信息情报反馈网络。与国家安全局建立日常联系和通讯机制，协同开展邮路寄递物品的安全监管工作，并开展对快递企业收寄验视制度执行情况、生产场地安全隐患排查情况以及

① 徐勇.中国民营快递现状与发展趋势分析.学林出版社，2006.

② 案例来源：《邮政业禁毒知识培训参考资料》，国家邮政局，2009 年 6 月。

突发事件应急预案的制定及演练情况的安全大检查。

尽管禁寄物品比较复杂容易出现问题，但是，只要快递公司认真做到以下几点，在一定程度上可以减少或者避免类似事情的发生：1. 要进一步提高对寄递物品安全工作重要性的认识。2. 要严格执行验视制度。3. 要加强寄递物品安全管理。4. 要落实各级安全责任制。

三、快递禁毒法律问题解析

我国利用邮路贩毒活动始于20世纪80年代末，最初出现在云南，随后由广东寄出的小剂量快件信藏匿毒品案增多，上海、深圳、北京等地区均有发现邮路贩毒案件。目前，全国31个省、市、自治区均发现有邮路贩毒活动。

邮路在各毒品缉查渠道中占据了重要位置，从破获毒品犯罪案件数和抓获的犯罪嫌疑人数来看，邮路虽不及铁路、民航、海关等传统渠道的数量大，但我们应该看到铁路、海关、民航等部门在其管辖区域内多易发现大宗毒品交易活动，查获的毒品数量较大。从缴获的各类毒品的量来看，在邮路贩运毒品的案件主要是次多量微的零包贩毒案件，与其他渠道缴获的量相比较，邮路缴获的毒品数量已属较多。另外，邮路贩毒的流向和路线有一定的规律性。其中以云南、广东为主要邮寄地，呈辐射形流向全国。国内邮寄毒品案件增多的同时，跨国邮件贩毒案件也同步增多。

（一）邮政业开展禁毒工作的立法现状

规范禁毒工作的法律，是指导我国禁毒工作的根本大法，为进一步推进我国禁毒工作提供了有力的法律保障。《禁毒法》中与邮政业禁毒工作相关的内容前面已经详细述及。总之，邮政管理部门应当按照《禁毒法》的有关规定，责无旁贷地承担起在本领域开展禁毒工作的职责。

快递企业作为邮件毒品检查的实施主体，担负着邮路毒品查缉工作的重要职责。当前，修订后的《邮政法》已经审议通过，于2009年10月1日起实施，修订后的《邮政法》要求规范邮政普遍服务业务和竞争性业务，加强邮政市场的监督管理，维护邮政通信与信息安全，以促进邮政业的健康发展。其中与禁毒工作相关的内容主要体现在收件验视制度及监督管理方面。应当说，修订后的《邮政法》中的上述规定为快递企业实施毒品检查、邮政管理部门对开展禁毒工作的监督管理以及邮政管理部门与公安机关之间建立协调工作机制等提供了法律保障。

修订后的《邮政法》作为全国邮政业工作的基本法律依据，所规定的内容以邮政基本业务为主，其中与禁毒相关的内容主要体现在收件验视制度及监督管理方面，但未明确提及“禁毒”、“缉毒”、“毒品”等字样，具体相关内容包括：

一是沿用原《邮政法》中关于不得邮寄国家禁止寄递或者限制寄递物品的规定，增加邮政管理部门对邮政企业、快递企业邮件检查工作的监督管理，如监督检查可采取的措施、须遵守的程序性要求、检查监督人员的保密义务以及对违反上述规定的单位和责任人员的处分等。

二是沿用原《邮政法》中确立的收寄验视制度，增加验视信件时“不得检信件内容”的规定，体现了对公民通信自由和通信秘密的保护，这在查验信件是否夹藏毒品时应当注意。

三是在原《邮政法》的基础上进一步明确规定，邮政管理部门、公安机关、国家安全机关和海关应当互相配合，建立健全安全保障机制，加强对邮政通信与信息安全的监督管理，确保邮政通信与信息安全。同时要求邮政企业、快递企业以及有关单位应当配合国家安全机关、公安机关依法进行的邮件查验活动，向其提供用户使用邮政服务或者快递服务的信息，并对有关情况予以保密。

四是增设了关于邮件、快件处理场所的规定，邮政企业应当根据国家安全机关和海关依法履行职责的要求，设计和建设邮件处理场所和快递企业的快件处理场所。

修订后的《邮政法》中的上述规定为邮政企业、快递企业实施毒品检查、邮政管理部门邮政业禁毒工作的监督管理以及邮政管理部门与公安机关、国家安全机关和海关之间建立协调工作机制等提供了制度基础。然而，相关条文规定的仍较为笼统，一些具有实际操作性的制度和措施如邮件运输环节的安全保障制度，邮政企业、快递企业的奖惩激励措施等，需要通过制定新的《邮政法实施细则》以及邮政部门行政规章、邮政地方法规来具体体现。

（二）禁毒法律制度体系涉及邮政业的相关内容

《禁毒法》与邮政业禁毒工作相关的内容主要包括：一是《禁毒法》提出禁毒是全社会的共同责任，要求任何国家机关、社会团体、企事业单位以及其他组织和公民均应履行禁毒的职责或义务。因此，邮政管理部门和寄递服务企业责无旁贷地要承担起在本领域开展禁毒工作的职责。二是《禁毒法》确定了预防为主，综合治理，禁种、禁制、禁贩、禁吸并举的禁毒工作方针。预防为主是做好禁毒工作的首要环节，邮政业应当认真组织开展邮政营业场所的禁毒预防宣传工作，在邮政寄递渠道普及毒品知识，提高人们辨识、抵制毒品的能力。三是《禁毒法》确立了政府统一领导，有关部门各负其责，社会广泛参与的禁毒工作机制，同时规定禁毒委员会为禁毒工作的组织、协调、指导机构，这便确立了由各级禁毒委员会牵头负责组织、协调和指导，主管职能部门负责主抓本领域内的禁毒工作，其他相关部门配合协作的禁毒工作领导体制和工作机制。邮政业禁毒工作应当根据上述规定，在本级禁毒委员会的领导下，切实承担起邮政寄递渠道内的禁毒职责，监督管理邮政企业、快递企业认真开展邮路毒品查缉工作，并积极配合公安禁毒等相关部门开展毒品情报信息和案件侦查工作。四是《禁毒法》在第三章毒品管制中专门规定了邮件毒品检查的内容，要求邮政企业应当依法加强对邮件的检查，防止邮寄毒品和非法邮寄易制毒化学品。该款规定明确了邮政企业以及快递企业作为邮件毒品检查的实施主体，担负着邮路毒品查缉工作的重要职责。快递企业应当依照修订后的《邮政法》中规定的收件验视制度，与邮政企业同样严格对邮件、快件实施毒品检查。同时，邮政管理部门也应根据修订后的《邮政法》中的规定，加强对邮政企业、快递企业邮检工作的监督和管理，确保邮件毒品检查不流于形式。

《禁毒法》首次以法律形式明确了邮政寄递渠道查缉毒品的工作职责，对今后开展邮政业禁毒工作确立了法律依据。然而，《禁毒法》中涉及邮政业禁毒方面的内容过少，无法为全面开展邮政业禁毒工作提供必要的规范与指导。这就要求尽快出台关于禁毒法的法律解释，加快制定和修改相关配套法律规范，解决邮政业禁毒工作中存在的实际问题，如明确各地邮政管理部门在本地禁毒委员会中的地位与作用、在邮政部门与禁毒部门间建立联席会议制度等。

（三）快递企业的禁毒工作职责

作为邮政业禁毒工作的基层单位，快递企业是寄递服务的主体，是维护寄递物品安全的第一责任单位。快递企业的禁毒职责包括：

1. 加强对禁毒工作的领导，在企业内建立专门的禁毒组织，安排专职或兼职的人员开展禁毒工作；

2. 加强企业员工的教育和培训，提高员工识毒、防毒、拒毒和抵御外部侵蚀的能力；

3. 落实收寄邮件和快件当面验视、封装制度和封发前的检查制度，有效遏制毒品流入邮寄渠道。

案例：遭遇禁递物品①

（一）案例回顾

2008年4月8日下午2点20分，某快递公司业务员唐某接到公司分部调度发来的短信，内容是："速到茶楼取件，客急。"

5分钟后唐某赶到目的地，发现在一个不起眼的角落里有3个男士在打牌。唐某上前询问是否有人要寄件，客户用眼神示意唐某他要寄的件就在他脚边，是一个纸箱，露在外面的是一件普通外套。唐某给客户解释：根据公司规定，必须当面检查快件。客户同意后唐某首先检查了外套，未发现问题；纸箱里有一本很大的《现代汉语词典》，打开词典盒，翻开词典，发现词典中间被掏空，赫然出现在眼前的是在电影里见过的类似引爆发生器装置（由电池组、电线、软胶块、定时器组成）。

唐某告知客户：这个物品属于航空违禁寄品，我公司不予收寄。客户说："那其他东西总可以寄吧？"唐某看了看剩下的物品：几张当天报纸、一本小的纸制笔记本。唐某再次给客户解释说："根据国家邮政法和公司的相关规定，凡500克以下纸制物品和信函类物品属中国邮政专营。"这下客户不耐烦了，他生气地说："你们这不能寄那也不能寄，到底能寄些什么东西吗？"唐某把公司的收寄物品范围大致给客户解释了一遍。客户说："那我寄这个纸箱总可以了吧？"

唐某仔细查看了这个纸箱，发现该纸箱下的右下角有一小瓶油状液体！拿出该液体后，唐某给客户解释："液体也属于航空违禁品，不能收寄！"

（二）案例分析

收寄验视是指快递企业的收揽人员接收邮件，并对邮件进行检查的一道重要工序，也

① http://www.sf-express.com.

是邮件安全寄递的根本保障。本案中，该快递公司业务员严格遵守验视制度，《邮政法》规定，邮政企业和快递企业应当建立并严格执行邮件收寄验视制度。对用户交寄的信件，必要时邮政企业和快递企业可以要求用户开拆，进行验视，但不得检查信件内容。用户拒绝开拆的，企业不予收寄。对信件以外的邮件，邮政企业和快递企业收寄时应当当场验视内件。用户拒绝验视的，企业不予收寄。

本案中的快递揽收员具有较高的职业素养与法律意识，在验视时遵守以下原则：

一是寄递邮件必须符合《禁寄物品指导目录及处理办法(试行)》。

二是寄递物品必须符合奥运期间禁寄物品要求。寄递服务是奥运服务的重要组成部分，为此国家邮政局发布了2008年33号文件《国家邮政局关于加强29届奥林匹克运动会物品安全工作的通知》(以下简称《通知》)。《通知》中规定，在用户交寄除信件外的其他物品时，当面验视内件，并请用户出示有效身份证件。对用户没有随身携带有效身份证件而不能出示的，亦应正常收寄，但要做重点查验。对拒绝验视内件的，或不能确认是否安全的可疑物品(如机电装置、粉末、不明金属、装有不明气体或液体的密闭装置等)不予收寄。

三是对邮件的重量、件数、包装等项目进行检查。

四是详细查验寄件人和收件人的个人信息。

此外，对于消费者的抱怨与不满情绪，始终能耐心处理，坚持工作原则，耐心细致地查验。

尽管禁寄物品复杂，情况多变，快递企业只要严格遵守工作原则、具备一定的法律意识、保持强烈社会责任感，禁寄物品对企业、消费者、社会的危害将大大降低。

案例：快递公司协助禁毒[①]

(一) 案例回顾

2008年7月某速递公司员工发现两名神色紧张、形迹可疑的收件人，一天内三次到公司，要求将从武汉发到当地的包裹取走，但不愿出示身份证明。此情况引起了公司员工的高度警觉，公司员工将这一情况及时报告给公司值班经理，值班经理迅速报告给公司领导。该公司要求以取件人未能出示身份证明，无法确定为收件人为由，将包裹封存作进一步检查。在随后的检查中发现，该包裹详情单上表明的收件人和寄件人为同一个人，联系电话也为同一手机号码。经过仔细辨别内件，发现有疑似颗粒和粉末状物质，于是将这一情况报告当地邮政管理局。邮政管理局接到报告后，立即与该省公安厅禁毒总队联系，并协调当地公安禁毒部门开拆检查，发现该包裹内装K粉、摇头丸、春药、迷魂药各1包。警方以此为线索，随后将贩毒人员抓获，并一举消灭了这个犯罪团伙。

2008年5月28日下午16时左右，某地邮政营业柜台前来了一位20多岁的小伙子，身高一米七左右，要求办理速递业务。当班营业员接过此人寄递的邮件后，发现是一张贺卡，用手触摸后感觉里面有物品，便警惕地边打开边询问。寄件人发现营业员检查得如此

① 案例来源：《邮政业禁毒知识培训参考资料》，国家邮政局，2009年6月。

仔细，连邮件也顾不上，吓得拔腿就跑出门外，骑上电动车很快就没了踪影。营业员觉得此事肯定有问题，立即打电话向邮政主管部门作了报告。邮政主管部门派专人赶到现场后，即将可疑邮件交公安机关。经公安部门检测，发现贺卡内夹寄物为冰毒，重量0.4克，公安机关随即立案侦查。

2008年4月18日，一寄件人通过上海某快递公司运一件摩托车排气管到武汉，某员工根据经验和常识，发现此快件可能存在夹藏违禁物品的问题，快件的封装存在可疑情况，该员工及时将这一异常情况向公司领导汇报，公司将这一可疑快件交公安机关处置，并积极配合公安局破案，经公安机关侦查，缴获摇头丸1 680克，三天内成功抓获贩毒分子数人。

2008年10月，某公司在办理一位男子取件手续时，发现该男子行为可疑，在快件未到时，连续两天晚上12点左右到公司打听快件信息。经查明，该快件未标明收件人姓名和地址，其他信息也模糊不清。该快递公司将此可疑情况向当地邮政管理局报告，经公安部门进行鉴定，确认快件内藏有毒品，重量约1.4千克。

（二）案例分析

分析以上快递企业成功禁毒的案例，我们不难发现其中的共通之处：一是营业人员在收寄邮件过程中认真执行收寄验视、眼同封装、称重复称制度，及时有效发现可疑邮件；二是营业人员警惕性高、责任心强，并能够把日常培训的防毒、查毒知识灵活运用到实际工作中，机敏发现可疑目标，并及时上报主管部门。案发地营业室营业员能够根据主管部门提供的情报信息，机敏发现重点关注目标，沉着冷静收寄邮件，消除寄件人的疑虑和警惕心理，达到了堵截毒品和保护自身安全的目的。三是认真执行报告制度，营业人员发现可疑情况和可疑邮件，能够按照规定程序报告上级部门和公安禁毒部门。四是主管部门禁毒工作责任感强，精心安排部署布网查毒，及时将有效信息传达到各营业网点，提高营业人员的防范意识，做好防范准备。五是积极与公安部门配合，有效地防止了毒品流入市场，杜绝社会隐患。

案例：快递与国家安全

（一）案例回顾

为建立健全上海市寄递行业反恐防范长效管理机制，并为上海世博会反恐防范督促检查工作提供依据，上海市市反恐办组织有关专家和行业主管单位开展了《上海市寄递行业反恐防范标准及指导》课题研究，完成了《上海市寄递行业反恐防范指导性意见》（以下简称《指导性意见》），2009年6月向上海市各快递企业发布。《指导性意见》提出了上海市寄递行业收寄、分拣、运输、投递环节中反恐防范的总体要求以及分类分级的规定，明确了常态状态下寄递行业在人防、物防和技防上应达到的标准，以及重大节点、敏感时期等非常态下的特殊防范措施。

按照《指导性意见》的要求，各快递企业接此通知后，立即将《指导性意见》下发至分支机构和加盟企业，认真组织各相关单位和企业按照《指导性意见》，抓紧制定本单位、本企业反恐防范工作方案，细化落实各项反恐防范工作措施，加大技防、物防的投入，强化人防的管理，以确保企业一方平安，维护国家安全和社会治安稳定。

对此，上海市邮政管理局与相关政府部门对各快递企业加强指导，市反恐也将对各快递企业落实情况进行督导检查。

（二）案例分析

本案例中的《指导性意见》目的是将企业安全生产管理、企业内部治安防范、消防安全与反恐防范要求相结合；将技防、物防与人防要求相结合；将日常安全管理与重大活动、敏感时期的要求相结合，提出对邮政企业和其他性质快递企业（组织）在不同场所、不同生产环节中的反恐防范标准。

本《指导性意见》规定了快件收寄要求，如窗口收寄和揽收人员应严格执行禁寄物品规定和收寄验视内件制度（除信件外）；员工发现快件（邮件）中有枪支、弹药、核生化物质及其他疑似禁寄物品，应及时向110报警；分拣中发现有疑似禁寄物品，应及时向110报警等。

《指导性意见》中还规定了非常态反恐防范要求，如敏感时期或承担为重大活动提供快递服务的企业应制定工作预案，其所属相关部门或单位应制定子预案；员工在收寄或揽收快件（邮件）时，应告知用户出示有效身份证件，用户不出示有效身份证件的，不予以收寄或拒收；管理人员应加强对员工执行快件（邮件）内件验视制度和告知用户出示有效身份证件制度的管理，对不执行制度的，要严肃处理；为重大活动服务的指定企业，应对收寄（揽收）、投递、驾驶运输车辆等服务及相关人员进行背景审查，使用专用证件和运输车辆通行证；对进入重要场所的快件（邮件）按相关部门要求安检等。

按照《中华人民共和国突发事件应对法》（以下简称《突发事件应对法》）第六十四条规定，未按规定采取预防措施，导致发生严重突发事件的；未及时消除已发现的可能引发突发事件的隐患，导致发生严重突发事件的；未做好应急设备、设施日常维护、检测工作，导致发生严重突发事件的；突发事件发生后，不及时组织开展应急救援工作，造成严重后果的，市政府有关部门将根据情节轻重，给予行政处罚，乃至追究刑事责任。

在被检查单位发现有违反本指导性意见或存在严重安全隐患的，各级反恐办要会同公安消防、治安部门及时下达整改通知书，责令限期整改；单位逾期不整改，造成严重威胁公民人身安全的，参照《企业事业单位内部治安保卫条例》，由公安机关治安部门对该单位处1万元以上10万元以下罚款，对单位主要负责人和其他直接责任人员处500元以上5 000元以下罚款。负责监督检查的反恐办和公安机关应当将有关情况通报该单位上一级主管部门，提出对单位主要负责人和其他直接责任人员依法给予处分的建议，同时抄送同级党委、政府的组织人事部门、纪检部门备案。有关主管部门应当依法对该单位主要负责人和其他直接责任人员给予行政处分，并由组织人事部门、纪检部门监督落实，处分情况应当通报监督检查的有关反恐办和公安机关。

本《指导性意见》的相关的法律规定来源为《突发事件应对法》、《邮政法》、《中华人民共和国邮政法实施细则》（以下简称《邮政法实施细则》）、《中华人民共和国消防法》、《上海市突发公共事件总体应急方案》、《上海市处置恐怖袭击事件应急预案》、《企业事业单位内部治安保卫条例》等 14 部法律法规。

思考与练习

1. 我国快递服务的消费者享有何种权利与义务？消费者可通过哪些途径解决自己与快递企业的争议？

2. 快递企业具有哪些义务？在哪种情况下不对消费者负责赔偿？

3. 如何评价快递企业“面单”的法律效力？

4. 快件延误的主要由哪些原因导致的？如何界定快递企业与消费者的权利与义务？

5. 快件丢失后，消费者与快递企业怎样判断快件价值？有哪些法律依据？

6. 网购中如何界定买方、卖方、快递企业的在物品丢失、损毁、延误问题中的法律责任？

7. 快递服务对电子商务的发展有哪些影响？快递企业如何减少服务失误？

8. 消费者在网购中可能遇到哪些风险？怎样才能维护自己的切身利益？有哪些法律依据？

9. 消费者如何维护自己在网购中的个人信息权与隐私权？快递企业对此有何责任？

10. 快递企业如何规避禁寄物品的法律风险？

第五章

劳动关系相关法律解析

【内容提要】

本章结合快递企业及其用工特点，主要介绍与劳动关系相关的法律法规；首先简要回顾我国劳动立法的背景，介绍《劳动法》、《劳动合同法》和中国保险制度的背景知识，目的使读者简要了解本章涉及的法律法规；其次介绍快递企业与劳动者确立劳动关系时涉及的法律及其条款，具体包括劳动合同的订立原则、主体与内容、劳动合同的订立与效力、劳动合同的分类、劳动过程中涉及的权利与义务，目的是帮助快递企业解决与劳动者确立劳动关系时，遇到的困难与疑惑；再次介绍快递企业劳动关系存续的相关法律及其条款，具体包括劳动合同履行、变更和企业社会保险，目的是帮助快递企业解决劳动合同存续与执行过程中遇到的各种疑问；最后介绍快递企业劳动关系终止时涉及的相关法律及条款，具体包括劳动者单方解除劳动合同、用人单位单方解除劳动合同、劳动合同终止，以及解除或终止劳动合同的后续工作，目的是帮助快递企业能够妥善处理与劳动者终止劳动关系时遇到的各种法律问题。

第一节　中国劳动立法的背景概述

一、新中国成立后的劳动立法过程简介

新中国成立后的劳动立法过程，按照时间段进行划分，基本上可以划分为两个阶段①：新中国成立到十一届三中全会以前阶段和十一届三中全会以后至今阶段。

（一）新中国成立到十一届三中全会以前阶段

1. 1949 年至 1953 年

在这一阶段中，我国的劳动立法主要是处理一些旧中国遗留下来的问题，制定与我国劳资两利、公私兼顾政策相匹配的劳动法；主要内容有：1950 年颁布的《中华人民共和国工会法》、《关于劳动争议解决程序的规定》、《工厂卫生暂行条例》、《劳动争议仲裁委员会组织及工作规则》；1951 年颁布的《中华人民共和国劳动保险条例》、《关于搬运危险性物

① 王全兴.劳动法[M].北京：法律出版社，2008：12-13.

品的几项办法》;1952 年颁布的《关于防止沥青中毒的办法》等。

2. 1953 年至 1958 年

这个阶段是我国的“一五”计划实施期间,我国开始进入到经济建设的正轨中。为了配合 1954 年通过的《宪法》,这一时间段内制定的主要劳动法律包括:1954 年颁布的《国营企业内部劳动规则纲要》;1956 年颁布的《工厂安全卫生规程》、《建筑安装工程安全技术规程》、《工人职员伤亡后事故报告规程》、《关于防止厂矿企业中矽尘危害的决定》等。

3. 1958 年至 1978 年

这一阶段是我国社会政治相对动荡的时期,我国制定的劳动相关法律主要包括:1958 年颁布的《关于工人、职员退休处理的暂行条例》、《关于企业、事业单位和国家机关中普通工和勤杂工的工资待遇的暂行规定》等四个暂行条例;1963 年颁布的《关于加强企业生产中安全工作的几项规定》等。

(二)十一届三中全会以后至今阶段

1. 1978 年至 1985 年

这个阶段是我国进行改革开放初步探索的阶段,同时也是全面恢复并改革在“文化大革命”中遭到破坏的劳动关系的阶段。在这一阶段中,我国制定出了一系列劳动相关法律,主要包括:1978 年颁布的《关于工人退休、职退的暂行办法》;1981 年颁布的《关于职工探亲待遇的规定》;1982 年颁布的《矿山安全条例》、《企业职工奖惩条例》、《关于积极实行劳动合同制的通知》、《工人技术考核暂行条例》;1983 年通过的《关于招工考核、择优录用的暂行规定》等。

2. 1985 年至 1994 年

这个阶段是我国劳动制度全面改革,并取得巨大成果的阶段。在这一阶段中,通过的劳动相关法律主要有:1985 年通过的《关于国营企业工资改革问题的通知》;1986 年颁布的《国营企业招用工人暂行规定》、《国营企业实行劳动合同制暂行规定》、《国营企业职工待业保险暂行规定》;1988 年颁布的《女职工劳动保护规定》;1989 年颁布的《全民所有制企业临时工管理暂行规定》、《私营企业劳动管理暂行规定》等。

3. 1994 年至今

这一阶段是我国劳动立法快速发展完善并取得辉煌成就的阶段。在这一阶段中,1994 年 7 月 5 日,全国人民代表大会常务委员会八届八中全会通过了《劳动法》;这是我国劳动立法的一个最为重要的里程碑(详细内容在下文《劳动法》立法背景部分中介绍)。此阶段通过的其他相关法律主要有:2002 年颁布的《失业保险金申领发放办法》和《中华人民共和国安全生产法》;2003 年公布的《工伤保险条例》和《工伤认定办法》;2004 年通过的《关于进一步加强生育保险工作的指导意见》和《国家基本医疗保险和工伤保险药品目录》,2007 年颁布的《国务院关于开展城镇居民基本医疗保险试点的指导意见》和《城镇居民基本医疗保险经办管理服务工作意见》等。尤其是在 2007 年,十届全国人民代表大会常务委员会第二十八次会议审议通过《劳动合同法》(详细内容在下文《劳动合同法》立法背景部分中介绍),是对 1994 年《劳动法》的有力补充,积极配合我国和谐社会的建设,得到了各方空前的重视。

二、《劳动法》立法背景

1990年国务院成立了由劳动部、国务院法制局、全国总工会、国家计委、国家体改委、人事部、卫生部、农业部共同参与的《劳动法》起草小组。1991年1月,《中华人民共和国劳动法(草案)》报送国务院,后经多次论证,在1994年7月5日第八届全国人民代表大会常务委员会第八次会议上获得通过,于1995年1月1日起生效。

《劳动法》首次将计划经济时代的劳动政策上升到法律规范的层次,是我国处理劳动关系的核心法律。它确立了我国劳动法制的基本框架,是我国劳动法制建设的重大突破,也是我国劳动关系从人治到法治调整的一个里程碑事件。

《劳动法》在一定程度上起到了规范市场经济条件下的劳动关系和维护劳动者权益的作用,对于保护劳动者的合法权利,协调劳动关系,稳定社会秩序,促进各项劳动制度的改革进程发挥了重要作用。

《劳动法》包括十三章:总则、促进就业、劳动合同和集体合同、工作时间和休息休假、工资、劳动安全卫生、女职工和未成年工特殊保护、职业培训、社会保险和福利、劳动争议、监督检查、法律责任、附则。全文共一百零七条条款,是我国最为全面的劳动法律。

为配合《劳动法》的顺利实施,切实保障劳动者的合法利益,我国政府又制定了相应的劳动规章对劳动关系处理中的问题进行规范,主要包括:《违反和解除劳动合同的经济补偿办法》、《关于职工流动若干问题的通知》等劳动合同类规章,《工资支付暂行规定》、《国有企业工资内外收入监督检查实施办法》等工资类规章,《矿山安全法实施细则》、《企业职工劳动安全卫生教育管理规定》等劳动保护类规章,《职业指导规范》等就业培训类规章,《劳动监察员管理办法》、《劳动监察程序规定》等劳动监察类规章。

三、《劳动合同法》的立法背景

进入21世纪以来,我国的用工制度和劳动力市场发生了重大改变,劳动关系日益复杂,劳动合同短期化现象突显。

2005年1月劳动和社会保障部将《中华人民共和国劳动合同法(草案送审稿)》报请国务院审议,同年10月国务院常务会议讨论通过。同年11月,《劳动合同法(草案)》提请第十届全国人大常委会第十九次会议审议。2006年3月20日全国人大常委会向全国公布《劳动合同法(草案)》,广泛征求社会各界意见。2007年6月29日,第十届全国人大常委会第二十八次会议上,《劳动合同法》被高票表决通过。出台新的《劳动合同法》目的是在新的经济形势下,完善劳动合同制度,明确劳动合同双方当事人的权利和义务,以便更好地保护劳动者的合法权益,促进我国社会和谐稳定发展。

《劳动合同法》包括八章:总则、劳动合同的订立、劳动合同的履行和变更、劳动合同的解除和终止、特别规定(包括集体合同、劳务派遣、非全日制用工)、监督检查、法律责任、附则。内容几乎涉及劳动者和用人单位签订劳动合同、履行和终止劳动合同等所有社会关注的要点。本章将主要以《劳动合同法》为主线,来介绍快递业人力资源管理中遇到的问题和解决办法,以期对快递公司有所启迪和帮助。

四、我国保险制度立法背景

（一）养老保险立法背景

我国养老保险的立法过程经历了相当长的时间。十一届三中全会是我国的养老保险事业恢复的标志。1991年6月发布的《国务院关于城镇企业职工养老保险制度改革的决定》，正式确立了实行社会基本养老保险、企业补充养老保险、个人储蓄养老保险相结合的多层次养老保险制度。国务院分别在1995年和1997年颁布了《关于深化企业职工养老保险制度改革的通知》和《关于建立统一的企业职工基本养老保险制度的决定》，确立了我国养老保险制度改革的目标和基本框架。2000年劳动和社会保障部发布《关于进一步规范基本养老金社会化发放工作的通知》；同年12月，国务院发布了《完善城镇社会保障体系试点方案》；使得我国的统一养老保险制度得以建立。2003年劳动和社会保障部发布《企业年金试行办法》。2005年国务院发布《关于完善企业职工基本养老保险制度的决定》；2006年发布《关于加快发展养老服务意见的通知》，使得我国养老保险制度得到进一步完善。①

（二）失业保险立法背景

1950年，国务院发布的《关于救济失业工人的指示》和《关于救济失业教师与处理学生失学问题的指示》是我国较早的失业保险相关法律制度。1986年，随着国务院《国营企业职工实行待业保险暂行规定》的发布，我国失业保险制度终于正式建立。1999年国务院发布实施了《失业保险条例》，扩大了失业保险的适用范围，调整了失业保险基金的筹集，规范了失业保险待遇制度，成为了我国失业保险相关法律的重要基础。2000年，劳动和社会保障部发布了《失业保险金申领发放方法》，2006年制订了《优化失业保险经办业务流程指南》，2007年通过了《就业促进法》，明确规定了我国要建立健全失业保险制度，保障失业人员的生活。

（三）工伤保险立法背景

我国的工伤保险制度，可以追溯到1994年，第八届全国人民代表大会常务委员会通过的《劳动法》第七十三条规定，劳动者在因工或者患职业病的情况下，依法享受社会保险待遇。

进入21世纪后，我国政府对工伤保险的重视程度逐步加强，制订了一系列的法律制度，使我国的工伤保险制度不断完善。2001年，《中华人民共和国职业病防治法》正式通过，规定了职业病诊断与职业病人保障。2003年，国务院通过并公布了《工伤保险条例》，同年劳动和社会保障部颁布了与之相配合的《工伤认定办法》和《非法用工单位伤亡人员一次性赔偿办法》。2004年，劳动和社会保障部发布《工伤保险经办业务管理规程（试

① 郑尚元，李海明，扈春海．劳动与社会保障法学[M]．北京：中国政法大学出版社，2008：466.

行)》和《关于实施〈工伤保险条例〉若干问题的意见》;2007 年,劳动和社会保障部等部门发布了《关于加强工伤保险医疗服务协议管理工作的通知》。

(四)医疗保险立法背景

我国的医疗保险制度始于 20 世纪 50 年代,经过相当长时间的调整和实践,取得了一些成就。1993 年,我国劳动部发布了《劳动部关于职工医疗保险制度改革试点意见的通知》。1998 年,《国务院关于建立城镇职工基本医疗保险制度的决定》获得颁布,明确了城镇职工医疗保险制度改革的目标、原则和主要政策。1999 年,劳动和社会保障部、国家药品监督管理局发布了《城镇职工基本医疗定点零售药店管理暂行办法》等一系列法规。2002 年,劳动和社会保障部办公厅发布《关于妥善解决医疗保险制度改革有关问题的指导意见》。2007 年,《关于开展城镇居民基本医疗保险试点的指导意见》和《关于城镇居民基本医疗保险经办管理服务工作意见》获得发布,对我国医疗保险制度的体系、筹资和运营方式进行了探索和完善。

(五)生育保险立法背景

1988 年,国务院等部门先后颁布了《女职工劳动保护规定》和《关于女职工生育待遇若干问题的通知》。1997 年,原劳动部制订了《生育保险覆盖计划》,提出了到 20 世纪末生育保险的一系列目标措施。2001 年国务院发布了《中国妇女发展纲要(2001—2010)》,提出了生育保险的目标。2004 年,劳动和社会保障部办公厅发布《关于进一步加强生育保险工作的指导意见》。一些地方政府也根据中央的指示精神,制定出台了一系列符合地方特点的地方法规。

第二节 快递企业劳动关系确立的法律解析

一、劳动合同的订立原则、主体与内容

(一)劳动合同的订立原则

《劳动合同法》第三条[①]规定了劳动合同订立的五项基本原则:合法、公平、平等自愿、协商一致、诚实信用。

1. 合法原则。劳动合同双方当事人在制订劳动合同时,既要遵守国家的法律法规,又要遵守社会公德,不得违背社会公共利益。其要点主要指:劳动合同的形式和内容要合法以及劳动合同的执行过程要合法;具体包括:(1)订立合法。劳动合同参与主体及其意思的表达、劳动合同的内容、劳动合同的订立程序等均要符合法律规定。(2)履行合法。

---

① 《劳动合同法》第三条 订立劳动合同,应当遵循合法、公平、平等自愿、协商一致、诚实信用的原则。依法订立的劳动合同具有约束力,用人单位与劳动者应当履行劳动合同约定的义务。

劳动合同履行的时间、质量和数量要符合相应的法律规定。(3)变更、终止和解除合法。当事人要遵守劳动合同的变更、终止和解除等内容的相关法律法规。

2. 公平原则。劳动合同的内容要公平、公正和合理;具体要求为:劳动合同双方当事人必须在符合法律规定的前提下,公正、合理地确立双方的权利和义务,任何一方不得借助自己的权力或者强势去损害对方的权力。这一原则主要是为了防止劳动合同当事人,尤其是用人单位滥用优势地位,损害劳动者权利。

3. 平等自愿原则。劳动者和用人单位在订立劳动合同时,在法律上处于平等的地位,出于自愿而签订劳动合同;订立的劳动合同应完全是双方真实意思的表述。所谓平等是指劳动者和用人单位在订立劳动合同时,在法律地位上是平等的,不存在诸如命令和被命令,管理和被管理的关系。在法律上地位平等,意味着合同订立双方平等地享有权利和承担义务;劳动合同的任何一方都无权采取单方行动对劳动合同进行变更或者解除;劳动合同的任何一方如果未能履行自己的义务,都必须承担相应的法律责任。所谓自愿是指在劳动合同签订和劳动关系建立的过程中,所有条款均是出于双方本意的表达,不存在强迫的意向。双方当事人拥有自主的意志,拥有是否签订劳动合同的权利;拥有选择签订对象的权力;在不违反国家相应法律法规的前提下,劳动合同的双方当事人拥有决定劳动合同内容的权利。

4. 协商一致原则。最终签订的劳动合同的所有条款都是经过双方当事人协商并达成一致的合约,不存在强迫、强加或者不知情的情况。在劳动合同的订立过程中,用人单位和劳动者双方要就合同中的每一项内容进行充分的沟通和详细而充分的探讨,明确其含义,对于不一致或者有分歧的条款,要充分协商,最终只有达成一致的内容才可写入劳动合同之中。

5. 诚实信用原则。劳动合同双方当事人在订立劳动合同时要诚实守信,不得用欺诈等手段通过欺骗对方的方式订立有利于自己的劳动合同。根据《劳动合同法》的规定,用人单位在招用劳动者时,应当如实告知劳动者工作内容、工作条件、工作地点、职业危害、安全生产状况、劳动报酬,以及劳动者要求了解的其他情况;用人单位也有权了解劳动者与劳动合同直接相关的基本情况,包括劳动者的年龄、学历、身体状况等,劳动者应当如实说明。

(二) 劳动合同的主体

劳动合同的主体(当事人)包括用人单位和劳动者。

1. 用人单位

用人单位即指法律范围内允许招用和使用劳动力的组织。这些组织包括中华人民共和国境内的企业、个体经济组织、民办非企业单位、国家机关、事业单位、社会团体。《劳动合同法》与《劳动法》相比,在用人单位的范围上有所扩大,新增加了民办非企业单位。民办非企业单位,是指企事业单位、社会团体和其他社会力量以及公民利用非国有资产举办的,从事非营利性社会服务活动的社会组织,主要包括各类民办院校、科研院所等。

2. 劳动者

法律意义上的劳动者是指那些具有劳动权利能力和劳动行为能力的公民。在《劳动合同法》中的劳动者即指与前述用人单位建立了劳动用工关系的劳动者。

（三）劳动合同条款

劳动合同条款是对劳动合同内容所做的文字描述，是将劳动合同当事人各项权利和义务进行固定化和具体化的步骤，要求完备和明细。

《劳动合同法》中涉及劳动合同内容主要是第十七条①和第十八条。这两条条款主要是对劳动合同中的法定必备条款、约定必备条款、劳动合同规定不明确时的处理方法做出了具体规定。

1. 法定必备条款

《劳动合同法》第十七条第一款中详细论述了依照我国法律规定的劳动合同中必须具备的条款，只有劳动合同双方当事人就这些必备条款的意思达成一致，订立的劳动合同才能成为有效的合同，其具体内容包括以下九个方面：

(1) 用人单位的名称、住所和法定代表人或者主要负责人。劳动合同中必须载明用人单位的各种必备详细信息，主要包括企业名称、所在地，企业申请时提供的法定代表人或者主要负责人的相关信息等内容。

(2) 劳动者的姓名、住址和居民身份证或者其他有效身份证件号码。劳动合同中必须载明劳动者个人的必备详细信息，包括个人姓名、身份证件等信息。

(3) 劳动合同期限。劳动合同生效的起始和终止时间，也即法律效力存在的时间。我国的劳动合同可以分为三种时限，即固定期限、无固定期限和以完成一定工作为期限。由于劳动合同期限与劳动者的工作岗位、内容、劳动报酬等都有紧密关系，更与劳动关系的稳定紧密相关，因此劳动合同中必须明确劳动合同的种类和期限的长度。

(4) 工作内容和工作地点。工作内容主要包括工作岗位和工作任务及要求。对于大型单位主要指岗位说明书，具体涉及的内容有劳动者进入用人单位后从事何种工作、生产和工作应达到的数量或者质量指标、应完成的任务额度，以及考核的方式和指标。劳动合同中的工作内容条款必须明确具体，详细列出劳动者的工作范围和职责。工作地点是劳动合同的履行地，是劳动者从事劳动合同中所规定的工作内容的地点，由于它与劳动者的工作环境、生活环境，以及劳动者的就业选择密切相关，因此是劳动合同中必不可少的条款。

(5) 工作时间和休息休假。劳动合同必须将劳动者进入用人单位后的工作时间(包括每周的工作时间，每日的工作时间和休息休假的时间)向劳动者详细说明，并写入劳动

---

① 《劳动合同法》第十七条劳动合同应当具备以下条款：
（一）用人单位的名称、住所和法定代表人或者主要负责人；
（二）劳动者的姓名、住址和居民身份证或者其他有效身份证件号码；
（三）劳动合同期限；
（四）工作内容和工作地点；
（五）工作时间和休息休假；
（六）劳动报酬；
（七）社会保险；
（八）劳动保护、劳动条件和职业危害防护；
（九）法律、法规规定应当纳入劳动合同的其他事项。
劳动合同除前款规定的必备条款外，用人单位与劳动者可以约定试用期、培训、保守秘密、补充保险和福利待遇等其他事项。

合同。工作时间包括:工作时间的长短、工作时间方式的确定、工时的计算方式等。休息休假是指劳动者按规定不必进行工作,可以自行支配的时间。休息休假的权利是劳动者的一项基本权力,也必须在劳动合同中予以明确规定。

(6) 劳动报酬。通过劳动获得报酬是劳动者来到用人单位的主要目的。它是基于劳动关系并提供劳动成果的返还,是劳动者履行劳动义务后必须享受的一项基本权利。劳动报酬的确定主要包括:①用人单位工资水平、工资分配制度、工资标准和工资分配形式;②工资支付办法;③加班、加点工资及津贴、补贴标准和奖金分配办法;④工资调整办法;⑤试用期及病、事假等期间的工资待遇;⑥特殊情况下职工工资(生活费)支付办法;⑦其他劳动报酬分配办法。

(7) 社会保险。我国的社会保险主要包括五部分内容:养老保险、失业保险、工伤保险、医疗保险和生育保险,均需写入劳动合同。

(8) 劳动保护、劳动条件和职业危害防护。劳动保护和劳动条件是为了保障劳动者安全实施劳动过程,用人单位所应采取的各项保护措施和提供的必要环境、工具等条件,是保证劳动者安全工作的前提,必须包括在劳动合同之中。

(9) 法律、法规规定应当纳入劳动合同的其他事项。

2. 约定必备条款

劳动合同的内容除上述法定必备条款外,双方当事人还可以协商约定其他内容,即约定必备条款。

约定必备条款是指双方当事人经过平等协商最终达成一致,在劳动合同中约定的其他权利义务条款。约定必备条款并非所有劳动合同都必须具有,是劳动合同多样化和灵活性的体现,是法定必备条款的必要补充;一般情况下涉及的内容包括试用期、培训、保守秘密、补充保险和福利待遇等。

3. 劳动合同规定不明确时的处理方法

劳动合同中虽然明确了双方当事人的权利义务,但还会存在不完全性,属于不完全契约。

因为劳动关系具有持续性和动态性,订立劳动合同时,劳动合同的双方对于未来发生的事情和劳动关系持续过程中出现的情况,很难预测和获得充分的信息;因此,劳动合同条款具有不确定性和弹性。

基于这一情况,《劳动合同法》第十八条中,对在劳动合同约定的劳动报酬和劳动条件等标准不确定而引发争议的情况下,如何处理劳动合同的完备性和合法性问题,提出了四条处理措施:(1)用人单位可以尝试与劳动者重新协商;(2)协商不成的,适用集体合同规定;(3)没有集体合同或者集体合同未规定劳动报酬的,实行同工同酬;(4)没有集体合同或者集体合同未规定劳动条件等标准的,适用国家有关规定。

二、劳动合同订立与效力

(一) 劳动合同的订立

劳动合同的订立是指劳动者和用人单位经过互相选择和平等协商,就劳动合同条款达成一致协议,从而确立劳动关系和明确互相权利义务的法律行为。

在快递行业中，一个很特殊的现象是，很多的用人单位希望与劳动者订立劳动合同，但却有极个别的劳动者拒绝签订，因为他们希望能够随意解除劳动合约。针对这一问题，《中华人民共和国劳动合同法实施条例》(以下简称《劳动合同法实施条例》)①对《劳动合同法》②进行了解释，明确指出了以时间为标准的用人单位与劳动者订立劳动合同时应注意的事项；《劳动合同法》第八十二条也特别规定了劳动者拒绝与用人单位签订劳动合同时的处理办法，详细阐述了在这种情况下劳动者工资和经济补偿的支付方式(参见表 5-1)。

表 5-1　劳动者不与用人单位订立劳动合同时的处理办法

劳动时间	用人单位的处理办法	工资	经济补偿
自用工之日起一个月内	书面通知终止劳动关系	按实际工作时间支付	无
超过一个月不满一年	补订劳动合同；如补订无效，书面通知终止劳动关系	支付一定期限的两倍工资	有
满一年	视为已订立无固定期限劳动合同，应当立即与劳动者补订书面劳动合同	支付一定期限的两倍工资	无

(二) 劳动合同的生效

一个有效的劳动合同应该包括以下要件：第一，合同的主体合格，即双方当事人都必须具有法定的主体资格。第二，意思表示真实，即缔约人的表示行为应真实的反映其内在真实意思，包括意思与外部表现一致，同时是出于行为人的自愿。如果行为人外在的意思表示与其内心真实意思不一致，则为意思表示缺乏或者意思表示不真实，主要有三种情况：1. 意思表示不自由，即由于受到了外在原因导致行为人处于意志不自由的状态，其表示的意思非其真意，包括欺诈、胁迫、重大误解、乘人之危等；2. 意思与表示故意不一致，具

① 《劳动合同法实施条例》第五条　自用工之日起一个月内，经用人单位书面通知后，劳动者不与用人单位订立书面劳动合同的，用人单位应当书面通知劳动者终止劳动关系，无需向劳动者支付经济补偿，但是应当依法向劳动者支付其实际工作时间的劳动报酬。

第六条　用人单位自用工之日起超过一个月不满一年未与劳动者订立书面劳动合同的，应当依照劳动合同法第八十二条的规定向劳动者每月支付两倍的工资，并与劳动者补订书面劳动合同；劳动者不与用人单位订立书面劳动合同的，用人单位应当书面通知劳动者终止劳动关系，并依照劳动合同法第四十七条的规定支付经济补偿。

前款规定的用人单位向劳动者每月支付两倍工资的起算时间为用工之日起满一个月的次日，截止时间为补订书面劳动合同的前一日。

第七条　用人单位自用工之日起满一年未与劳动者订立书面劳动合同的，自用工之日起满一个月的次日至满一年的前一日应当依照劳动合同法第八十二条的规定向劳动者每月支付两倍的工资，并视为自用工之日起满一年的当日已经与劳动者订立无固定期限劳动合同，应当立即与劳动者补订书面劳动合同。

② 《劳动合同法》第三条　订立劳动合同，应当遵循合法、公平、平等自愿、协商一致、诚实信用的原则。依法订立的劳动合同具有约束力，用人单位与劳动者应当履行劳动合同约定的义务。

第七条　用人单位自用工之日起即与劳动者建立劳动关系。用人单位应当建立职工名册备查。

第十条　建立劳动关系，应当订立书面劳动合同。已建立劳动关系，未同时订立书面劳动合同的，应当自用工之日起一个月内订立书面劳动合同。用人单位与劳动者在用工前订立劳动合同的，劳动关系自用工之日起建立。

第十六条　劳动合同由用人单位与劳动者协商一致，并经用人单位与劳动者在劳动合同文本上签字或者盖章生效。劳动合同文本由用人单位和劳动者各执一份。

体包括单独虚伪表示(又称真意保留,原则上意思表示不因真意保留而无效,唯其内在真意为相对人所明知者,其意思表示无效)和通谋虚伪表示(指表意人与相对人通谋而为虚伪意思表示);3.意思表示错误,例如重大误解行为。第三,劳动合同内容合法,即指合同内容符合法律、行政法规的要求,并且不违反社会公共利益、社会公德。第四,合同形式合法,即采用立法所要求的特定形式。第五,订立程序合法,即合同的订立必须完成各项法定必要程序。①

根据《劳动合同法》第十六条第一款的规定,劳动合同由用人单位与劳动者协商一致,并经用人单位与劳动者在劳动合同文本上签字或者盖章生效。但在特殊情况下,仅由双方当事人在劳动合同上签字或盖章,劳动合同并不能当即发生法律效力。例如,劳动合同附有条件或附有期限,或者经审批才能生效,就不能以劳动合同上签字或盖章与否决定产生法律效力;如果劳动合同当事人主体不合格或者合同被确认为无效,劳动合同当然也不能因文本上有签字或者盖章而生效。②

(三)无效合同

无效劳动合同是指由当事人签订成立而国家不予承认其法律效力的劳动合同。一般劳动合同经双方协商一致依法成立,就具有法律拘束力;但是无效合同却即使其成立也不具有法律拘束力,不发生履行效力。

《劳动合同法》第二十六条中,将导致合同无效的原因归纳如下。

1. 订立的劳动合同因采取欺诈、威胁或者乘人之危等手段而无效。欺诈是指当事人一方故意制造假相或隐瞒事实真相,欺骗对方,诱使对方形成错误认识,而与之订立不符合自己意愿的劳动合同。在实际操作中典型的欺诈包括:(1)在没有履行能力的情况下,签订合同;(2)行为人负有义务向他方如实告知某种真实情况而故意不告知。威胁是指当事人以将要发生的损害或者以直接实施损害相威胁,迫使另一方处于恐怖或者其他被胁迫的状态下,而签订劳动合同。乘人之危是指劳动合同的一方在对方处于弱势时,提出使自己利益扩大化的要求,签订不公平的劳动合同。

2. 订立的劳动合同因用人单位免除自己的法定责任、排除劳动者的权利而无效。有些用人单位凭借其优势地位和信息强势,在与劳动者签订劳动合同时,规定了一系列旨在免除其法定责任的条款。通常表现为:劳动合同简单,缺失必备的法定条款,在劳动合同中仅规定劳动者的义务,不提劳动者的权利,规定诸如劳动者必须服从单位的安排等条款。

3. 劳动合同因违反国家法律、行政法规的强制性规定而无效,包括:(1)法定资格的欠缺,即用人单位和劳动者中的一方或者双方不具备订立劳动合同的法定资格;(2)内容直接违法,即劳动合同的内容直接违反国家或者地区相关法律法规的规定;(3)损害社会公德及国家利益,即劳动合同损害国家利益和社会公共利益,违反了社会公德。

除去无效劳动合同,还有部分无效劳动合同。《劳动合同法》第二十七条指出,部分无效合同是指有些合同条款虽然违反法律规定,但并不影响其他条款效力的合同。部分无

① 王全兴.劳动法[M].北京:法律出版社,2008:159.

② 王全兴.劳动法[M].北京:法律出版社,2008.156.

效劳动合同就内容看，不是全部无效，而是部分无效；对于无效的部分条款，因为不发生法律效力，无法执行；而对于有效的部分条款，可以发生法律效力，依法执行。

《劳动合同法》还规定，即使劳动合同无效，如果劳动者已经付出了劳动，用人单位也必须依法对于劳动者的劳动支付劳动报酬，以此作为对于劳动者付出劳动的回报，保障劳动者的利益。

另外，依照《劳动合同法》的规定，对于无效劳动合同的签订双方当事人，如果某一方给另一方造成了实际损失，则相应的负责任方必须依法承担赔偿责任，赔偿对方的损失。

案例：未签劳动合同，判罚双倍工资①

（一）案件回顾

2007年8月，王某应聘到某快递公司担任投递员，双方谈妥月工资1 200元。2008年4月30日，王某向公司递交辞职报告。在此时间段内，双方一直未签订过劳动合同。王某辞职当天向该公司所在区劳动争议仲裁委员会提出仲裁申请，要求裁决快递公司支付因未签订劳动合同的双倍工资，共4 800元。

2008年10月，劳动争议仲裁委员会根据《劳动合同法》，裁决快递公司向王某支付2008年2月至4月期间因未与王某订立劳动合同导致的双倍工资3 600元。快递公司不服，向所在区人民法院提起诉讼，要求判令不支付双倍工资。庭审中，快递公司辩称，在王某工作期间，公司曾表示要与其签订劳动合同，而王某以各种理由拒绝签订劳动合同；但是快递公司缺少有力的证据。王某则辩称快递公司从来没有提出过签订劳动合同的要求。

（二）案件分析

王某到快递公司工作的时间为2007年8月至2008年4月30日，工作时间不到一年，依据《劳动合同法》第八十二条的规定，用人单位自用工之日起超过一个月不满一年未与劳动者订立书面劳动合同的，应当向劳动者每月支付二倍的工资。以《劳动合同法》生效的2008年1月为计算起始时间，快递公司应向王某支付2008年2月至4月期间因未与王某订立劳动合同的双倍工资3 600元。

对于快递公司曾在王某工作期间表示要与其签订劳动合同，被王某拒绝但未能举证的问题，依据《劳动合同法实施条例》第六条规定，劳动者不与用人单位订立书面劳动合同的，用人单位应当书面通知劳动者终止劳动关系，并依照劳动《合同法》第四十七条的规定支付经济补偿。既然快递公司没有与王某终止劳动关系，因此所在区人民法院不能支持。

（三）案例结果

法院认为，快递公司应与王某签订劳动合同，因不能举证未签订劳动合同是王某拒签，故应支付王某在2008年2月至4月期间的双倍工资3 600元。

---

① 不与员工签劳动合同企业被判支付员工双倍工资[EB/OL]. 山东：水母网，2009. http://www.shm.com.cn/newscenter/2009-03/31/content.2549983.htm.

三、劳动合同的分类

（一）固定期限劳动合同

《劳动合同法》第十三条规定，固定期限劳动合同是指用人单位与劳动者约定合同终止时间的劳动合同。

固定期限劳动合同是劳动者和用人单位在订立劳动合同时，明确规定了合同的生效时间和终止时间。对于固定期限劳动合同中时间期限的限制，没有严格的规定，可长可短；但是体现在劳动合同中的起始和终止日期必须是劳动合同双方当事人根据工作需要和实际情况协商订立的。

签订固定期限的劳动合同当事人双方，其劳动关系将在合同期满时刻即宣告终止。因工作需要继续履行劳动合同的，经双方协商同意，可以在合同期满前提出续订意见，经双方协商而续订合同。

固定期限劳动合同的优点在于：灵活性大，适用范围广，应变能力强，既能保持劳动关系的相对稳定，又能促使劳动力的合理流动，促进用人单位劳动者的优胜劣汰，有利于人力资源配置向合理化、效益化方向提升。

（二）无固定期限劳动合同

《劳动合同法》第十四条规定，无固定期限劳动合同是用人单位与劳动者约定无确定终止时间的劳动合同，同时给出了强制订立无固定期限劳动合同的三种情形，只要出现这三种情形之一，在订立劳动合同时，除非劳动者主动要求订立固定期限劳动合同，否则用人单位就应该与其订立无固定期限劳动合同。这三种情形是：1.劳动者在该用人单位连续工作满十年；2.用人单位初次实行劳动合同制度或者国有企业改制重新订立劳动合同时，劳动者在该用人单位连续工作满十年且距法定退休年龄不足十年；3.连续订立二次固定期限劳动合同，且劳动者没有《劳动合同法》第三十九条和第四十条第一款、第二款规定的情形，续订劳动合同的。此外，还有一种特殊情况，用人单位自用工之日起满一年不与劳动者订立书面劳动合同的将视为用人单位已与劳动者订立了无固定期限劳动合同。

无固定期限劳动合同之所以在《劳动合同法》中被特别提出，是因为无固定期限劳动合同很容易被劳动合同双方当事人（尤其是劳动者）误解，在实践中经常出现纠纷，发生了很多违背了无固定期限劳动合同原意的现象。例如，很多劳动者把无固定期限劳动合同视为终身制，认为无固定期限劳动合同一经签订就不能解除，千方百计要与用人单位签订无固定期限劳动合同；同时，一些用人单位则将无固定期限劳动合同看成了包袱，想方设法逃避签订无固定期限劳动合同的法律义务。需要明确的是，无确定终止时间是指劳动合同没有一个确切的终止时间；但并不是说此类劳动合同就不能够终止。订立此类劳动合同的双方当事人，在没有出现法律规定的情形或者双方约定的条件下，就要继续履行劳动合同规定的义务；而一旦出现了法律规定的情形，无固定期限劳动合同也同样能够解除。无固定期限劳动合同由于没有具体时间的限制，对于劳动者来说，可以保证他们集中精力，专注自己的工作，实现长期稳定就业和工作经验的积累；对于用人单位来说，此类合同也有利于减少频繁更换员工带来的损失，有利于提高工作效率和保护公司的知识产权。

（三）以完成一定任务为期限的劳动合同

《劳动合同法》第十五条规定，以完成一定工作任务为期限的劳动合同是指用人单位与劳动者约定以某项工作的完成为合同期限的劳动合同。这种合同的开始和终止都是以某一特定的工程或项目为依据的，以某一项目或工程开始之日为合同开始之时，工作完毕则宣告合同终止。

这种合同的期限判断不是以自然时间为标准，而是以项目或者工程的延续为标准。如果项目或者工程未能完成，劳动合同双方当事人没有协商一致解除劳动合同，则劳动合同就需继续履行。

这种合同有利于用人单位根据需要灵活安排劳动力，可以促进劳动力的快速有效流动，提高社会的综合效益。

（四）试用期合同

试用期是指用人单位对新招收的职工进行全方位（包括思想品德、实际工作能力等基本素质在内）考察的时间阶段。

在劳动合同中约定试用期，对于用人单位而言，可以充分利用试用期阶段考察劳动者是否具备满足用人单位要求的各项基本素质，考察劳动者对于用人单位提出要求和岗位特征的符合程度，给企业决定是否正式录用以充分的考虑时间，避免录用不符合要求劳动者可能带来的损失；对于员工而言，也可以充分利用试用期阶段，对于自己未来工作的用人单位和自己的工作岗位有一个感性的认识和详细的了解，一方面可以充分考察用人单位的企业状况、劳动条件、劳动报酬等是否符合劳动合同的规定；另一方面也可以对于自己未来从事的工作有一个详尽的实质性了解，从而考察这份工作是否适合自己，以决定是否签订正式合同。

在劳动合同中规定试用期，既是劳动合同双方当事人的权利与义务，同时也为劳动合同条款的履行提供保障。

试用期问题是劳动合同立法中劳动者意见最多的问题之一。在实际操作过程中存在的主要问题有：1. 很多单位随意设立试用期，有的用人单位未对岗位试用期进行充分可行性论证就一律约定试用期；2. 有的用人单位设定了过长的试用期，例如，与劳动者签一年期限的劳动合同，其中半年为试用期；3. 有的生产经营季节性强的用人单位甚至将试用期与劳动合同期限合二为一，试用期与劳动合同同时到期；4. 有的劳动者在同一用人单位被不止一次约定试用期，每一个岗位都安排试用期。针对这些情况，在《劳动合同法》中，详细规定了有关试用期发生状况的处理办法。

1. 试用期的时间

《劳动合同法》对于试用期的时间进行了严格的限制，以劳动合同的种类为判断依据，结合劳动合同的时间期限，详细规定了试用期的长度，具体要求为：(1)对于固定期限劳动合同来说，劳动合同期限三个月以上不满一年的，试用期不得超过一个月；(2)劳动合同期限一年以上不满三年的，试用期不得超过二个月；(3)三年以上固定期限和无固定期限的劳动合同，试用期不得超过六个月。(4)对于以完成一定工作任务为期限的劳动合同或者劳动合同期限不满三个月的，不得约定试用期。如果签订的合同约定超过了法律规定的试用期的相应期限，则超过部分属于无效劳动合同。如果劳动合同仅约定使用期限，试用期不成立，该期限为正式劳动合同期限，参见表 5-2。

表 5-2　劳动合同试用期期限对照

劳动合同类型	正式劳动合同期限	试用期期限
固定期限劳动合同	小于三个月	无
	大于三个月小于一年	不得超过一个月
	大于一年小于三年	不得超过二个月
	大于三年	不得超过六个月
无固定期限劳动合同		不得超过六个月
以完成一定工作任务为期限的劳动合同		无

2. 试用期的适用范围

《劳动合同法》还针对有些用人单位不断调整劳动人员的工作岗位，从而变相延长试用期的状况，提出了同一用人单位与同一劳动者只能约定一次试用期的原则。依据这一条款，一个劳动者在同一用人单位，即使被调整工作岗位，调整到一个全新的、不熟悉的工作岗位，也不需再通过试用期考察，用人单位不得以此为借口重新约定试用期。

3. 试用期劳动者工资的规定

《劳动合同法》对于试用期劳动者的工资有最低限制，不得低于本单位相同岗位最低档工资或者劳动合同约定工资的百分之八十，并不得低于用人单位所在地的最低工资标准。违反上述任何一条，都被视为违反《劳动合同法》。

4. 试用期的解除

虽然试用期是用人单位和劳动者双向考察的一个过程，但是一旦签订了试用期劳动合同，想要解除该劳动合同，用人单位就必须向劳动者提供充足的理由和事实。

《劳动合同法》第二十一条规定，除非以下情况出现，用人单位不得无故解除与劳动者的试用期合同。可以直接解除试用期合同的条件包括：(1)在试用期间被证明不符合录用条件的；(2)严重违反用人单位规章制度的；(3)严重失职，营私舞弊，给用人单位造成重大损害的；(4)劳动者同时与其他用人单位建立劳动关系，对完成本单位的工作任务造成严重影响，或者经用人单位提出，拒不改正的；(5)因以欺诈、胁迫的手段或者乘人之危，使对方在违背真实意思的情况下订立或者变更劳动合同，致使劳动合同无效的；(6)被依法追究刑事责任的。

案例：试用期合同纠纷①

(一) 案件回顾

2005 年 6 月，孙某经人才中介机构介绍进入上海某物流公司工作。在订立劳动合同

① 劳动报. 试用期合同的试用期限不成立[EB/OL]. 江苏：劳动法务网. 2006. http://www.51ldf.com/ReadNews.asp? NewsID=2705.

时，物流公司与她只签订了试用期劳动合同，合同约定试用期限为6个月，试用期间月工资2 000元。双方还口头约定正式劳动合同期限为3年，转正后工资调高为3 000元。

工作期间，公司逐渐发现孙某的能力与简历中的描述不符，工作效率低下，表现欠佳，且其失误给公司带来了不小的经济损失。公司还发现孙某有虚构工作经历的可能，该物流公司要求孙某提供《劳动手册》及原单位的退工单，孙某总以各种理由推脱，一直未能提供。2005年9月26日，该物流公司以孙某试用期内无法满足公司工作要求为由，出具辞退函。

孙某认为公司的辞退不合理，第二天向劳动争议仲裁委员会申请仲裁，要求公司支付工作期间每月1 000元工资的差额共计3 000元，并要求按照月工资3 000元支付未提前通知的替代金及上述两项总和25%的经济补偿金。

（二）案件分析

1. 试用期劳动合同是否成立问题

《劳动合同法》第十九条规定，劳动合同仅约定试用期的，试用期不成立，该期限为劳动合同期限。该物流公司与孙某只签订了试用期合同，符合劳动合同仅约定试用期的情形，导致其试用期合同不能成立，即物流公司与孙某试用期合同中的6个月试用期限的约定是无效的。因此，依据上述规定，该6个月试用期限应当视为劳动合同期限，劳资双方在试用期劳动合同中确定的权利义务也应被视为劳动合同的权利和义务。换而言之，劳动合同中约定的2 000元工资应被视为双方劳动合同约定的工资数额。因此，孙某要求以口头确定的试用期满后的3 000元工资作为工资标准缺乏依据不予支持。

2. 试用期不成立的企业解约的法律责任问题

《劳动合同法》第二十一条规定，在试用期中，除劳动者有本法第三十九条和第四十条第一款、第二款规定的情形外，用人单位不得解除劳动合同。用人单位在试用期解除劳动合同的，应当向劳动者说明理由。

《劳动合同法》第三十九条第一款规定，在试用期间被证明不符合录用条件的，用人单位可以解除劳动合同。

本案例中，由于劳资双方约定的试用期就是劳动合同期限，因此物流公司以孙某在试用期内无法满足物流公司的工作要求而解除劳动合同的理由无法成立，物流公司的解除行为属于违法行为。同时，本案中劳动者本人不要求恢复劳动合同关系，只要求单位支付单方解约未提前一个月通知的替代金，表示她同意了单位的解除行为，认可了劳动合同的解除。因此，可以支持孙某要求以工资2 000元为基数的替代金诉求。

（三）案例结果

法院判决，该物流公司支付孙某未提前通知解除劳动合同的替代金2 000元，其他诉讼请求均不予支持。

案例：员工拒签劳动合同①

（一）案件回顾

北京某快递公司总经理在接受记者采访时坦言，《劳动合同法》关于无固定期限的规定给快递公司带来了很大压力；目前快递公司的很多员工都符合签署无固定期限劳动合同的条件，但许多员工并不愿意签署这样的合同。“干搬运工的没有几个人愿意总干搬运工，即使是签一年的合同，他们都未必愿意”，他的话反映出劳资双方的无奈。

（二）案件分析

1. 劳动者不了解无固定期限劳动合同问题

很多劳动者对于无固定期限劳动合同存在误解，认为无固定期限劳动合同一经签订就不能解除，由此容易引发出两种错误行为：其一是很多劳动者把无固定期限劳动合同视为终身合同，千方百计要与用人单位签订无固定期限劳动合同；其二是对于一些特殊行业，员工拒绝与企业签订无固定期限劳动合同，甚至拒绝签订劳动合同。

由于快递的特殊行业特色和从业人员（尤其是快递配送人员）的工作特殊性，员工很容易产生错误理解，从而拒签劳动合同。对此，快递企业应该对员工进行讲解，告诉他们无固定期限劳动合同也是为了保证劳动者的合法权益，无确定终止时间是指劳动合同没有一个确切的终止时间，但并非没有终止时间；只要出现了法律规定的情形，也同样能够解除。

2. 劳动者拒签劳动合同问题

《劳动合同法实施条例》第五条到第七条规定，以劳动者在用人单位已经工作的时间为标准，分为不满一个月、满一个月不满一年、满一年的三种情形，指出未签订劳动合同的处理方法。

本案例中劳动者拒签劳动合同的问题，快递公司应该以《劳动合同法实施条例》为准则，按照劳动者在企业工作的时间，与其主动签订书面的劳动合同；对于拒绝签订劳动合同的劳动者，在支付了相应工资和经济补偿金后，可以依法解除与其的劳动合同。对于工作满一年的劳动者，因为在法律意义上已经默认为无固定期限劳动合同，快递公司应该及时与劳动者说明，并立即与劳动者补签书面劳动合同。

四、劳动过程中涉及的权利与义务

（一）知情权问题

在签订劳动合同的过程中要遵守诚实信用原则，即要求劳动合同双方当事人在订立

---

① 现代物流报.新劳动合同法：“三大条款”将对物流业带来的影响[EB/OL].上海：上海国际海事信息与文献网，2008. http://www.simic.net.cn/news/detail.jsp? id=18112.

劳动合同时要诚实守信，要保证劳动合同双方当事人的信息是对称的，不得用欺诈等手段订立有利于自己的劳动合同。

保证劳动合同中的知情权是双方的权力与义务，一方面，用人单位有告知的义务，劳动者有正当询问的权力。《劳动合同法》第八条规定，用人单位招用劳动者时，应当如实告知劳动者工作内容、工作条件、工作地点、职业危害、安全生产状况、劳动报酬，以及劳动者要求了解的其他情况。因此，用人单位在招聘劳动者时，无论劳动者是否行使自己的知情权，用人单位都有义务主动提供《劳动合同法》中规定内容的详细信息。对于劳动者提出的其他有关工作方面的问题，如用人单位的各种内部劳动制度和规定、考勤制度、请假和处罚制度等，用人单位也都有义务提供详细的说明。另一方面，劳动者也有提供必要个人信息的义务，用人单位也有相应的知情权。《劳动合同法》第八条第二款规定，用人单位有权了解劳动者与劳动合同直接相关的基本情况，劳动者应当如实说明。因此，在签订劳动合同时，劳动者也有义务向用人单位提供包括劳动者的姓名、住址、身份证、学历证书以及身体健康状况等在内的真实信息。在实际操作中，有两点问题十分突出：一是劳动者故意隐瞒相关信息，二是劳动者故意篡改和提供虚假信息。当涉及健康问题时，有些劳动者故意隐瞒自己的某些疾病或者病史，从而导致用人单位雇用了不符合条件的劳动者，甚至造成用人单位严重的损失。当涉及学历和资历时，有些劳动者也会提供虚假的学历证明和资历证明，欺骗用人单位。依据劳动法相关规定，如果签订劳动合同的某一方向另一方提供虚假信息，采取欺诈手段订立劳动合同，就违反了劳动合同法的诚实信用原则，都将导致无效劳动合同。

但要注意，所谓知情权，并不是对对方提出的任何问题都必须回答。虽然签订劳动合同的双方有权获得对方的信息，但是这些信息必须是与劳动用工有关的。对一些与劳动用工无关的信息或者涉及劳动者隐私的问题，如劳动者的血型、家庭出身、宗教信仰等，涉及人员有权拒绝回答。在获得信息的过程中，双方都必须遵守国家的法律法规，不得违反法律的禁止性规定。

（二）扣押物品问题

某些特殊行业，由于其独特的行业特征和用工特点，用人单位私自扣押劳动者物品一度成为这些行业的潜规则。对于这一问题，《劳动合同法》第九条有明确规定，用人单位不得扣押劳动者包括身份证在内的证件及任何形式的担保物；第八十四条详细给出了违反上述条款的惩罚措施。[①]

---

① 《劳动合同法》第九条　用人单位招用劳动者，不得扣押劳动者的居民身份证和其他证件，不得要求劳动者提供担保或者以其他名义向劳动者收取财物。

第八十四条　用人单位违反本法规定，扣押劳动者居民身份证等证件的，由劳动行政部门责令限期退还劳动者本人，并依照有关法律规定给予处罚。用人单位违反本法规定，以担保或者其他名义向劳动者收取财物的，由劳动行政部门责令限期退还劳动者本人，并以每人五百元以上二千元以下的标准处以罚款；给劳动者造成损害的，应当承担赔偿责任。劳动者依法解除或者终止劳动合同，用人单位扣押劳动者档案或者其他物品的，依照前款规定处罚。

第九十条　劳动者违反本法规定解除劳动合同，或者违反劳动合同中约定的保密义务或者竞业限制，给用人单位造成损失的，应当承担赔偿责任。

用人单位违法向劳动者收取财物的情况主要有两种：一种是建立劳动关系时收取风险抵押金等费用，作为签订劳动合同的前提条件；在解除劳动关系时又不退还风险抵押金；另一种是建立劳动关系后收取风险抵押金，并以开除、辞退或者下岗等手段威胁劳动者。

扣押抵押物品的现象在快递企业也时有发生，尤其在中小快递企业中，表现为收取保证金或者押金。例如，在电子商务配送业务中，有些配送人员就要向快递公司上交押金；承担多大价值的商品配送，就上交多大价值的押金；尽管有时对于快递企业也是万不得已。一直以来，我国快递企业的丢件率居高不下，其中相当一部分事件就是快递配送人员携带快件或携款潜逃。对于快递企业而言，似乎最直接、简单、有效的办法就是事先收取押金或保证金。

对于这一问题，快递企业应以信用为核心，以法律为支撑，通过各种制度来规范快递员工，具体措施可参考：1. 对企业员工施行严入口、严考核的方针，同时注重对从业人员的诚信等道德品质的培训和考核；2. 实行过程辅助措施，加强同员工家人的联系，经常互动；3. 创立有效的正激励措施，结合福利、感情等奖励措施；4. 建立一套风险防范和危机管理机制等，适当参与商业保险。

针对少数违法乱纪，利用工作之便，损害企业利益的员工，国家也制定了相应的法律。《劳动合同法》第九十条规定，对于违法的劳动者（如携款携货物潜逃者），用人单位有权依法要求劳动者予以赔偿，由劳动者承担赔偿责任（参见本书中有关劳动者盗窃问题的分析）。

（三）违约金问题

违约金一直是劳动合同中一个比较敏感的话题，也是劳动者与用人单位经常产生分歧的问题。违约金，亦称违约罚款，是指合同当事人约定在一方不履行合同时向另一方支付一定数额的货币。这种民事责任形式只有在合同当事人有约定或法律有直接规定时才能适用，当事人一方不能自行规定所谓的违约金。在实践中，违约金主要包括赔偿性违约金和惩罚性违约金。

《劳动合同法》对用人单位与劳动者约定由劳动者承担违约金的情形进行了详细的规定。其中第二十五条规定，除了劳动者违反服务期约定和违反商业秘密和与知识产权相关的保密事项外，用人单位不得向劳动者要求违约金。

关于约定服务期，《劳动合同法》第二十二条规定，用人单位为劳动者提供专项培训费用，对其进行专业技术培训的，可以与该劳动者订立协议，约定服务期。只有在劳动者违反约定服务期时，用人单位才有权利向劳动者要求违约金，其数额当以用人单位已经提供的培训费用为上限。

《劳动合同法》第二十三条针对用人单位的商业秘密和与知识产权相关的保密事项的约定也给出了详细的论述，指出，对负有保密义务的劳动者，用人单位可以在劳动合同或者保密协议中与劳动者约定竞业限制条款，并约定在解除或者终止劳动合同后，在竞业限制期限内按月给予劳动者经济补偿。劳动者违反竞业限制约定的，应当按照约定向用人单位支付违约金。但是此处没有给出违约金金额的具体计算方法。

实践中经常出现的情况是企业为了留住员工，在签订合同时，往往与劳动者签订用人单位任意确定的高额违约金,不符合劳动合同法的规定。此外,用人单位根据履行劳动合同的期限约定违约金的行为也不符合《劳动合同法》。

案例:企业扣押员工身份证①

(一)案件回顾

某快递公司因业务快速发展的需要,招收了大量外地务工人员担任快件投递员。这些新员工基本都来自小城镇或者农村,受教育程度普遍较低。快递公司鉴于快件投递员工作量大、工作时间长、收入不高,而他们经手的货物往往价值不菲的情况,为防止他们私自盗取客户快件不辞而别,保护客户利益,维护公司声誉,该快递公司采取了"暂时保存"快件投递员身份证的做法。所有快件投递员在签订劳动合同时,都要将自己的身份证交给该快递公司暂存,作为抵押品。后来,有些快件投递员离职时向公司索要身份证,公司却发现部分人的身份证无法找到,于是劳资双方发生了争议。

(二)案件分析

1. 扣留身份证问题

《劳动合同法》第九条规定,用人单位招用劳动者,不得扣押劳动者的居民身份证和其他证件,不得要求劳动者提供担保或者以其他名义向劳动者收取财物。本案例中,快递公司以预防快件投递员私自盗取客户快件不辞而别为由,私自扣押劳动者身份证件,就违反了该条款的规定。《中华人民共和国居民身份证法》(以下简称《居民身份证法》)第十五条也规定,任何组织或者个人不得扣押居民身份证,公安机关依照《刑事诉讼法》执行监视居住强制措施的除外。可见,无论用人单位以何种理由、何种名义扣押劳动者身份证都是违法的。快递公司私扣快件投递员身份证属于违法行为。

2. 丢失身份证问题

《劳动合同法》第八十四条规定,用人单位违反本法规定,扣押劳动者居民身份证等证件的,由劳动行政部门责令限期退还劳动者本人,并依照有关法律规定给予处罚,给劳动者造成损害的,应当承担赔偿责任。

本案例中,快递公司将快件投递员身份证弄丢,违反了上述条款,快递公司应赔偿劳动者实际损失;此外,快递公司还应赔偿劳动者因身份证丢失,给生活工作带来不便(如求职)导致的损失,以及在丢失身份证期间被人利用而给劳动者带来的其他损失,承担赔偿责任。

劳动者可根据《劳动合同法》第八十四条规定,向劳动行政部门提出投诉,也可向人民法院提起诉讼,要求快递公司赔偿。

---

① 滕州日报.扣押员工身份证是违法行为[EB/OL].山东:滕州快讯,2008. http://news.tengzhou.com.cn/Artide/16092.shtml.

案例：公司强迫员工换手机①

（一）案件回顾

2006年9月，北京某快递公司规定，全体快件投递员统一更换公司配备的CDMA手机。为此，每个快件投递员要交300元押金，分三次从工资里扣除。手机实施80元包月资费，公司补贴20元，剩余60元由快件投递员承担。如果快件投递员不同意更换手机，公司将每月从其工资中扣除60元。

于是，公司大部分快件投递员服从规定更换了手机，可仍有部分快件投递员坚持拒绝更换；他们的理由是：1.其原有号码已经用了很长时间，为许多客户所熟知，换电话会导致部分客户的流失；2.更换新手机将导致无谓的话费损失，因为每月根本用不了60元的话费。

对此，公司的解释是：公司打算给这批手机中加载公司制定的广告彩铃，便于宣传。更重要的是，如果快件投递员跳槽离开公司，公司将退还300元押金收回手机交给下一个快件投递员，这样，曾经习惯和这部手机通信的客户就可以保持联系，公司客户资源就不会轻易流失。

（二）案件分析

1. 变相收取抵押物问题

《劳动合同法》第九条规定，用人单位招用劳动者，不得扣押劳动者的居民身份证和其他证件，不得要求劳动者提供担保或者以其他名义向劳动者收取财物。

本案例中，快递公司以加载公司制定的广告彩铃，便于宣传并防止跳槽为理由，强迫快件投递员更换公司的手机，并收取300元押金。尽管不是一次性收取，而是分三次从工资中扣除，但仍属于变相要求劳动者提供担保并向劳动者收取财物的行为，违反上述规定，因此属于违法行为。

2. 侵犯员工财产权问题

手机和手机号码属于员工私人财产，快递公司无权触及。本案例中，快递公司为采用彩铃扩大广告宣传，给快件投递员统一配备手机，属于企业的市场营销行为；但却要求快件投递员承担手机大部分费用，并威胁要扣除60元工资，属于强迫性制度，侵犯了快件投递员的财产权。

第三节　快递企业劳动关系存续的法律解析

一、劳动合同履行

劳动合同的履行是指劳动合同双方当事人完成劳动合同所规定的义务，实现劳动合

---

① 北京娱乐信报.快递公司"逼"员工换手机 如不换每月工资里扣60元[EB/OL].北京：网易网，2006. http://news.163.com/06/0913/02/2QS7L3UD00011229.html.

同和各自合法权益的行为过程。

《劳动合同法》对劳动合同的履行及其相应问题进行了单独的论述。

（一）用人单位对于劳动合同的履行

1. 劳动合同履行的原则

（1）全面履行原则

《劳动合同法》第二十九条规定，用人单位与劳动者应当按照劳动合同的约定，全面履行各自的义务。所谓全面履行，是指劳动合同双方当事人必须履行合同规定的全部条款，承受各自的全部义务，不能只履行部分义务，更不得擅自变更合同、不履行合同或者解除合同。实际操作中，一是要按照合同约定的标的及其种类、数量和质量履行；二是要按照合同约定的时间、地点和方式履行。

（2）实际履行原则

实际履行原则，是针对劳动合同中出现的标的物进行限制，是指劳动合同双方当事人在履行合同的过程中，必须按照合同规定的标的实现自己的权利和义务，不得以其他标的或方式来代替。实际操作中，一是不能用罚金或赔偿物品来代替合同标的履行；二是当一方当事人拒绝履行合同时，另一方当事人有权请求法院或仲裁机构强制或敦促其履行。

（3）亲自履行原则

亲自履行原则，是指劳动合同双方当事人要以自己的亲自行为履行合同规定的义务和实现权利，不得由自己以外的其他主体代为履行。

（4）协作履行的原则

协作履行的原则，是指劳动合同双方当事人在合同的履行过程中要充分协商，相互配合，以共同完成合同规定的义务和实现各自的权利。实际操作中，一是劳动合同双方当事人在完成自己义务的同时，也要关注对方对于劳动合同的执行，并进行必要的相互检查和监督，如果遇到问题，双方要相互协助，共同寻找解决问题的办法；二是如果合同没有得到正确履行或发生不适当履行，没有错误的一方有义务提醒并纠正另一方的错误。

2. 劳动合同履行原则对用人单位的影响

劳动合同的履行原则对于用人单位的要求是：(1)用人单位必须按照劳动合同的约定向劳动者提供与劳动合同订立时吻合的工作岗位，以及适当的工作场所和劳动安全卫生条件，并按照约定的金额和方式向劳动者全额支付劳动报酬；(2)如果用人单位在劳动合同履行过程中出现问题，应该和劳动者协商解决；(3)如果用人单位违反了劳动合同的条款，劳动者有权指出，并且依据《劳动合同法》第八十条规定要求给予赔偿。总之，用人单位在履行劳动合同过程中，必须按照劳动合同履行原则，及时纠正自己履行劳动合同中的错误，并承担自己的责任，如果造成劳动者损失，必须加以赔偿。

（二）劳动者对于劳动合同的履行

《劳动合同法》第二十九条的规定“全面履行各自的义务”对劳动者同样适用。劳动者在履行劳动合同时，也必须以上文所述的劳动合同履行原则为指导，承担自己的义务和实现自己的权力。

劳动者在履行劳动合同过程中的义务主要包括：

第一，对于用人单位正当的规章和制度的遵守义务。劳动者在工作过程中，必须遵守用人单位正当的规章制度，如果劳动者未能履行劳动合同的约定，违反用人单位的章程，玩忽职守，甚至有违法行为发生的，必须承担相应的赔偿责任。

第二，对于保密协议或者竞争限制的遵守义务。《劳动合同法》第九十条规定，劳动者违反本法规定解除劳动合同，或者违反劳动合同中约定的保密义务或者竞业限制，给用人单位造成损失的，应当承担赔偿责任。劳动者必须遵守用人单位的保密协议或者竞争限制，不得将用人单位内部资料外泄，损害用人单位的利益。

劳动者在履行劳动合同过程中，对于用人单位非合理要求有拒绝权，有提出并拒绝执行劳动合同，保护自己的权利。按照《劳动合同法》第三十条规定，在用人单位管理人员违章指挥、强令冒险作业情形下，劳动者拒绝履行劳动合同将不被视为违反劳动合同。此外，对危害生命安全和身体健康的劳动条件，劳动者有权对用人单位提出批评，并向上级相关部门组织检举和控告。

实际工作中，劳动合同履行原则对于劳动者的基本要求为：1.劳动者必须遵守相应的国家法律法规，遵守用人单位的规章制度和劳动制度，认真履行自己的劳动职责并亲自完成劳动合同约定的工作任务；2.对于劳动中遇到的问题，要与用人单位协商解决；对于违法情形，如用人单位违章指挥、强令冒险作业等，劳动者应对用人单位提出批评、检举甚至控告。

（三）员工盗窃问题

目前，我国快递企业从业人员综合素质尚待提高。实践中从业人员私自盗取用户快递物品的现象时有发生，不仅从业人员因此受到法律制裁，也给快递公司运营和声誉带来无法挽回的损失。

针对私自盗取用户快递物品从业人员责任的追究，主要有以下两种情况：一是《治安管理处罚法》第四十九条规定，对于盗窃、诈骗、哄抢、抢夺、敲诈勒索或者故意损毁公私财物的行为，情节较轻的，处五日以上十日以下拘留，可以并处五百元以下罚款；情节较重的，处十日以上十五日以下拘留，可以并处一千元以下罚款。二是对于盗窃数额较大，达到盗窃罪数额标准以构成盗窃罪的，则要依据《刑法》规定，进行刑事处罚。按照《刑法》第二百六十四条规定，以盗窃财产的数额为判断标准，数额较大或者多次盗窃的，处三年以下有期徒刑、拘役或者管制，并处或者单处罚金；数额巨大或者有其他严重情节的，处三年以上十年以下有期徒刑，并处罚金；数额特别巨大或者有其他特别严重情节的，处十年以上有期徒刑或者无期徒刑，并处罚金或者没收财产；盗窃金融机构，数额特别巨大，或者盗窃珍贵文物，情节严重的，可以给予处无期徒刑或者死刑，并处没收财产的处罚。

案例：交接之际偷窃快件[1]

（一）案件回顾

2004年5月，某快递公司的司机张某（A城）与司机林某（B城）交接各自的快件，其中有数十箱从B城到达A城的手机。在清点交接后，各自整理货物时，司机林某趁张某不备，迅速搬起一箱手机塞进自己的车厢，然后立即关车门，驶离现场。回到公司后，林某又将这一箱手机放入了自己驾驶室，第二天交给同谋的孙某将这箱手机带出公司销赃。

类似案件在该公司发生十余起，引起公司注意。经调查后发现，每次被盗都发生在林某当班日，并且其行为举止有些反常；于是公司再派人秘密调查，最终获得到了林某和孙某共同偷盗的证据。

（二）案件分析

本案例中，林某与孙某共同盗窃快件十余起之多，违反了《劳动合同法》第二十九条关于劳动者应该按照劳动合同规定完成自己工作任务，履行自己职责义务的条款，而且偷盗数额较大，已经触及《刑法》，构成犯罪。依照《刑法》第二百六十四条的规定，盗窃公私财物，数额较大或者多次盗窃的，处三年以下有期徒刑、拘役或者管制，并处或者单处罚金；数额巨大或者有其他严重情节的，处三年以上十年以下有期徒刑，并处罚金。林某与孙某用类似手段在该公司作案十余起，且盗窃多为贵重物品，累计价值多达十几万元，数额较大，严重违反了《刑法》，已构成刑事犯罪，向公安机关报案，交由相关部门进行处理。

案例：偷窃客户物品[2]

（一）案件回顾

员工毛某是专门负责在机场提交货的某快递公司司机。某日，他在搬运货物的过程中，失手将一个箱子打破。运单上发件人是××电脑销售公司。据他所知，箱子里面装的是客户上次漏发的六个U盘（每个U盘市场价为150元左右）。可能由于是补发，这次货物的包装比较随意，包装箱破旧，里面只塞了一些报纸作为填充物，且没有硬物来支撑箱体。看到外包装箱已破，毛某便取出里面的U盘，发现U盘的独立包装并没有损坏，问题不大，准备将货物重新包装再进行交货。

此过程正好被过来帮忙的搬运工朱某看到，他便趁机半开玩笑半认真地向毛某暗示：既然箱子已经破了，索性吞掉一些货物。毛某十分矛盾，没有马上拒绝；于是朱某开始不断诱导，将自己的计划告诉了毛某。他告诉毛某，取出其中的几个U盘，再把箱子封好还

① 徐勇.中国民营快递现状与发展趋势解析[M].上海：学林出版社，2006.
② 徐勇.中国民营快递现状与发展趋势解析[M].上海：学林出版社，2006.

原，当作什么事情都没有发生一样将货物送到对方机场，提货的人根本看不出来。况且快递过程的中间环节很多，即使发现丢失也无从知晓是在哪个环节，根本无从查证。

最终，毛某没能经得住搬运工朱某的劝说，从破损箱子里取出了两块U盘，将箱子封好还原后，交了货。两个U盘出手后，毛某与朱某平分了赃款。

（二）案件分析

毛某私自盗取用户快递物品的行为，情节轻微尚不构成犯罪，根据《治安管理处罚法》第四十九条规定，盗窃、诈骗、哄抢、抢夺、敲诈勒索或者故意损毁公私财物的，处五日以上十日以下拘留，可以并处五百元以下罚款；情节较重的，处十日以上十五日以下拘留，可以并处一千元以下罚款。毛某应该承担相应法律责任。搬运工朱某的行为已经属于教唆他人从事违法行为且获得赃款。依据《治安管理处罚法》第十七条和第二十条规定，共同违反治安管理的，根据违反治安管理行为人在违反治安管理行为中所起的作用，分别处罚。教唆、胁迫、诱骗他人违反治安管理的，按照其教唆、胁迫、诱骗的行为处罚；对于教唆者，要从重处罚。快递公司可以向搬运工朱某的单位反映，或将详细情况向相关部门汇报，由相关部门做出具体处理决定。

二、劳动合同变更

（一）劳动合同变更

劳动合同的变更是指劳动合同依法订立后，在合同尚未履行或者尚未履行完毕之前，经用人单位和劳动者双方当事人协商同意，对劳动合同内容作部分修改、补充或者删减的法律行为。劳动合同的变更是原劳动合同的派生，可以视为是劳动合同签订双方已经存在的劳动权利义务关系的发展。

随着时代的快速发展，企业兼并重组或者转型的加剧，劳动合同的变更成为了一个亟待解决的问题。如何处置用人单位的变动引起的劳动合同变更和继承问题，成为了摆在很多企业面前的难题。针对这一现象，《劳动合同法》在第三十三条、第三十四条、第三十五条和第四十条第三款中，分别针对在用人单位发生变化或者外界情况发生变化的情况下，变更劳动合同的情形进行了论述。

1. 用人单位变动

（1）用人单位变更名称、法定代表人、主要负责人或者投资人等情况

劳动合同订立后，用人单位单方发生变化后引发的劳动合同履行问题纠纷，在实践中较为常见，常见情况有：有些用人单位因某种原因更改了名称或者更换法定代表人、主要负责人，并以此为借口拒绝继续履行与劳动者订立的劳动合同；或者用人单位借口投资主体发生了变化，拒绝履行劳动合同。

《劳动合同法》第三十三条规定了一些不影响劳动合同效力的情况，即使这些情况出现，劳动合同也应当继续履行，具体包括用人单位变更名称，变更法定代表人、主要负责人或者投资人等情形。

用人单位的名称在法律意义上只是一个用人单位的称谓，一个代表符号。用人单位

的名称发生变更，也只是这一称谓符号发生了变化，而其实体组织及其内部机构、人员并没有发生任何本质的变动，也即其本质并没有发生变化。在这种情形下，用人单位名称的变动不会也不应该影响到劳动合同的履行。

用人单位变更法定代表人，也不会影响到劳动合同效力的执行。我国《民法通则》规定，法人是具有民事权利能力和民事行为能力，依法独立享有民事权利和承担民事义务的组织；法人的法定代表人是依照法律或者法人组织章程的规定，代表法人行使职权的负责人。法人和法人代表人之间的关系为，法人的法定代表人，是依照法律或者法人组织章程的规定，代表法人行使职权的负责人。根据我国有关法律规定，用人单位的法定代表人虽然由自然人担任，但是用人单位的法定代表人或者主要负责人的职务行为都是代表用人单位法人的行为，其一切法律后果也由用人单位法人承担。因此，即使担任法定代表人或者主要负责人的自然人发生变动，法定代表人职务行为的归属并没有变化，即法人没有变化，原法定代表人或者主要负责人与劳动者依法签订的劳动合同则依然有效。

投资人的变更也不会改变用人单位独立承担民事责任的性质，因此即便投资人发生了变化，用人单位仍要继续履行已经订立的劳动合同。

（2）用人单位发生合并、分立等情况

《劳动合同法》第三十四条规定，用人单位发生合并或者分立等情况，原劳动合同继续有效，劳动合同由承继其权利和义务的用人单位继续履行。

用人单位的合并，存在两种情况：一种是吸收合并，即一个或者一个以上的用人单位并入另一个用人单位，并入方消失，接纳方存续；另一种是新设合并（也称创设合并），即两个或者两个以上的用人单位合并为一个新用人单位。这两情况下，均出现了发生合并的用人单位一方或者双方不再存在的情形。按照相关法律法规的规定，发生企业间合并后的企业法人作为一个新的法人承继了原法人所有的权利和义务，当然也包括原用人单位对其劳动者的权利和义务。因此根据规定，用人单位发生合并的情形下，合并前订立的劳动合同继续有效，由合并后新的用人单位继续履行该劳动合同，直至其终止。

用人单位发生分立是在订立劳动合同之后，用人单位由一个法人或者其他组织分裂为两个或者两个以上的法人或者其他组织。用人单位的分立分也为两情况：一种是存续分立，即原用人单位将其一部分财产以协议分离出去，成立一个或者一个以上新用人单位，原用人单位依然存在；另一种是解散分立，即原用人单位将其全部财产依照约定分割后分别成立两个或者两个以上新用人单位，原用人单位消失。按照前述条款的规定，即便用人单位发生分立，原劳动合同继续有效，分配的情形由分立而新成立的用人单位获得的权利而定，如果新成立的用人单位继承了原用人单位的某项权利，就应当同时承担与其相联系的义务，继续履行与此权利相关的劳动合同。

2. 劳动合同变更

劳动合同并非一经订立，就永远不变，可以依据情形的变化，进行适当变更。《劳动合同法》第三十五条指出，劳动合同变更的前提条件为用人单位与劳动者协商一致，并采用书面形式，保证变更后的劳动合同文本由用人单位和劳动者各执一份。

需要强调的是，劳动合同变更必须满足用人单位与劳动者协商一致的前提条件。只有这一条件得到满足，劳动合同的变更才是有效的。具体要求：(1)劳动合同变更的内容广泛，只要不违反国家的法律法规，都有可能经双方协定进行变更；(2)劳动合同的变更应当采取协商的方式，严厉杜绝一方当事人未经协商，单方变更劳动合同；(3)劳动合同的变更是针对原劳动合同部分内容所做出的修改、补充或者删减；(4)双方当事人对劳动合同所要变更的内容必须达成一致意见，劳动合同的变更才有效。如果在劳动合同变更协商过程中，有任何一方当事人不同意所要变更的内容，则劳动合同中该部分内容的变更就不能成立，原有的合同就依然具有法律效力。

《劳动合同法》还对无法进行合同变更的情况进行了说明。《劳动合同法》第四十条第三款规定，劳动合同订立时所依据的客观情况发生重大变化，致使劳动合同无法履行，经用人单位与劳动者协商，未能就变更劳动合同内容达成协议的，可以解除劳动合同。在这里，所谓劳动合同订立时所依据的客观情况发生重大变化主要包括以下几种情形：(1)订立劳动合同所依据的法律、法规已经修改或者废止。如果合同签订时所依据的法律、法规发生修改或者废止，劳动合同必须依照新的法律进行必要的变更和改动，从而保证劳动合同与相应法律法规的一致。(2)用人单位方面的原因。用人单位的经营发生重大变化的，如经上级主管部门批准或者根据市场变化决定转产、调整生产任务或者生产经营项目的，如果新的工作与变化前的发生了巨大的变化，导致原工作岗位的劳动人员不能适应新的工作岗位的情形。(3)劳动者方面的原因。如劳动者发生诸如身体健康状况、劳动技能等的变化，与所在岗位的胜任特征发生偏离且无法弥补的情形。(4)客观方面的原因。主要指某种客观原因的出现使得当事人原来在劳动合同中约定的权利义务的履行成为不必要或者不可能的情形。

案例：快递企业变更①

(一) 案件回顾

2004年年底某日，A公司在北京宣布，在2005年年底之前，A公司将以1亿美元的代价，获得中国23个主要城市的国际快递业务直接掌控权。与此同时，B公司旗下的上市公司C公司也发布公告称，公司将调整与A公司的代理合作关系，逐步移交所代理的A公司国际快递业务和合资企业D国际快递有限公司50%的股权。

D国际快递有限公司中部分员工对新公司的人员安置措施表示了强烈抗议，矛头直指新东家A公司，其中意见最为强烈的主要是运送包裹的司机。

某快递司机指出，在A公司与B公司宣布解除合作关系之前，双方一直都以D国际快递有限公司的名义合资经营国际快递业务，负责合资公司递送业务的司机却从来就没有跟D国际快递有限公司签署过任何合同，他们每年一直都是与A公司的子公司E公司，也就是合资公司的参股公司一年签一次劳动合同。2004年12月31日是他们这一年合同的到期日。E公司没有再与司机续约，取而代之的是让他们签署一个“意向协议”，暂时将他们收归在W快递公司旗下，据称这家W快递公司是A公司刚刚收购的一家国内

① 改编自《每日经济新闻》文章“UPS在华遭遇劳资纠纷”。

快递小公司。同意签署此协议，就要接受比以前低一两千元的薪酬标准，不愿签署新的协议就等于自动离开公司。对此，D国际快递有限公司的员工认为，A公司侵害了他们的利益，要求A公司接受此类员工，并保持其原来的薪酬标准。

A公司公关人员表示，A公司与运送包裹的司机一直签署的是代理合同，即合同式的借用，从确切意义上说，他们还是B公司的员工。而B公司内部员工指出，1月14日，A公司将与B公司方面结清全部尚未付清的款项，这将意味着E公司将与D国际快递有限公司现有的员工没有任何关系。

（二）案件分析

本案例中双方矛盾的焦点在于D国际快递有限公司员工的归属问题以及他们的薪酬问题。

《劳动合同法》第三十四条规定："用人单位发生合并或者分立等情况，原劳动合同继续有效，劳动合同由承继其权利和义务的用人单位继续履行"。

具体到本案例，情况相对复杂：一是涉及的员工（主要是快递司机）一直都是以D国际快递有限公司的名义开展服务，由于A公司已经用1亿元代价买断了B公司在合资公司D国际快递有限公司的全部股份，并完成与B公司在国内23个城市里的操作业务交接，因此有人认为应该由A公司承担原D国际快递有限公司的责任和义务，当然也包括与员工签订的劳动合同；但在本案例中，由于涉及的员工一直都是与作为D国际快递有限公司参股公司的E公司签署劳动合同，虽然D国际快递有限公司不再存在，但是签订合同的E公司依然存在，因此有人认为这些员工应该视为B公司的员工，由他们进行安排。二是这些涉及的员工的合同都是一年签一次，签订的时间早已经到期；可以视为是对于劳动合同的续签，续签中劳动合同的期限、工资等都要重新考虑；因此有人认为，这些员工应该与新合同的签订方A公司进行协商，按照劳动合同订立的原则重新订立劳动合同。

（三）案例结果

由B公司出面进行协调，A公司对于这些员工进行面试，重新协商订立劳动合同。

三、企业社会保险

（一）养老保险

1. 养老保险的概念

养老保险（或养老保险制度）是我国根据一定的法律和法规，为解决劳动者在达到国家规定的解除劳动义务的劳动年龄界限，或因年老丧失劳动能力退出劳动岗位后的基本生活，而建立的一种社会保险制度。

我国的养老保险由三个部分（或层次）组成。第一部分是基本养老保险，第二部分是企业补充养老保险及企业年金，第三部分是个人储蓄性养老保险。

2. 基本养老保险

根据国家有关文件规定，基本养老保险是在劳动者年老或丧失劳动能力后，根据他们对社会所作的贡献和所具备的享受养老保险资格或退休条件，按月或一次性以货币形式支付的保险待遇，主要目的在于保障职工退休后的基本生活需要。

（1）基本养老保险的适用范围

基本养老保险的适用范围包括有：①国有企业、城镇集体企业、外商投资企业、城镇私营企业和其他城镇企业及其员工；②实行企业化管理的事业单位及其职工；③社会团体及其专职人员、民办非企业单位及其职工；④城镇个体工商户及其雇员。[①]

（2）基本养老保险资金来源和缴费比例

1991 年颁布的《国务院关于企业职工养老保险制度改革的决定》确立了我国养老保险基金由国家、用人单位和劳动者三方共同承担的原则。最新的具体要求为：①劳动者所缴纳的社会保险费。根据 2000 年国务院颁布的《关于完善城镇社会保障体系的试点方案》规定，职工依法缴纳的基本养老保险为本人缴费工资的 8%，并全部记入个人账户。个人缴费规模亦由本人缴费工资的 11%调整为 8%。②用人单位缴纳的社会保险费。根据 2000 年国务院颁布的《关于完善城镇社会保障体系的试点方案》规定，企业依法缴纳的基本养老保险比例为企业工资总额的 20%；高于 20%的地区，可暂时维持不变，具体比例由省、自治区、直辖市人民政府确定。③国家的财政补贴。国家的财政补贴在基本养老保险中只起到辅助作用，采用一次性拨款或者差额补贴的方式，承担养老保险费用收不抵支的部分。

3. 企业补充养老保险及企业年金

企业补充养老保险是指由企业根据自身经济实力，在国家规定的实施政策和实施条件下，为本企业职工所建立的一种辅助性的养老保险。它居于多层次的养老保险体系中的第二层次，由国家宏观指导、企业内部决策执行。企业补充养老保险由劳动保障部门管理，用人单位选择经过劳动保障行政部门认定的机构经办。企业补充养老保险的资金筹集方式有现收现付制、部分积累制和完全积累制三种形式。企业补充养老保险的表现形式是企业年金制度。在企业员工达到国家规定的退休年龄时，可以从本人企业年金个人账户中一次或者定期领取企业年金。

4. 个人储蓄性养老保险

职工个人储蓄性养老保险是我国多层次养老保险体系的第三个组成部分，是由职工自愿参加、自愿选择经办机构的一种补充保险形式。

社会保险机构经办的职工个人储蓄性养老保险，由社会保险主管部门制定具体办法，职工个人根据自己的工资收入情况，按规定缴纳个人储蓄性养老保险费，记入当地社会保险机构在有关银行开设的养老保险个人账户。职工达到法定退休年龄经批准退休后，凭个人账户将储蓄性养老保险金一次总付或分次支付给本人。职工跨地区流动，个人账户的储蓄性养老保险金应随之转移。职工未到退休年龄而死亡，记入个人账户的储蓄性养老保险金由其指定人或法定继承人继承。

---

① 高翔. 人力资源管理——法规与“案”例[M]. 北京：清华大学出版社，2008：118-119.

（二）失业保险

1. 失业保险的概念

失业保险是指国家通过立法强制实行，由社会集中建立基金，对因失业而暂时中断生活来源的劳动者提供物质帮助的保险制度，是社会保障体系的重要组成部分。

2. 失业保险的适用范围

失业保险的适用范围主要包括：(1)国有企业、城镇集体企业、外商投资企业、城镇私营企业及其职工；(2)其他城镇企业事业单位及其职工；(3)事业单位及其职工。

3. 失业保险的资金来源

我国《失业保险条例》规定，政府、用人单位和劳动者三方承担失业保险金的来源。失业保险的资金主要来源包括：(1)失业保险费，用人单位和个人分别缴纳的两部分，是失业基金的主要来源；(2)财政补贴，是政府负担的一部分；(3)基金利息，是基金存入银行和购买国债的收益部分；(4)其他资金，主要指对不定期缴纳失业保险费的单位征收的滞纳金等。①

4. 失业保险待遇

为保证我国失业人员能够尽快摆脱失业状况，自食其力，《失业保险条例》规定了各种失业保险的待遇，主要内容如下：(1)失业保险金是指失业保险经办机构按规定支付给符合条件的失业者的基本生活费用，是最基本的失业保险待遇。(2)领取失业保险金期间的医疗补助金是支付给失业人员在其领取失业保险金期间发生的医疗费用的补助。(3)领取失业保险金期间死亡的失业人员的丧葬补助金和其供养的配偶、直系亲属的抚恤费。(4)领取失业保险金期间接受职业培训、职业介绍的补贴。(5)国务院规定或者批准的与失业保险有关的其他费用。

（三）工伤保险

1. 工伤保险的概念

工伤保险也称职业伤害保险，是指劳动者由于工作原因并在工作过程中遭受意外伤害，或引起职业病后，由国家或社会给负伤、致残者以及死亡者生前供养亲属提供必要的物质帮助的一项社会保险制度。

2. 工伤保险的适用范围

工伤保险的适用范围包括：(1)中华人民共和国境内的各类企业、有雇工的个体商户。(2)中华人民共和国境内的各类企业、有雇工的个体工商户的雇工。

3. 工伤保险的资金来源和缴纳比例

依据《工伤保险条例》规定，我国工伤保险由用人单位按时缴纳，职工个人不需缴纳工伤保险费。

用人单位缴纳工伤保险费的数额为本单位职工工资总额乘以单位缴费费率之积。对于单位缴费费率，国家根据不同行业的工伤风险程度确定行业的差别费率，并根据工伤保险费使用、工伤发生率等情况在每个行业内确定若干费率档次。行业差别费率及行业内

① 高翔.人力资源管理——法规与“案”例[M].北京：清华大学出版社，2008：142.

费率档次由国务院劳动保障行政部门会同国务院财政部门、卫生行政部门、安全生产监督管理部门制定，报国务院批准后公布施行。

4. 工伤保险的认定过程

工伤是指工作意外事故和职业病所致的伤残及死亡。此处，"伤"指劳动者在生产、工作中发生意外事故使身体器官或生理功能受到损害，包括器官损伤和职业病损伤两种情况，表现为暂时性、部分劳动能力丧失；"残"指劳动者在因工负伤或者患职业病后虽然经治疗修养仍然难以痊愈，长久身体能力减弱或者智力不全，包括肢体残损和智力丧失两种情况，表现为永久性部分劳动能力丧失或是永久性的全部劳动能力丧失。①

在《工伤保险条例》中，对于认定工伤的主要情形、视同工伤的情形和不能认定工伤的主要情形，分别进行了详细明确的规定。

工伤认定主要包括七种情形：(1)在工作时间和工作场所内，因工作原因受到事故伤害的；(2)工作时间前后在工作场所内，从事与工作有关的预备性或者收尾性工作受到事故伤害的；(3)在工作时间和工作场所内，因履行工作职责受到暴力等意外伤害的；(4)患职业病的；(5)因工外出期间，由于工作原因受到伤害或者发生事故下落不明的；(6)在上下班途中，受到机动车事故伤害的；(7)法律、行政法规规定应当认定为工伤的其他情形。以上情形造成的伤害都与劳动者的工作形成了明确的因果关系，因此被认定为工伤。

视同工伤的包括三种情形：(1)在工作时间和工作岗位，突发疾病死亡或者在48小时之内经抢救无效死亡的；(2)在抢险救灾等维护国家利益、公共利益活动中受到伤害的；(3)职工原在军队服役，因战、因公负伤致残，已取得革命伤残军人证，到用人单位后旧伤复发的。以上情形的伤害与劳动者的劳动没有直接因果关系，但因为有利于社会公共利益的维护，是社会公德的体现，因此视为工伤。

对于不得认定为工伤或者不得视同工伤的情形，《工伤保险条例》第十六条同样进行了详细地阐述，主要包括：(1)因犯罪或者违反治安管理伤亡的；(2)醉酒导致伤亡的；(3)自残或者自杀的。

（四）医疗保险

1. 医疗保险的概念

医疗保险是为补偿劳动者因疾病风险造成经济损失而建立的一项社会保险制度。参保人员通过缴费加入医疗保险基金，在就诊发生医疗费用时，由医疗保险机构给予一定的经济补偿，减少相应的经济负担。

目前，我国医疗保险基本可以划分为三类：基本医疗保险、企业补充医疗保险和个人补充医疗保险。

2. 基本医疗保险

基本医疗保险是最基本的医疗保险制度，也是我国目前最主要的医疗保险。

(1) 基本医疗保险的适用范围

基本医疗保险的覆盖范围主要包括：①城镇所有用人单位，包括企业(国有企业、集体

---

① 高翔. 人力资源管理——法规与"案"例[M]. 北京：清华大学出版社，2008：130-131.

企业、外商投资企业、私营企业等)、机关、事业单位、社会团体、民办非企业单位及其职工。②乡镇企业及其职工、城镇个体经济组织业主及其从业人员是否参加基本医疗保险,由省、自治区、直辖市人民政府决定。③基本医疗保险原则上以地级以上行政区(包括地、市、州、盟)为统筹单位,也可以县(市)为统筹单位,北京、天津、上海、重庆4个直辖市原则上在全市范围内实行统筹。

(2) 基本医疗保险的资金来源和缴费办法

基本医疗保险费用由用人单位和职工共同缴纳。用人单位缴费率应该控制在职工工资总额的6%左右,职工缴费率一般为本人工资收入的2%。随着经济发展,用人单位和职工缴费率可作相应调整。我国还未规定政府是否承担补助义务。[①]

3. 企业补充医疗保险

建立企业补充医疗保险的目的是特定企业为了减轻参保职工的医疗费负担,支付基本医疗保险以外的职工个人担负的医疗费用进行适当的补助的制度,属于非强制性的保险制度。

企业补充医疗保险费在工资总额的4%以内的部分,从职工福利费中列支;福利费不足列支的部分,经同级财政部门核准后可以列入成本。

4. 个人补充医疗保险

个人补充医疗保险是劳动者个人依据自己的情况,在保险公司投保的个人医疗保险。

(五) 生育保险与女职工保护

1. 生育保险的概念

生育保险是国家通过立法,对暂时丧失劳动能力(如怀孕、分娩)的女职工给予生活保障和物质帮助的一项社会保障制度。其宗旨在于:通过向职业妇女提供生育津贴、医疗服务和产假,帮助她们恢复劳动能力,重返工作岗位。

我国劳动部制订了《企业职工生育保险试行办法》,用于维护企业女职工的合法权益,保障其在生育期间得到必要的经济补偿和医疗保证,均衡企业间生育保险费用的负担。

2. 生育保险的适用范围

《企业职工生育保险试行办法》规定了目前我国生育保险的适用范围,包括有:(1)城镇企业的职工;(2)国家机关、人民团体、事业单位的工作人员。

3. 生育保险的资金来源和缴费办法

我国相关法律规定,生育保险由用人单位负责支付,职工个人不缴纳生育保险费。

用人单位按其工资总额的一定比例向社会保险经办机构缴纳生育保险费,建立生育保险基金。生育保险费的提取比例由当地政府根据计划内生育人数和生育津贴、生育医疗费等项费用确定,并可根据费用支出情况适时调整,最高不得超过工资总额的1%。

4. 女职工的保护

《劳动合同法》第四十二条第四款规定,女职工在孕期、产期、哺乳期的,用人单位不得解除劳动合同。孕期是指妇女怀孕期间;产期是指妇女生育期间。产假一般为九十天。

---

① 高翔.人力资源管理——法规与"案"例[M].北京:清华大学出版社,2008:126.

哺乳期是指婴儿出生到一周岁之间的期间。根据本条规定，妇女只要处于上述三期中（孕期、产期、哺乳期），用人单位就不得单方解除劳动合同。

此外，我国宪法和法律一贯重视对女职工的权益保护。《中华人民共和国妇女权益保障法》（以下简称《妇女权益保障法》）第二十七条规定，任何单位不得因结婚、怀孕、产假、哺乳等情形，降低女职工的工资，辞退女职工，单方解除劳动（聘用）合同或者服务协议。女职工自己要求终止劳动（聘用）合同或者服务协议的除外。

案例：骨折工伤认定[①]

（一）案件回顾

宋某是南方某市一快递公司的员工，其工作是每天驾驶摩托车为客户送货收货。某日上午，宋某驾驶摩托车外出送货途中与一辆农用车相撞受伤。事发后，宋某被送往医院接受检查治疗。该院经CT、X射线检查，做出诊断结论：右肘皮裂伤，右内踝骨折。

宋某依据医院的诊断证明，向所在区劳动保障部门申请工伤认定。劳动保障部门最终认定，宋某所受伤害符合《工伤保险条例》规定，做出《工伤认定通知书》，认定宋某驾车受伤是工伤。

快递公司对于宋某所受伤害是此次交通事故造成的判断表示质疑，要求宋某到另一家医院重新进行诊断，并聘请司法鉴定部门对宋某的伤情进行鉴定。

另一家医院的CT诊断报告单显示，宋某右侧内踝骨骨折属陈旧性骨折。司法鉴定结论也认为，宋某右内踝骨折与本次交通事故无因果关系。

快递公司由此认为：1.事发当日医院的X射线报告、CT报告对宋某右内踝骨骨折是否是陈旧性骨折并没有做出诊断结论，因此不能确定该骨折是此次交通事故造成，劳动保障部门不能以此作为其认定工伤的证据。2.劳动保障部门对其发出的限期举证通知书缺少“商务”二字，因此劳动保障部门没有履行限期举证的告知义务即做出工伤认定，程序违法。基于此，快递公司认为劳动保障部门做出工伤认定有误，将劳动保障部门诉至法庭，请求法院依法撤销劳动保障部门做出的《工伤认定通知书》。

庭审中，劳动保障部门指出，事发当年的8月7日，他们收到了宋某的工伤认定申请。在详细讲述交通事故发生经过后，宋某还向劳动保障部门提交了医院的诊断证明及交警部门的交通事故认定书。根据宋某的申请，劳动保障部门当日即向快递公司发出限期举证通知书，要求快递公司就宋某驾车发生交通事故受伤一事是否是工伤进行限期举证。可是，快递公司在规定的举证期限内并没有提供证据。所以，劳动保障部门依据《工伤保险条例》第十四条第五款的规定做出《工伤认定通知书》，事实清楚，程序合法，适用法律正确，请求法院维持劳动保障部门做出的具体行政行为。

---

① 送货途中受伤被认定为工伤，法院驳回认定[EB/OL].北京：中国安全生产网，2008. http://www.aqse.cn/101805/101882/96751.html.

（二）案件分析

本案例的焦点在于劳动保障部门是否有权做出工伤认定，以及做出的宋某的骨折为工伤的认定是否成立。

1. 劳动保障部门是否有权做出工伤认定

根据《工伤保险条例》第十八条第三款规定，提出工伤申请时应该提交医疗诊断证明或者职业病诊断证明书（或者职业病诊断鉴定书）。本案例中，劳动保障部门做出工伤认定的依据是宋某的首次门诊病历，至于宋某右内踝骨骨折是否是陈旧性骨折，接诊医院并没有做出诊断结论。因此，无法确定宋某此次骨折是否与外出送货受到机动车伤害存在因果关系。在此情况下，应该按照《工伤保险条例》第十九条的规定，职工或者其直系亲属认为是工伤，用人单位不认为是工伤的，由用人单位承担举证责任，进行举证工作。而快递公司在规定的举证期限内并没有向劳动保障部门提供证据，导致劳动保障部门做出了宋某骨折为工伤的认定。

法院经庭审后认为，因为宋某是快递公司的职员，对其驾车发生交通事故受伤，快递公司是知情的；所以，快递公司不能因劳动保障部门向其发出的限期举证通知书中填写的其单位名称中缺少“商务”二字就不承担举证责任，因此拒绝履行提供举证义务的理由不成立，劳动保障部门有权对宋某受伤是否为工伤做出认定。

2. 宋某为工伤的认定是否成立

《工伤保险条例》第十四条和第十五条中，分别规定了属于工伤和可以视为工伤的情形，其中第十四条第五款规定，因工外出期间，由于工作原因受到伤害或者发生事故下落不明的，属于工伤情形。

本案例中，虽然宋某驾车发生交通事故受伤情况属实，但其受伤后经医院X射线和CT检查诊断，以及司法鉴定部门的鉴定，得出的结论为宋某右内踝骨骨折是陈旧性骨折，与其发生的交通事故无因果关系，因此宋某的骨折不应认定为工伤。

（三）案例结果

法院判决：劳动保障局对宋某所做出的工伤认定，认定事实错误，依法应予撤销。

案例：劳动合同期限顺延①

（一）案件回顾

2006年5月，毕业于某财会学校的李某（女）去华北地区某市一物流公司应聘出纳岗位。面试时，李某如实告知用人单位自己未婚，但谎称自己没有男朋友，也不可能有近期结婚的计划。这样，物流公司与李某签订了六个月的劳动合同，劳动合同期限签至2006

---

① 终止劳动关系后，知晓怀孕还能主张劳动合同期限顺延吗？——李小姐诉Z物流公司劳动合同期限顺延案[EB/OL].广东：新劳动合同法资料网，2008. http://www.laodonghetong.org/1184a.html.

年12月31日。

在实际工作中,李某由于性格原因不能顺利地与同事处理好人际关系,同时工作比较粗心,经常犯一些小错误,致使财务经理对李某很不满意。2006年12月25日,公司通知李某合同期满后将不再续签,2006年12月30日,李某办理了工作交接,办妥了离职手续。

离开公司才两天,李某发现自己已经怀孕了,就告诉男友,随即两人办理了结婚登记。李某认为,自己是在物流公司工作期间怀孕的,物流公司在劳动合同期满后不再续签的行为违反法律规定,故马上与物流公司人事部进行沟通,要求顺延原有的劳动合同至哺乳期满。对此,物流公司认为李某是未婚先孕,且是在劳动合同终止后才发现怀孕,故不受法律保护。

(二)案件分析

本案例的焦点在于离职后发现怀孕能否顺延合同。

《劳动法》第四十二条第四款规定,女职工在孕期、产期、哺乳期内,用人单位不得解除劳动合同。此外,《妇女权益保障法》也规定有相似条款,规定用人单位不得解除处于孕期的女职工的劳动合同,以此保障怀孕期的女职工。

本案例中,李某是在与物流公司解除劳动合同,离职后才发现自己怀孕的。女性怀孕过程是一个复杂的过程,从最初受孕到知道自己怀孕,中间有一个相当长的间隔过程。本案中李某知晓怀孕是在劳动合同期满之后,但是可以推断怀孕的确切时间的确是在劳动合同履行期间,怀孕的事实是发生在劳动合同期满之前,因此属于劳动合同存续期间怀孕的情形,应受到相应法律的保护,劳动合同应顺延至哺乳期满。

(三)案例结果

李某在与公司交涉未果的情况下,向当地的劳动争议仲裁委员会提起了仲裁申请。在仲裁委员会调解下,双方达成调解协议,终止劳动关系,作为补偿,物流公司一次性支付李某20个月的工资。

第四节 快递企业劳动关系终止的法律解析

一、劳动者单方解除劳动合同

对于劳动者单方解除劳动合同的情形,可以分为两种,一种是合法的解除行为,即辞职;另一种是非法的解除行为,例如劳动者不辞而别。合法的解除行为又可以分为预告辞职和即时辞职两种。

(一)合法解除劳动合同的方式

1. 预告辞职

预告辞职是以劳动者向用人单位做出预先通告为辞职程序性条件的辞职方式。《劳动合同法》第三十七条将预告辞职分为试用期外预告辞职和试用期内预告辞职两种。试用期外预告辞职定义为：劳动者提前三十日以书面形式通知用人单位，可以解除劳动合同。试用期内预告辞职定义为：劳动者在试用期内提前三日通知用人单位，可以解除劳动合同。

预告辞职是劳动者单方解除劳动合同中最为常见的情况。预告辞职是劳动者享有的法定权利，任何劳动者都具有法律赋予的预告辞职权力；是劳动者单方思想的表示；用人单位无权干涉，劳动者行使权利时无需征得用人单位的同意；是劳动者具有的无条件单方解除权，即除了预告的程序性条件外，可以不附加任何实体性条件。

劳动者在行使预告辞职权力时，也应遵守相应的法律制度，履行相应的义务，主要体现在两个方面：

其一是劳动者要履行关于预告期时间的规定。劳动者在享有解除劳动合同自主权的同时，也应当遵守解除合同预告期的规定。如果是处于试用期内的劳动者，应该在解除劳动合同前三日通知用人单位；如果是处于试用期外的劳动者，应该在解除劳动合同前三十日通知用人单位，以此给用人单位以充分的时间安排接替工作，减少劳动突然间断给用人单位工作带来的不利影响。

其二是要以书面形式正式通知用人单位，以此时间作为最后解除劳动合同的起算时间和工资的计量依据。

2. 即时辞职

即时辞职是指劳动者无需向用人单位预告就可以随时辞职的方式，前提是在用人单位有过错的情况下才能执行；因为这种辞职方式没有预告，用人单位无法及时安排接替工作，很容易形成损失。即时辞职又可以分为：随时通知辞职和无需通知辞职。

（1）随时通知辞职

随时通知辞职是指劳动者在辞职时需履行通知用人单位的义务，不得不辞而别。应用随时通知辞职的权利，必须满足《劳动合同法》第三十八条第一款中规定的条件：

① 未按照劳动合同约定提供劳动保护或者劳动条件

法律规定，我国的劳动者享有获得劳动保护和良好劳动条件的基本权利；用人单位则有提供这些措施的基本责任和义务。如果用人单位没能提供相应的劳动保护和劳动条件，就有可能对劳动者造成各种形式的伤害，损害劳动者的合法利益，因此劳动者有权利随时通知单方解除劳动合同。这就要求用人单位为劳动者提供包括劳动场所和设备、劳动安全卫生设施、劳动防护用品等物品和设施。

② 未及时足额支付劳动报酬

劳动报酬是用人单位依据国家有关规定或劳动合同约定，直接支付给劳动者的劳动收入，也是劳动者参与劳动的重要目的之一。在劳动者已履行劳动义务的情况下，用人单位有义务按劳动合同约定或国家法律法规规定的数额和日期及时足额支付劳动报酬。用人单位未按照劳动合同约定及时足额支付劳动报酬的，视为违反劳动合同行为，劳动者有权随时告知用人单位解除劳动合同。

③ 未依法为劳动者缴纳社会保险费

我国社会保险主要包括养老保险、医疗保险、失业保险、工伤保险和生育保险五种保险制度，其中很大一部分是强制用人单位提供并缴纳部分或全部保险费用的。根据我国相关法律法规规定，用人单位和劳动者必须依法参加社会保险，缴纳社会保险费。因此，如果用人单位未依法为劳动者缴纳上述社会保险费，可以视为是对劳动者基本权利的侵害，劳动者可以以此为由随时与用人单位解除劳动合同。

④ 用人单位的规章制度违反法律、法规的规定，损害劳动者权益

此项规定包含了两层含义：

一是用人单位的规章制度违反了法律、法规的规定。规章制度是由用人单位制定，旨在保证劳动者履行劳动义务和享有劳动权利的规则和制度，要求具有内容合法以及制定和公布程序合法的要求。如果规则和制度违反了国家的法律法规的要求，劳动者有权拒绝执行。

二是损害了劳动者的权益，即指因用人单位没有按法律规定制定规章制度，给劳动者的权益带来了实际损害。

在以上情况发生时，劳动者可以以此为由随时通知用人单位辞职，解除劳动合同。

⑤ 劳动合同无效的部分情形

按照《劳动合同法》第二十六条第一款规定的劳动合同无效或者部分无效的几种情况执行。无效的劳动合同从订立的时候起就没有法律约束力，劳动者可以不予履行，对已经履行的，给劳动者造成损害的，用人单位还应承担赔偿责任。

⑥ 法律、行政法规规定劳动者可以解除劳动合同的其他情形

(2) 无需通知辞职

无需通知辞职是指劳动者可以不用通知用人单位，不辞而别。在《劳动合同法》第三十八条第二款中规定，执行这一条款必须在较为特殊的情况下，具体包括：

① 用人单位以暴力、威胁或者非法限制人身自由的手段强迫劳动者劳动的

本条中的"暴力"是指对劳动者实施捆绑、拉拽、殴打、伤害等行为；"威胁"是指对劳动者施以暴力或者其他强迫手段；"非法限制人身自由"是指采用拘留、禁闭或其他强制方法非法剥夺或限制他人按照自己的意志支配自己身体活动的行为。劳动者具有选择劳动的自由权，用人单位强迫劳动者进行劳动，是严重侵犯劳动者人身权利的非法行为，劳动者有权随时解除劳动合同，而无需事先告知用人单位。

② 用人单位违章指挥、强令冒险作业危及劳动者人身安全的

用人单位不顾及劳动者的安全，违章指挥强迫劳动者进行危及劳动者人身安全的工作，也是严重侵犯劳动者人身权利的非法行为，劳动者可以立即辞职解除劳动合同，而不必承担相应责任。

(二) 非法解除劳动合同的方式及侵吞财产勒索的行为

在劳动者对劳动合同的履行过程中，劳动者不得私自(非法)解除劳动合同，更不能在非法解除劳动合同的时候，侵占用人单位或其客户的财产。对此，我国亦制订了相应的法规。《民法通则》第一百一十七条中指出，侵占国家、集体财产或者他人财产的，应当返还财产；不能返还财产的，应当折价赔偿；损坏国家、集体财产或者他人财产的，应当恢复原状或者折价赔偿；受害人因此遭受其他重大损失的，侵害人应当赔偿损失。对于情形严重的，

或者对于侵占行为给受害人带来了严重损失的,可以依照《刑法》的规定,给予刑事处罚。

有些快递企业员工出于对快递公司的不满,在执行快递配送过程中私自解除劳动合同,甚至带走客户快件,以此要挟快递公司或者客户,进行敲诈勒索。

《治安管理处罚法》第四十九条规定,对于未能构成刑事处罚的敲诈勒索行为,处五日以上十日以下拘留,可以并处五百元以下罚款;情节较重的,处十日以上十五日以下拘留,可以并处一千元以下罚款。

《刑法》第二百七十四条规定,对于构成刑事处罚的敲诈勒索公私财物行为,数额较大的,处三年以下有期徒刑、拘役或者管制;数额巨大或者有其他严重情节的,处三年以上十年以下有期徒刑。

案例:快件投递员携件逃跑勒索公司①

(一) 案件回顾

姚某系某快递公司快件投递员,在一次派送过程中,他由于态度不好被客户投诉,公司依照相关制度对其进行了经济处罚。对此,姚某非常不满,认为自己的工作乏味,工作压力大,整天都要小心翼翼,薪水却非常低,还要经常面对工作失误带来的经济上处罚,于是开始伺机报复。

在姚某被处罚后的第三天,他偶然发现自己投递的快件中,有此前投诉他的客户的一份快件,姚某认为报复的机会终于来了,于是在未通知公司和任何人的情况下,带着该客户及其他客户的快件离开当地,去了另外一个城市。次日,姚某打电话给原快递公司,实施敲诈,要求公司拿两万元人民币赎回。

快递公司一面迅速组织安抚客户和安排赔偿工作,另一方面报告当地公安局。经过两个月追查,警方找到了藏匿快件的地点,可是姚某本人已经不知去向。

(二) 案件分析

1. 私自解除劳动合同问题

姚某在用人单位没有违反劳动合同的情况下,私自解除劳动合同。《劳动合同法》第三十七条和第三十八条规定了劳动者可以即时辞职的条件,除此之外,劳动者无权在未告知用人单位的情况下,私自解除劳动合同。

本案例中,姚某在快递公司没有违反《劳动合同法》中第三十七条和第三十八条规定的情况下,出于对自己的惩罚和工资低不满,泄私报复,将客户快件带走不辞而别,违反了《劳动合同法》的规定。

2. 敲诈勒索问题

姚某不但带走了客户的快件,并且打电话给快递公司进行敲诈勒索,违反了《治安管理处罚法》和《刑法》。

---

① 徐勇.中国民营快递现状与发展趋势解析[M].上海:学林出版社,2006.

《治安管理处罚法》第四十九条规定，敲诈勒索处五日以上十日以下拘留，可以并处五百元以下罚款；情节较重的，处十日以上十五日以下拘留，可以并处一千元以下罚款。

《刑法》第二百七十四条规定，敲诈勒索公私财物，数额较大的，处三年以下有期徒刑、拘役或者管制；数额巨大或者有其他严重情节的，处三年以上十年以下有期徒刑。

姚某向快递公司勒索两万元人民币赎金，数额较大，已构成犯罪。快递公司将此事件交给警方，由相关部门依照《治安管理处罚法》、《刑法》进行处理。快递公司可以解除与姚某的劳动合同，并要求姚某对相应损失进行赔偿。

二、用人单位单方解除劳动合同

（一）用人单位单方解除劳动合同

上文中介绍了劳动者单方解除劳动合同的权力，同样，用人单位也拥有单方解除劳动合同的权力。《劳动合同法》对用人单位单方解除劳动合同的情形进行了详细地阐述。用人单位单方解除劳动合同可以分为即时辞退和预告辞退两种情形。

1. 即时辞退的许可性条件

即时辞退是指用人单位可以无需向劳动者预告或者额外支付劳动者工资，就可以随时通知辞职的情形。

《劳动合同法》第三十九条阐述了即时辞退的许可性条件，具体包括：

（1）在试用期间被证明不符合录用条件

用人单位用此条款解除劳动合同，需要注意四点：①试用期的设定符合法律规定。②不符合录用条件的行为确定发生在试用期间。③对合格与否的认定，在试用期间，用人单位要对劳动者进行全面考察，如果发现劳动者在诸如知识文化、技术水平、身体状况、思想品质与岗位胜任特征相差较大的，可以认为不合格。④用人单位必须提供有效证明，以证明劳动者不符合录用条件；如果没有证据证明劳动者在试用期间不符合录用条件，用人单位就不能以此为由即时辞退劳动者。

（2）严重违反用人单位的规章制度

在用人单位规章制度符合我国法律法规的前提下，如果劳动者严重违反了用人单位的规章制度，用人单位可以采取即时辞退。实际操作中，需要对严重程度进行界定。一般应根据劳动法规所规定的限度和用人单位内部的规章制度所规定的具体界限为准。

（3）严重失职，营私舞弊，给用人单位的利益造成重大损害

这一条款包括两个内容，一是劳动者严重失职，未能按照岗位职责履行自己的工作任务，甚至有营私舞弊的情况发生；二是其行为给用人单位的利益造成了重大的损害，用人单位承受了因为雇佣这个劳动者所带来的损失。在此情况下，用人单位可以运用自己的权力，即时辞退相应劳动者。

（4）劳动者同时与其他用人单位建立劳动关系，对完成本单位的工作任务造成严重影响，或者经用人单位提出，拒不改正

我国劳动制度允许劳动者同时与其他用人单位建立劳动关系，即所谓兼职；但是应该以不影响与非兼职用人单位劳动合同的正常履行为前提。如果劳动者的兼职对于非兼职

用人单位造成了严重影响，并且劳动者对自己的行为认识不足，虽经指出，仍拒绝改正的，用人单位可以给予劳动者即时辞退的处罚。

（5）特定情形致使劳动合同无效

《劳动合同法》第二十六条第一款规定，以欺诈、胁迫的手段或者乘人之危，使对方在违背其真实意思的情况下订立或者变更的劳动合同属于无效或部分无效劳动合同。

如果由于劳动者以欺诈、胁迫的手段或者乘人之危，与用人单位签订了无效的劳动合同；用人单位有权更正，即时解除与劳动者的合同。

（6）被依法追究刑事责任

根据劳动部《关于贯彻执行〈中华人民共和国劳动法〉若干问题的意见》第二十九条的规定，所谓被依法追究刑事责任是指：被人民检察院免予起诉的、被人民法院判处刑罚的（刑罚包括：主刑：管制、拘役、有期徒刑、无期徒刑、死刑；附加刑：罚金、剥夺政治权利、没收财产）、被人民法院依据刑法第三十二条免予刑事处分的，用人单位可以解除与其订立的劳动合同。

2. 预告辞退的可行性条件

预告辞退是指用人单位经向劳动者预告后方可辞退劳动者的方式。《劳动合同法》第四十条阐述了预告辞退的可行性条件，具体包括：

（1）劳动者患病或者非因工负伤，在规定的医疗期满后不能从事原工作也不能从事由用人单位另行安排的工作

劳动者患病或非因公负伤，用人单位有义务给予一定的医疗期；在医疗期满后，如果劳动者身体状况不能胜任原来工作，且经过用人单位调整工作岗位无效的，用人单位可以提前三十日以书面形式通知其本人或额外支付劳动者一个月工资后，解除劳动合同。

（2）劳动者不能胜任工作，经过培训或者调整工作岗位，仍不能胜任工作

所谓不能胜任是指特定劳动者不能按时保质保量完成劳动合同中约定的任务。对于不能胜任工作的劳动者，用人单位可以安排必要的培训或者调整工作岗位，即发挥用人单位负有的协助劳动者适应岗位的义务；但是，如果相应措施和行为无效，劳动者仍然不能胜任工作的，用人单位可以在提前三十日书面通知的前提下，解除与该劳动者的劳动合同。

（3）劳动合同订立时所依据的客观情况发生重大变化，致使劳动合同无法履行，经用人单位与劳动者协商，未能就变更劳动合同内容达成协议

这一条款也包括两项内容：①客观情形发生了变化，原劳动合同无法履行。实际常见的情形是用人单位转产、被兼并等，都有可能使原劳动合同继续履行的客观情况发生重大变化。②经过用人单位与劳动者协商未果。用人单位可以就当时的情形，与劳动者充分协商变更劳动合同，但是双方无法达成一致意见。在同时具备以上两个条件时，用人单位可以通过预告的方式辞退劳动者。

3. 裁员的条件

裁员是指用人单位一次性预告辞退部分劳动者，是预告辞退和无过错辞退的一种特殊形式。通常是用人单位由于生产经营状况发生变化而出现劳动力过剩现象，因而也被称为经济性裁员。

《劳动合同法》第四十一条阐述了经济性裁员的以下条件。

(1) 依照企业破产法规定进行重整

依照《破产法》规定,企业法人不能清偿到期债务,并且资产不足以清偿全部债务或者明显缺乏清偿能力的,依照本法规定清理债务。企业法人有前款规定情形,或者有明显丧失清偿能力可能的,可以依照本法规定进行重整。

具体包括三种:①企业法人不能清偿到期债务,并且资产不足以清偿全部债务;②企业法人不能清偿到期债务,并且明显缺乏清偿能力的;③企业法人不能清偿到期债务,并且有明显丧失清偿能力可能的。

(2) 生产经营发生严重困难

当前市场经济中企业之间竞争日益激烈,企业随时有可能面临各种情形造成的暂时或者长久困难,企业为了摆脱困境,会寻找各种方式,包括裁减人员、收缩编制。裁员虽然对陷入困境的企业有利,可以促进劳动力资源的充分流动和合理配置,但是会对特定的劳动者产生很大的影响,造成他们失业和生活困难;因此必须是在企业严重困难的情形下才能使用。

(3) 企业转产、重大技术革新或者经营方式调整,经变更劳动合同后,仍需裁减人员

企业在生产经营过程中,经常需要进行结构调整和整体功能优化,发生企业转产、重大技术革新和经营方式调整。此时,用人单位应该尽力与劳动者协商,通过变更劳动合同的方式达成一致;如果协商无效,用人单位有权采用裁员的方式来减小上述变化对于企业的冲击。

(4) 其他因劳动合同订立时所依据的客观经济情况发生重大变化,致使劳动合同无法履行

经济性裁员必须按照一定的法定程序进行,其程序包括:①提前三十日向工会或者全体职工说明,并提供有关生产经意状况的资料;②提出裁减人员的方案,内容包括被裁减人员名单、裁减时间及实施步骤,符合法律,法规规定和集体合同约定的被裁减人员的经济补偿办法;③将裁减人员方案征求工会或者全体职工的意见,并对方案进行修改和完善;④向当地(企业工商登记机关的同级)劳动行政部门报告裁减人员方案以及听取工会或者全体职工的意见,听取劳动行政部门的意见;⑤由用人单位正式公布裁减人员方案,与被裁减人员办理解除劳动合同的手续,对被裁减人员支付经济补偿金,并出具裁减人员证明书。①

《劳动合同法》第四十条第二款中,说明了优先保留人员的情形,包括:①与本单位订立较长期限的固定期限劳动合同的;②与本单位订立无固定期限劳动合同的;③家庭无其他就业人员,有需要扶养的老人或者未成年人的。

用人单位进行裁员后,在六个月内重新招用人员的,应当通知被裁减人员,并在同等条件下优先招用被裁减的人员。

4. 预告辞退和裁员的禁止性条件

为了切实保护劳动者的权利,《劳动合同法》在第四十二条中阐述了预告辞退和裁员的禁止性条件,指出在符合某些特定情况下,用人单位不得解除劳动合同,具体包括:

---

① 王全兴.劳动法[M].北京:法律出版社,2008:179.

(1) 从事接触职业病危害作业的劳动者未进行离岗前职业病健康检查，或者疑似职业病病人在诊断或者医学观察期间

根据《中华人民共和国职业病防治法》的规定，对从事接触职业病危害的作业的劳动者，用人单位应当按照国务院卫生行政部门的规定组织上岗前、在岗期间和离岗时的职业健康检查，并将检查结果如实告知劳动者。对未进行离岗前职业健康检查，或者处于诊断或者医学观察期间的劳动者，用人单位不得解除劳动合同，逃避义务。

(2) 在本单位患职业病或者因工负伤并被确认丧失或者部分丧失劳动能力

职业病是指劳动者在生产劳动及其职业活动中，接触职业性有害物质引起的疾病。因工负伤是指因工作遭受事故伤害的情形。职业病和因工负伤会对于劳动者产生巨大的影响，在劳动者丧失或者部分丧失劳动能力的情况下，用人单位不得单方解除与劳动者订立的劳动合同。

(3) 患病或者非因工负伤，在规定的医疗期内

按照劳动部《企业职工患病或非因工负伤医疗期规定》的规定，医疗期是指企业职工因患病或非因工负伤停止工作治病休息不得解除劳动合同的时限。劳动者处于医疗期，用人单位要按照相关规定，承担相应的义务，不得单方解除劳动合同。

(4) 女职工在孕期、产期、哺乳期

按照《妇女权益保障法》规定，任何单位不得因结婚、怀孕、产假、哺乳等情形，降低女职工的工资，辞退女职工，单方解除劳动(聘用)合同或者服务协议；女职工要求终止劳动(聘用)合同或者服务协议的除外。妇女只要在孕期、产期或者哺乳期之一中，用人单位就不得单方解除劳动合同。

(5) 在本单位连续工作满十五年，且距法定退休年龄不足五年

此项规定针对老职工，是为了保护那些年龄大，再就业能力低的老职工而设立的。

(6) 法律、行政法规规定的其他情形

案例：严重违反劳动制度[①]

(一) 案件回顾

陈某从学校毕业，来到一家快递公司担任邮件分拣员。双方签订为期一年的劳动合同。正式上岗第一天，他拿到一份《劳动制度手册》，里面详细阐述了快递公司的劳动规章制度及处罚措施。《劳动制度手册》还着重指出了属于严重违反劳动制度的行为，主要包括：因为自身工作疏忽、分拣失误，造成客户重大损失；盗窃客户邮件；拖延投送时间，造成客户重大损失等情形。公司规定，劳动者一旦存在这些行为，就要立即受到解除劳动合同的处分。

虽然工资不高，但这毕竟是陈某的第一份正式工作。工作头半个月内，他工作比较尽职尽责，当月10日领到了自己的第一份工资。月底正逢节日前夕，快件比平时多了不少，

① 刘金祥. 劳动法案例精解——案例教学与运用[M]. 上海：华东理工大学出版社，2006：28-29.

陈某一时粗心大意将一份邮件落在了办公桌和墙壁之间的缝隙中，等到发现时，已过投送期限。这次延误给客户带来重大损失，快递公司不得不支付客户一笔不小的赔偿金。

快递公司认定陈某严重违反了本公司的规章制度，给单位造成重大损失，予以除名处分，并收回当月10日发给陈某的工资，以示惩罚。

陈某不服，认为处罚过重，向劳动争议仲裁委员会申请仲裁。

（二）案件分析

1. 除名问题

陈某与快递公司已经签订了正式的劳动合同，成为了正式员工，并在公司的管理下劳动和按期获取报酬。对于公司和陈某之间的劳动纠纷，应当按照《劳动合同法》的规定，加以解决。《劳动合同法》第三十九条第三款规定，劳动者严重失职，给用人单位造成重大损害的，用人单位可以解除劳动合同。

本案例中，劳动者陈某由于个人疏忽，耽搁了邮件投递时间，错过了投递期限，导致用人单位的重大损失，快递公司可以依据《劳动合同法》和公司内部的《劳动制度手册》，与陈某解除劳动合同。

2. 收回工资问题

快递公司要求收回已经发放的一个月工资，作为对于陈某的惩罚。

《劳动合同法》第三十条第一款规定，用人单位应当按照劳动合同约定和国家规定，向劳动者及时足额支付劳动报酬。劳动报酬是对劳动者在一定期限内完成劳动工作，履行劳动义务所给予的对价。任何劳动者在付出劳动后都有获得相应劳动报酬的权利。

陈某在快递公司工作了一个月，并于当月10日领到了作为劳动报酬的工资，这份工资也就是他工作的对价。因此，既然陈某已经付出一个月的劳动，工资就必须足额发放，不能因为其他任何理由予以追回。即使陈某因为工作失误导致公司的损失，公司也应当按照不同的纠纷，分别处理的原则另行解决，而无权以追回劳动者工资的方式进行追偿或者惩罚。

（三）案例结果

劳动争议仲裁委员会裁决快递公司可以解除与陈某的劳动关系，但不能收回其已经发放的一个月工资。

案例：受伤后的辞退[①]

（一）案件回顾

郑某系某快递公司新聘任的司机，他平时喜好喝酒，热衷于小额赌注的牌局；在以前

① 刘金祥.劳动法案例精解——案例教学与运用[M].上海:华东理工大学出版社,2006:101-102.

工作单位就曾因打牌导致睡眠不足，而在工作中出过交通事故，并因此被原公司解除劳动合同。到了新公司，一开始还能注意节制，过了三个月试用期后，开始逐渐放松对自己的节制。

某日，郑某因打牌与别人发生争执，并引起斗殴，致使一只眼睛受伤致残。在享受了法定的医疗期后，郑某恢复上班，但已经不能开车。介于郑某受教育程度较低，快递公司安排他在业务部门从事客户服务工作；但郑某脾气怪异，多次引发客户不满。最终公司提前三十日以书面形式通知郑某，解除劳动合同。

郑某不服，申请仲裁，请求裁决该公司解除劳动合同行为非法，恢复双方劳动关系。郑某认为，自己一只眼睛虽然受伤致残，但还能从事其他工作；快递公司没有尽到为其安排合适工作的义务，因此不能与他解除劳动合同。

快递公司认为，公司已经尽到了为郑某安排合适工作的义务；郑某一只眼睛受伤致残，按照规定已经不能从事车辆驾驶工作；又受制于受教育程度的限制，公司只能让其在客户服务部门工作，但他不能胜任；因此是郑某自己没有能力履行新的工作，双方解除劳动合同合法。

（二）案件分析

本案例中涉及的问题焦点是：作为用人单位的快递公司为劳动者另行安排的工作是否属于适合于劳动者的工作，以及用人单位有没有更适合于劳动者的工作。

1. 安排合适工作问题

《劳动合同法》第四十条规定，劳动者患病或者非因工负伤，在规定的医疗期满后不能从事原工作，也不能从事由用人单位另行安排的工作，用人单位提前三十日以书面形式通知劳动者本人或者额外支付劳动者一个月工资后，可以解除劳动合同。

本案例中，快递公司解除与郑某的劳动关系，其前提应该满足快递公司没有适合郑某工作的岗位。从案例论述中可以看出，因为郑某眼睛受伤致残，不能从事驾驶工作，因此用人单位安排了符合郑某条件的客户服务工作；但因为郑某个人原因，未能从事好这项工作；由此可以认定，公司已经为郑某安排了适合其工作的工作岗位。

2. 是否有更合适的工作岗位问题

作为用人单位的快递公司是一家从事快件投递业务的公司，其岗位资源类型相对简单，主要以货运司机和快件投递员为主。郑某由于受伤致残，无法再担任司机和快件投递员职务；而其他如财会、管理等工作岗位，由于郑某受教育程度较低，也无法承担；可知用人单位没有比客户服务更加适合郑某的工作岗位了。

如果郑某认为该公司还有更适合的工作岗位，则应当由郑某承担举证义务。由于郑某没能在指定时间内指明该快递公司还有更适合其个人状况的工作，由此可以做出用人单位已经没有适合于郑某工作岗位的推定。

（三）案例结果

最终裁决支持快递公司用人单位的决定，解除与郑某的劳动合同合法。

三、劳动合同终止

（一）劳动合同终止

劳动合同的终止是指劳动合同的法律效力依法被消灭，即劳动关系由于一定法律事实的出现而终结，劳动者与用人单位之间原有的权利义务不再存在。

《劳动合同法》针对劳动合同终止的相关问题，分终止情形和延期终止情形分别进行了论述。

1. 劳动合同的终止

《劳动合同法》规定了六种劳动合同终止的情形。

(1) 劳动合同期满

对于固定期限劳动合同，所谓劳动合同期满是指到了劳动合同规定的终止时间。对于以完成一定工作任务为期限的劳动合同是指已经完成了劳动合同中载明的工作任务。除依法续订和延期外，劳动合同自然终止，双方权利义务结束。

(2) 劳动者已开始依法享受基本养老保险待遇

当劳动者已经满足了依法享受基本养老保险的待遇时，用人单位可以与其终止劳动合同。

(3) 劳动者死亡，或者被人民法院宣告死亡或者宣告失踪

如果出现劳动者死亡，或者被人民法院宣告死亡或者宣告失踪的情形，劳动合同签订的前提条件，即具有资格的劳动合同双方当事人的条件就已经不能成立，劳动合同自然要终止。

(4) 用人单位被依法宣告破产

用人单位依法宣告破产，劳动合同签订的一方当事人主体资格消失，劳动合同终止。

(5) 用人单位被吊销营业执照、责令关闭、撤销或者用人单位决定提前解散

劳动合同成立条件不满足，劳动合同由于缺乏一方主体，而归于终止。

(6) 法律、行政法规规定的其他情形

2. 劳动合同的延期终止

为了切实保护劳动者的权利，对于一些特殊情况的劳动者，《劳动合同法》规定，即便劳动合同期满，符合以下情形的需要延续到相应情形消失时才能终止，具体的情形与预告辞退和裁员的禁止性条件相同，主要包括：

(1)从事接触职业病危害作业的劳动者未进行离岗前职业健康检查，或者疑似职业病病人在诊断或者医学观察期间的；(2)在本单位患职业病或者因工负伤并被确认丧失或者部分丧失劳动能力的；(3)患病或者非因工负伤，在规定的医疗期内的；(4)女职工在孕期、产期、哺乳期的；(5)在本单位连续工作满十五年，且距法定退休年龄不足五年的；(6)法律、行政法规规定的其他情形。

案例：老板失踪[①]

（一）案件回顾

南方某省A快递公司曾经是珠三角地区的知名快递企业。

企业发展初期，A快递公司经营十分顺利，业务量突飞猛进，很快便在全国建立起自己的投递网络，很短的时间内成为珠三角较大规模的快递公司之一，赢利状况良好。

随着企业的不断发展壮大，总经理和法人代表（其二人为夫妻关系）开始在企业实施家族化管理，逐渐将自己的亲戚都安排在公司高层管理者的位置，替代了原来的企业骨干。这些亲戚十分欠缺公司管理和财务知识，而且经常吃回扣，致使公司业务迅速衰落。2007年5月公司亏损近五百万元，拖欠客户一百万元左右，拖欠员工工资与押金约一千万元。

面对这一状况，7月25日凌晨，该公司总经理在发出公司整顿通知后，公司所有高管神秘消失；造成该公司全面瘫痪，全国所有客户的快件无法送达，百万余元客户代收款无法归还，员工千万元工资、押金无法兑现。

（二）案件分析

由于快递公司总经理及公司高管的失踪，造成员工劳动合同的意外终止。

《劳动合同法》第四十四条中，规定了六项劳动合同依法终止的情形，其中涉及用人单位的，主要是第四款用人单位被依法宣告破产和第五款用人单位被吊销营业执照、责令关闭、撤销或者用人单位决定提前解散，除此之外，用人单位无权私自解除劳动合同。

本案例中，A快递公司虽然有很高的负债，并且拖欠了员工的工资；但是并没有依法提请破产或者被吊销营业执照，被责令关闭、撤销或者提前解散，不属于《劳动合同法》第四十四条规定的情形，劳动合同终止行为属非法。A快递公司的员工应该通知相关部门，由相关部门进行妥善处理。

四、解除或终止劳动合同的后续工作

（一）解除或者终止劳动合同后续工作处理

在《劳动合同法》的第四十六条到第四十八条，以及第八十七条中，针对解除或者终止劳动合同的后续工作进行了论述，包括经济补偿的支付（第四十六条、第四十七条）、违反解除或者终止劳动合同条款的后果（第四十八条、第八十七条）。

1. 经济补偿的支付

经济补偿金是指按照劳动法律规定，在劳动者无过错的情况下，用人单位与劳动者解

---

① 新快报.物流公司老板人间蒸发 员工欲花10万元悬赏捉拿[EB/OL].北京：新浪网，2007. http://news.sina.com.cn/s/2007-07-30/011112291727s.shtml.

除劳动合同而依法应给予劳动者的经济补助。

(1) 经济补偿的支付条件

经济补偿支付的条件主要包括以下情形:①劳动者依照《劳动合同法》第三十八条规定解除劳动合同的;②用人单位依照《劳动合同法》第三十六条规定,向劳动者提出解除劳动合同,并与劳动者协商一致,解除劳动合同的;③用人单位依照《劳动合同法》第四十条规定解除劳动合同的;④用人单位依照《劳动合同法》第四十一条第一款规定,解除劳动合同的;⑤除用人单位维持或者提高劳动合同约定条件续订劳动合同,劳动者不同意续订的情形外,依照《劳动合同法》第四十四条第一款规定,终止固定期限劳动合同的;⑥依照《劳动合同法》第四十四条第四款、第五款规定终止劳动合同的;⑦法律、行政法规规定的其他情形。

(2) 经济补偿的支付标准

经济补偿一般标准是按劳动者在本单位工作的年限,每满一年支付一个月工资。六个月以上不满一年的,按一年计算;不满六个月的,向劳动者支付半个月工资的经济补偿。

此外,还有两项经济补偿的特殊标准:其一是高薪劳动者的特别高限,劳动者月工资高于用人单位所在直辖市、设区的市级人民政府公布的本地区上年度职工月平均工资三倍的,经济补偿标准按职工月平均工资三倍的数额支付,经济补偿年限最高不超过十二年;其二是低薪劳动者的特别底线,劳动者的月平均工资低于企业月平均工资的,按照企业月平均工资的标准支付,参见表 5-3。

表 5-3 经济补偿金的计算

工作年限	经济补偿金的计算标准
不满六个月	半个月工资
大于六个月不满一年	一个月工资
大于一年(一般情况)	参照工作年限,每满一年增加一个月工资,月工资按照劳动者在劳动合同解除或者终止前十二个月的平均工资计算
大于一年(工资高于本地区上年度职工月平均工资三倍)	参照工作年限,每满一年增加一个月工资,工资额按三倍工资计算,补偿的年限最高不超过十二年
大于一年(工资低于企业月平均工资)	参照工作年限,每满一年增加一个月工资,工资额按企业月平均工资计算

2. 违反解除或者终止劳动合同条款的后果

《劳动合同法》指出,对于用人单位违反解除或者终止劳动合同条款,以劳动者是否要求继续履行劳动合同为依据,分两种情形处理:如果劳动者要求继续履行劳动合同,用人单位要无条件继续履行;如果劳动者不要求继续履行劳动合同,用人单位需向劳动者支付相应数量的赔偿金,标准为经济补偿标准的二倍。

案例：疑遭恶意裁员[①]

（一）案件回顾

2009年某日，某快递公司以严重违纪为由，解雇了赵某等五位员工。该五位员工认为，自己没有失职行为，公司的真实意图是想裁员，同时避免支付违约金，属于恶意解雇行为。

赵某是该快递公司的一个小组组长，某日其手下一位快件投递员因故不能送快件，便自行把快件交给另外一位快件投递员，但这位快件投递员同样无法准时投递，就私自在公司信息系统中修改了快件的状态。后经客户投诉，事情败露，该快递公司给予赵某解雇处理，但当事的两名快件投递员却仍然留任。

赵某认为，他不知道快件投递员私改信息系统，公司规定中也没有要求他负责保护系统不被他人擅自修改。快递公司认为，快件投递员修改系统数据是受到赵某的指示，因此赵某存在为了私利伪造公司记录的失检行为，维持解雇的决定。

与赵某先后被解雇的还有4位快件投递员，其中一位快件投递员蔡某表示自己丢工作是因为客户电话打不通，无法投递，结果公司以此为由与他解除了劳动合同。

被解雇的五人指出，如果正常裁员，他们还有一年多的合同期限，快递公司需要支付一笔违约金。因此他们认为，公司的这种做法很可能与现在业务不多，公司急需通过裁员减少成本有关，目的是为了避免支付违约金，属于恶意裁员的违法行为。

快递公司表示，这些人都是违反了有关规定，经过公司多次审议，才进行解雇，并不存在因公司业绩不佳恶意解雇的因素。

（二）案件分析

本案例双方的主要矛盾在于快递公司此次解除五位劳动者的劳动合同是否是由于劳动者严重违反劳动规章制度的认定。

《劳动合同法》第四十六条规定了用人单位在解除劳动合同时，需要支付劳动者经济赔偿的情形。按照规定，如果用人单位无故解除劳动者的劳动合同，需要支付劳动者一定的违约金，但是如果是由于劳动者严重违反了用人单位的劳动规章制度，则无需支付违约金。

本案例中，应首先分别确认该快递公司对于五位劳动者严重违反公司劳动规章制度的认定是否成立，然后确认各个当事人应当负的责任。如果劳动者确实严重违反了快递公司的规章制度，则解雇行为为正常解雇行为；但如果劳动者没有严重违反快递公司的规章制度，则解雇属于恶意裁员，快递企业应该承担给予劳动者经济赔偿的责任。

---

① 北京晨报.遭联邦解聘员工疑被“恶意裁员”[EB/OL].北京：网易网，2009. http://news.163.com/09/0419/01/577NT3CU000120GR.html.

思考与练习

1. 新中国成立后的劳动立法过程经历了哪几个阶段？

2.《劳动合同法》中的法定必备条款包括哪些内容？这些内容如何在快递企业与劳动者订立的劳动合同中予以体现？

3. 在订立劳动合同时，除非劳动者主动要求订立固定期限劳动合同，否则用人单位就应该与其订立无固定期限劳动合同的三种情形是什么？面对快递行业常见的劳动者不愿意订立无固定期限劳动合同的现象，快递企业应该如何解决？

4. 简析《劳动合同法》中对于不同种类劳动合同的试用期长度的规定。

5. 针对中小快递企业中常见的收取劳动者保证金或者押金的问题，应该如何面对和解决？

6. 面对快递业中的员工盗窃现象，快递企业应该如何管理和规避？

7. 在什么情况下，劳动合同允许变更，请简述这些情况有可能在快递企业中的表现？

8. 我国的养老保险由哪三个部分(或层次)组成？

9.《工伤保险条例》中规定的工伤认定主要包括七种情形是什么？视同工伤的包括三种情形是什么？

10. 我国医疗保险基本可以划分为哪三类？其中的最主要的医疗保险是什么？它的资金来源和缴费办法分别是什么？

11. 如何解决快递企业员工在执行快递配送过程中私自解除劳动合同，甚至带走客户快件，以此要挟快递公司或者客户，进行敲诈勒索的问题？

12.《劳动合同法》第三十九条阐述的用人单位即时辞退劳动者的许可性条件是什么？

13.《劳动合同法》第四十条阐述的用人单位预告辞退劳动者的许可性条件是什么？

14.《劳动合同法》规定的六种劳动合同终止的情形是什么？快递企业应该如何实施？

15. 针对不同的工作年限，经济补偿金的计算标准是如何确定的？

参考文献

[1] 交通运输部.快递业务经营许可管理办法.2009.

[2] 国家邮政局.快递市场管理办法.2008.

[3] 国家邮政局.快递服务.邮政行业标准,YZ/T 0128—2007.2007.

[4] 国家邮政局职业技能鉴定指导中心.快递业务员(初级):快件收派.人民交通出版社,2009.

[5] 国家邮政局职业技能鉴定指导中心.快递业务员(初级):快件处理.人民交通出版社,2009.

[6] 国家邮政局.邮政业禁毒知识培训参考资料.2009.

[7] 《劳动合同法实用解答》编写组.中华人民共和国劳动合同法实用解答.北京:中国法制出版社,2007.

[8] 高在敏,王延川,樊涛.公司法[M].北京:法律出版社,2008.

[9] 王全兴.劳动法[M].北京:法律出版社,2008.

[10] 王璞,赵月华.母子公司管理[M].北京:中信出版社,2003.

[11] 高程德,经济法[M].上海:上海人民出版社,2008.

[12] 中国法制出版社中华人民共和国消费者权益保护法——案例应用版.北京:中国法制出版社,2009.

[13] 郑尚元,李海明,扈春海.劳动与社会保障法学[M].北京:中国政法大学出版社,2008.

[14] 中华人民共和国商务部中国服务贸易发展报告2007.北京:中国商务出版社,2007.

[15] 徐希燕.中国快递产业发展研究报告[R].北京:中国社会科学出版社,2009.

[16] 戴霞.市场准入法律制度研究[D].重庆:西南政法大学,2006.

[17] 蒋慧玲,贺斌.邮政普遍服务与邮政专营权[J].中国邮政,2001,(01).

[18] 张洪斌.邮政专营及其范围界定[J].中国物流与采购,2006,(11).

[19] 赵玉敏.快递业发展的国际经验[J].经济研究参考,2006,(34).

[20] 程大为.快递业发展与邮政普遍服务[J].经济研究参考,2006,(34).

[21] 中国快递市场发展研究课题组.中国快递市场发展研究报告[R].北京:中国经济出版社,2006.

[22] 任博华.国际快递巨头在华战略及国内业者的对策[J].物流科技,2008,(11).

[23] 谭冰.知识产权法与反不正当竞争法之间的关系[J].法制与社会,2008,(08).

[24] 徐勇.中国民营快递现状与发展趋势解析[M].上海:学林出版社,2006.

[25] 曹允春,杨震.四大快递在中国发展历程与WTO后展望[J].空运商务,2007,(11).

[26] 刘瑛.消费者权益保护纠纷——律师在线答疑[M].北京:中国法制出版社,2009.